広島じゃけぇ、「中国《チャイナ》」じゃないけぇ。

広島テレビ会長
三山秀昭

なんで「中国地方」なの?

南々社

広島じゃけぇ、「中国」じゃないけぇ。

もくじ

第二章 「中国」で迷惑?している十大エピソード——55

第五章

プロローグ

「中国地方」の五県
ちょっとのぞいて見てごらん……

「中国地方」――。

鳥取、島根、岡山、広島、山口の五県を「中国地方」ということは誰でも知っていますね。

ちょっとユニークな調査がありますので、まず、ご紹介しましょう。これは経済団体の中国経済連合会が首都圏や関西圏に住んでいる人に対し、「中国地方」についてどんなイメージを抱いているかについて、様々なアングルからウェブでアンケート調査した一部です。

その一つとして「中国地方」と聞いて思いつく特産品を挙げてもらいました。

首都圏の人たちはこんなベスト8を挙げました。

①牡蠣②お好み焼き③フグ④もみじ饅頭⑤きび団子⑥そば⑦カニ⑧桃です。

関西圏の人たちはこうでした。

①もみじ饅頭②牡蠣③梨④フグ⑤桃⑥きび団子⑦お好み焼き⑧マスカット・ぶどう…です。

牡蠣・お好み焼き・もみじ饅頭は広島県、フグは山口県、きび団子・桃・マスカット・ぶどうは岡山県、カニ・梨は鳥取県、そばは島根県（出雲）の名産です。

大変おもしろいのは、「お好み焼き」が首都圏では二位と高ランクなのに対し、関西圏では七位と低いですね。「関西風のお好み焼きこそ本物。広島のお好み焼きなど問題ではない」とのライバル意識が関西人にあるのでしょうか。

また、首都圏の人は、関西圏では三位に食い込んでいる梨を挙げていませんね。やはり近くに千葉県などの梨産地があるからでしょうか。関西圏の人たちは、やはり関西から見て二十世紀梨の鳥取県は最も近い中国地方なので、トップ3にランクインさせているのでしょうか。

その違いがなんとも興味深いですね。

さらにこんなニュースにも出合いました。二〇一一年東日本大震災が、二〇一六年には熊本地震があり、今後は南海トラフによる巨大な東海、東南海、南海地震が想定されているため、国民の地震に対する関心度合いが従来になく高まっています。そうした中で、政府と民間保険会社が共同で運営する地震保険の保険料が二〇一七年から見直されたのです。

それによると、地震保険では地震の危険度に応じて都道府県を三つに区分しています。その上で地震保険料率は都道府県ごとに八段階に分かれます。静岡、東京、千葉、神奈川などが最も高く、次いで埼玉県、さらには高知県などと続きますが、鳥取、島根、岡山、広島、山口の中国地方五県は最も低いのです。

つまり、地震の発生や被害に遭う可能性が他地域に比べれば少ないと保険会社が予測しているのです。

これらのデータとの関連はわからないのですが、「移住したい都道府県」の調査では、①山梨②長野③静岡と首都圏の近県が上位の中、四位に広島県、六位に岡山県が入っています。「温暖で地震が比較的少なく、就労の機会があること」などが効いているのかもしれません。

もう一つ、データを紹介しましょう。

それは厚生労働省が公表した二〇一六年の国民生活基礎調査のうちの喫煙率調査です。喫煙率調査は三年に一回なのですが、これまで六回連続で北海道が一位で、青森、岩手、福島と東北地方が続きます。中国地方は山口県二十五位、鳥取県三十一位、岡山県三十三位、広島県三十八位、島根県四十二位と低い（煙草を吸う人が少ない）結果が出ています。

北海道は「明治以降、開拓のために全国から移住してきた人が多く、人の目を気にしなくてよいという地域性があり、女性も男性とともに屋外で働くことが多く、男女同権意識が高いことも理由」とかねてからいわれていました。

日本全体では西日本は全般的に低く、「東高西低」の傾向が見られますが、中国地方が低い理由は「以前から低かった」以外に十分な分析はなされていません。

また、実に興味がそそられるデータがあります。

それは全国で過疎地域と指定された七百九十七市町村（二〇一五年時点）のうち11・7％にあたる九十三市町村で転入者が転出者を上回る社会増が見られましたが、そのうち二十一市町村が中国地方だというのです。

この調査は二〇一〇年と二〇一五年の国勢調査を比較したもので、民間の「持続可能な地域社会総合研究所」が分析したものです。過疎と指定された市町村のうち11％で社会増があるというのも驚きですが、そのうち22％は中国地方が占めているというのも意外です。

全国的には中国、四国、九州など西日本での社会増現象が見られますが、これらは二〇一一年の東日本大震災の影響や温暖な気候、豊かな自然環境などに加え、子育て支援など生活環境を重視した積極的な移住促進策が一定の効果を上げていると分析されています。

何ともユニークなデータが見つかりましたが、いったい「中国地方」というのはどんなところなのでしょうか。その実態に迫ってみましょう。

中国地方五県の特徴を、やや、独断と偏見に基づくかもしれませんが、データとファクトに基づいてサラッとおさらいしてみましょう。

鳥取県

「スタバはないけど日本一の砂場がある」。

全国で唯一、スターバックスのコーヒー店がないことを逆手に取って、平井伸治知事が「スタバ」を鳥取砂丘の「砂場」に引っかけたギャグでPRしたことがありましたね。その後、このギャグから「砂場」をもじった「すなば珈琲」がオープンしました。さらには二〇一五年に今度は本物の「スタバ」も進出して話題となりました。これで全国でスタバ・ゼロ県はなくなりました。

鳥取空港の愛称は「鳥取砂丘コナン空港」で、人気の長期連載漫画『名探偵コナン』(作家の青山剛昌が鳥取県出身）から命名されたもので、砂丘だけでなく、PRに使えるものは何でも利用しています。その砂丘にライブカメラを設置し、お天気や日照の関係で瞬時、瞬時にさまざまに変わる「砂丘の今」の映像をインターネットで配信しています。また、「今」だけでなく、限られた気象条件がそろった時にしか見られない「風紋」や雪に覆われた砂丘などもアップしています。

鳥取といえば松葉ガニ（越前ガニなど地域によって名前が違うのですが、いわゆるズワイガニのこと）の本場だけに、他県からの観光客に対して歓迎する「ウェルカム」を「ウェルカニ」とダジャレでカニをPRしています。また、宿泊観光客にはカニをプレゼントするなど、カニは鳥取県の忘れてはならないキーワードです。

さらに鳥取県は最近、「星取県」キャンペーンを展開しています。「星空が美しい県のNO1」であることや「県内のすべての市町村で天の川を見ることができる」ほか、鳥取市が環境省の「全国星空継続観察」でトップランクに入ったため、星空の美しさを盛んにPRしています。

関東、関西など都市部からの観光客を呼び込むのに、「星取県」キャンペーンを二〇一七年から始めたのです。若い女優を「星取県スター大使」に任命して砂丘と星空を掛け合わせ、「夜に白い砂浜にたたずみ、満天の星空を見上げよう」などと、若い女性客やカップルをターゲットにPRしています。

それもこれも漁業以外に主要産業が少ないことから、観光客誘致に力を入れ、砂丘だけだと日帰り客になって経済効果が少ないため、「星空」との合わせ技でお金を落としてくれる宿泊観光客の獲得を狙って知恵の限りを尽くしているのです。このキャンペーンに乗っかって、大阪からの星空観察バスツアーが動き出しました。民間でも「鳥取砂丘での星空ヨガ」などの新しいイベントが始まったり、天

体望遠鏡を設置した宿泊施設は県外客を中心に予約で満杯状態が続き、「すごい。木星のシマシマが見えるよ」など夜まで若い人たちの歓声が聞こえたりします。

最近は鳥から発想したのでしょう。鳥取県産の地鶏を東京でPRし、「鳥取県の地鶏はトリわけおいしい」などと、ダジャレの連発で鳥取県をアピールしています。

鳥取県は人口十万人当たりのコンビニ店舗数では、ローソンの普及率が全国でトップですが、セブンイレブンは二〇一五年までは一軒もありませんでした。

一方でマヨネーズの消費量では全国

トップ、カレーライスのルーの消費額でも日本一が鳥取市。三位岡山、四位山口と中国地方が多いのはなぜでしょうか。「中国地方では共働きが多いので簡単に作れるカレーが人気」などと解説されていますが……。

鳥取の二十世紀梨は全国ブランドですが、そのルーツをたどれば明治時代に梨の名産地の千葉県松戸市から苗が移植されたのが始まりです。

年間で日照時間が最も少なく（背中合わせの岡山県は年間で最も晴れの日が多いので好対照ですね）、雨の降る日がとにかく多いため、「弁当忘れても傘忘れるな」というこの土地の格言があります。冬は北陸並みの豪雪地帯でもあります。志賀直哉の『暗夜行路』に登場する大山《だいせん》は中国地方の最高峰（一七二九メートル）で、独立峰のため、富士山と形が似ており、「伯耆《ほうき》富士」といわれています。

鳥取県は島根県と同様、「因幡《いなば》の白ウサギ」や「国引き」の神話の舞台です。なお、「鳥取県」の名前の由来は鳥を捕える役目を負った「鳥取部《ととりべ》」から来ているそうです。

廃藩置県（一八七一年）の時は、鳥取県と島根県は別々の県でしたが、一八七六年から五年間は鳥取県が島根県に合併され、一つの島根県になってしまいました。しかし、鳥取県の東端から島根県の西端までは三百二十キロと東京から名古屋近くまでの距離があり、それが日本海に沿って極めて横に長いため、一八八二年以降は再び別々の県に分かれました。この間、日本海に浮かぶ隠岐の島の帰属は鳥取県と島根県の両方を行ったり来たりしていました。そんなこともあってか両県の県民意識は隣県同士の仲間意識というよりは、むしろ逆にデリケートな対抗意識があります。

現在の鳥取県は人口が五十七万人弱で、都道府県別では全国で最も少ない県です。このため、テレビの放送区域はお隣の島根県（人口四十六番目で下から二番目）と一緒で、民放テレビ局はローカルニュースも天気予報も二県分を流しています。テレビ局の名前も日本海テレビ、山陰放送、山陰中央テレビと当然のことながらどこも鳥取とか島根という名前は社名には入っておりません。

島根県

鳥取県と分離独立しても東西一五五キロに及ぶ横長い県です。同じ山陰地方ですが鳥取県ほどの豪雪は降りません。

その「山陰」という言い方は少し暗いイメージがあり、かつては北陸地方などとともに「裏日本」と称されていました。この「表日本」「裏日本」という表現は明治時代の中ごろから工業の発展に伴い言われ始めたもので、それ以前や近年では「太平洋側」「日本海側」といわれ、「表」「裏」はあまり使われていません。

「人口は七十万人、神様は八百万《やおよろず》」と、人口の少なさを神様の多さでカバーする？ギャグがあります。

その代表格は有名な出雲大社です。縁結びの神様といわれ、空港の愛称も「出雲縁結び空港」です。神話、伝説の宝庫です。旧暦十月には全国の神社から神々が集まるといわれる格式の高い神社です。各地の神社は神様がいない「神無月《かんなづき》」となり、出雲だけは「神在月《かみありづき》」となりますが、神様が不在な神社ではお祈りしても、果たして御利益があるのでしょうか？　つまらないことが気になってしまいます。

もっとも、伊勢神宮は「うちの神様は出雲大社には出向きません」と、出雲大社

より”格上“であることを強調しています。

出雲大社は二〇一三年に「平成の大遷宮」で千五百七十五万人の観光客が集まりましたが、その後は勢いが止まっています。しかし、「縁結びブーム」はなお続いており、二〇一六年も一千二百万人近い観光客が訪れています。ところが、このうち、出雲市内に宿泊したのはわずか五％で、これが悩みの種です。

そこで、出雲市は「日が昇る」伊勢神宮（三重県）に対し、「日が沈む聖地」と、やや強引なキャッチコピーで宿泊客を誘致しています。出雲大社も「早朝に静かな雰囲気の中で参拝を」と呼びかけ、午前七時半からガイドの説明を聞きながら境内を歩くツアーも企画しています。

こちらも鳥取県同様、「夕日鑑賞や早朝参拝など宿泊しないとできない体験型観光を提案し、滞在時間の延長や宿泊に結び付けていきたい」（出雲市観光課）という狙いによるものです。

さて、島根県民は労働時間が日本一短く、睡眠時間は長く（全国六位）、ボランティア率がトップです。某化粧品開発研究所の調査によると、全国で女性のストレスが最も少ないのが愛媛県で、二位が島根県、五位が鳥取県、十位に広島県が入っており、なぜか中国地方が上位を占めています。また、仕事と家庭生活を両立するワークライフバランスでは島根県がトップです。

人口百人当たりの公務員数は日本一、公共事業費でもNO1。公共サービスが手厚いことになりますね。軽自動車保有率が全国NO1ですが、これは公共交通の便が悪いことと、山間部に狭い道が多いことが関係しているのでしょう。ただ、シートベルトを締める率や納税率もトップで真面目な県民性がうかがえますね。

宍道湖のシジミは全国シェアトップです。「大陸の『中国』から来るシジミとはモノが違う」と地元漁師は自慢します。

日本海に浮かぶ竹島は韓国に実効支配されていますが、日本固有の領土であり、島根県隠岐の島町の一部です。島根県は毎年二月二十二日を「竹島の日」と定め、返還要求式典を行っています。ちなみに隠岐の島は後鳥羽上皇や後醍醐天皇が島流しで送られたところで、闘牛でも有名です。

よくテレビのバラエティー番組で、鳥取県と島根県の位置について「どっちがどっちかわからない」とからかわれることに対し、両県民ともにイヤな感じを抱き、何かにつけて意識的に鳥取県との違いを口にします。こんなデリケートなことも関連しているのか、隠岐の島へのフェリーは鳥取県の境港（その名のとおり、島根県との県境にある）から出ていますが、境港とは別に車で小さな半島を跨《また》いで十五分ほどのところにある島根県松江市の七類港からも行き来しています。

まさか対抗意識ではないでしょうが、東京や関西からきた観光客からすると奇妙に感じます。特にマイカーでの観光客は港で車を置いて隠岐の島へフェリーで向かう人も多く、出発港と帰りの到着港が違うと、マイカーに戻るまで不便です。

人口は六十九万人弱で鳥取県に次いで少ない四十六位。このため、二〇一六年夏の参院選地方区では、鳥取県と「合区」にされてしまいました。一票の格差の問題から、この鳥取・島根と高知・徳島が合区となったのです。これは憲法第四十三条で「（衆参）両議院は全国民を代表する選挙された議員で構成する」と規定されており、「地域の代表」という考え方に基づかないためで、地域代表より一票の格差が優先されたのです。

そこでこの問題に関しては島根県民は鳥取県民とスクラムを組んで「憲法を改正してでも各県に最低一人の代表を選べるよう元に戻すべきだ」と怒っています。

岡山県

「晴れの国おかやま」がキャッチフレーズです。隣接する鳥取県が年間日照時間が最も短いのに対し、全国で最も晴天の日が多いので、こういうＰＲトークで売り出しています。

かつては「燃えろ岡山県」という県民運動が県内全域で繰り広げられました。ところが消防署にも「燃えろ岡山」の垂れ幕が掲げられ、マニアの間ではちょっとした話題になったため、「いくら何でもそれはないだろう」ということで取りはずされました。

おとぎ話の桃太郎伝説ゆかりの土地です。岡山駅から総社駅までのＪＲ吉備線（二〇・四キロ）は愛称が「桃太郎線」です。新幹線で岡山が近くなると、乗り換え案内のための車内アナウンスが流れます。「桃太郎線は○分待ちの○時○分、○番線から発車です」というようにアナウンスされ、岡山より先へ行く「桃太郎」の事情を知らない乗客たちは表情が柔らかになり、仲間たちと「知ってた？」などと、ちょっとした話のタネになります。

県の花は「桃の花」でマスコットも「モモっち」と徹底して「桃」を売りにし

ています。しかし、日本一の桃の産地かと思いきや出荷量は全国六位で、むしろマスカットの生産量が日本一なのです。ほかに柿、梨など果物王国であることは間違いありません。果樹栽培との関連でしょうが、全国に先駆けて機械化を導入した農業機械化先進県といわれます。

あまり知られていないことですが、岡山県は国産ジーンズの発祥の地でもあります。岡山県児島（現在の倉敷市）はもともと繊維産業の町で、企業の制服や学生服などを作っていたのですが、戦後、アメリカからジーンズが入ってくると真っ先に国産化したのです。しかし、その後、中国製の安いジーンズにマーケットを奪われます。

そこで手作りのこだわりのある「ヴィンテージもの」を好む本物志向のファンにターゲットを絞り、現地で作り、シャッター街となり寂れかけていた現地の商店街で販売し始めると「岡山ブランド」として注目され始めました。

今では「ジーンズストリート」に三十件以上のジーンズショップが並び、一本二万円もするジーンズを買いに年間二十万人近いコアなファンが押し寄せているのです。

また、臨海部には石油精製、石油化学、自動車、造船など瀬戸内海を埋め立てたコンビナートを中心とする工業地帯が広がり、重化学工業が盛んです。

一方で、なぜか米の消費量が全国最下位、パンの消費量は三位です。岡山県民は洋食好みなのでしょうか。

かつて山陽新幹線が現在の九州まで繋がる前は岡山が終点だった時期がありました。このため、岡山県は交通の便がよいという印象が全国に広がり、それに加えて温暖な気候や、地震や台風などの自然災害が比較的少ないことなどが相まって、二〇一一年の東日本大震災以降は他県からの転入者が増えています。

確かに広島県と岡山県は損害保険のうちの地震保険の保険料率が全国でも最も低い（つまり地震の確率が少ない

と保険会社が評価している）地域であることは事実です。このため、東京や大阪で開催される移住相談会には高齢者、中年、若者などを問わず、各回、賑わいを見せています。東日本大震災で東北地方からの一時避難した人がそのまま定住したり、北海道からの移住者もいます。

四国の香川県との間に架かる瀬戸大橋は、本州と四国を結ぶ瀬戸内海の三本のルートのうち最初に完成しました。唯一、車だけでなく、ＪＲの列車も走っていて、四国の陸の玄関口です。このため、岡山市は広島市ほど都市基盤は大きくありませんが、四国や山陰との交通の要衝となっており、「中国地方の要《かなめ》は広島ではなく岡山」という広島に対する対抗意識はかなり強いものがあります。

なぜか車を運転していて、車線変更や右折・左折をする際、ウィンカーを出さないケースが全国最多という不名誉な記録を持っています。これを返上するために主要道路の路面には全国的に見られる「止まれ」「一時停止」などとともに、他の地域ではほとんど見られない「合図」とペンキで大書きしてあるところがあちこちに見られます。

岡山市が人口七十二万人なのに対し、広島県に近い倉敷市は四十八万人と他県の県庁所在地以上の人口を擁しています。さらに倉敷は戦争中、空襲に遭わなかったため、運河と街並みが美しく残されており、美観地区への観光客は年間三百万人を超えることもあって、倉敷市民は「倉敷を岡山と一緒にしないで」とこれまた微妙な住民意識を持っています。

県全体としては、ほとんどのデータランキングの偏差値が五十で、全国の平均像ともいえます。

瀬戸大橋で繋がる四国の香川県が全国で最も面積が狭い県であるため、民放テレビは鳥取・島根と同様に岡山県と香川県で一つの放送区域となっており、両県のローカルニュースや天気予報が流れています。岡山や倉敷のホテルに宿泊する他県からの出張者や旅行客は、部屋のテレビから四国のローカルニュースが流れると少しビックリします。

ただ、鳥取、島根の場合は日本海テレビ、山陰放送、山陰中央テレビなどと県名を避けることで両県をカバーすることを意識した社名なのに対し、こちらは岡山放送、山陽放送という名前で岡山が本拠地であることを明示するところもあれば「瀬戸内海放送」「テレビせとうち」「西日本放送」と本拠地をぼかし（？）たり、岡山と香川県高松市の両方に「本社」を置いているところもあります。ただ、福岡に「テレビ西日本」という会社があるので、とてもややこしいです。

広島県

広島といえば真っ先に広島東洋カープに触れなければならないでしょう。しかし、「カープはもう全国区のチーム」（東京在住のカープ女子）でもあり、ここでカープに関して書き始めると恐らくエンドレスになってしまうかもしれません。この本は「中国地方」をテーマに書き進めるので、他の県とアンバランスになっては他県から「不公平」だとのクレームも付きかねません。

カープは二〇一六年、一七年と「セリーグ連覇」。しかも「カープ女子現象」はもはや全国的社会現象です。そこで「連覇の秘訣」や「カープ女子現象」の徹底分析は第十章で詳しくフォーカスをあてることを、ここでお約束します。

さて、世界で初めてというより、地球上、人類の歴史上、初めて原子爆弾が投下されたのが広島市。それを後世に語り継ぐ平和記念公園には平和記念資料館と原爆ドームがあります。さらに瀬戸内海には六世紀末の推古天皇の時代に創建され、平清盛が十二世紀後半に海上に広がる大規模社殿を造営した宮島の厳島神社もあります。

この二つは一九九六年にユネスコの世界遺産に同時に登録され、すでに二十年が経過しました。ともに外国人観光客の人気の的になっており、二〇一五年の外国人に人気の日本の観光スポットでは全国で第二位に広島平和記念資料館が、第三位に厳島神社がランクインしています。

二〇一六年五月二十七日、アメリカのオバマ大統領が、世界の核兵器保有国としても、原爆投下国の現役の最高リーダーとしても初めて被爆地訪問を果たし、原爆慰霊碑に献花しました。

『オバマへの手紙』（文春新書、三山秀昭）

さて、近年はビザの制限緩和策などの影響で外国人観光客は全国的に急増しています。都道府県別ではほとんどの県で中国人観光客（一部の県では韓国人）がトップなのに対し、広島県だけは欧米系の観光客が多いのが特徴で、中でもアメリカ人がトップです。これを、「オバマ効果」と簡単に〝分析〟するメディアが多いのですが、それは間違いでオバマのヒロシマ訪問以前の二〇一四、一五年調査でもアメリカ人がトップなのです。アメリカとの直行便が一便もないのにアメリカ人がトップなのはなぜでしょうか。

アメリカ人を対象にした調査では、「原爆投下は間違いだった」との考えはかつてより近年、また年配者より若者の方が増えていますが、やはりアメリカ人にとって「ヒロシマ」は気になる都市なのでしょうか（詳しくは、文春新書『オバマへの手紙』三山秀昭著）。

グーグル社が世界中のインターネットで検索された日本の地名ランキングを調べたところ①東京②銀座に次いで三位が広島でした。大阪、京都、沖縄、横浜、富士山よりも多かったのです。アメリカ人に限らず「ヒロシマ」は世界から気になる存在であることは事実のようです。

一方、広島は日清戦争当時、「臨時首都」となり、明治天皇も半年間滞在され、帝国議会が開かれたことがあります。全国的にこのことはあまり知られていませんが、現在の広島城の敷地内にはその礎石が残っているので、平和公園からちょっと足を延ばせば、見ることができます。

また、広島県はハワイ、アメリカ西海岸、ブラジルなどへの移民が全国一です（詳しくは第十章）。

産業では自動車のマツダ、造船や米ボーイング社の旅客機の胴体パネルも作る三菱重工業が広島市の河口に広大な工場を持っています。また、約三十キロ離れた呉市は歴史的には「遣唐使の船を建造した」という記述が『日本書記』や『続日本紀』にあり、戦争中は旧海軍工廠で史上最大の戦艦「大和」が建造されたところです。現在もそのＤＮＡを引き継ぎ、大型タンカーを建造するＩＨＩ（旧石川島播磨重工業）があります。

岡山県境に近い福山市では大製鉄所のＪＦＥスチール（旧日本鋼管）が立地し、県全体としては自動車、造船、製鉄、鉄鋼、航空機産業などに加え、これらの部品関連の下請けメーカーなど、ものづくり企業が県内各地に広がる製造工業県です。

広島といえばお好み焼きが有名で、市中心部の繁華街には「二、三、四階がすべてお好み焼き屋」というビルまであり、広島駅ビルにもお好み焼きの店がドドーッと軒を連ねています。キャベツを山盛りにしてソバも入れる焼き方が特徴ですが、それを「広島風」と言うと、広島県民は「広島風とは何たる言い方だ。こちら広島こそがお好み焼きの本場だ。大阪のお好み焼きこそ関西風だ」と反論します。

そのお好み焼きに引っぱられソースの消費量が全国一です。

広島といえばカキ（貝のカキ）も有名ですが、生ガキを食べさせてもらえる店が少ないのが玉にキズです。これは「新鮮でないから」ではありません。天然ガキと違い、瀬戸内海で養殖しているので、養殖海域が生ガキと、焼きガキ、カキフライなどそれぞれに適するカキの場所が違うほか、飲食店などがナマ食でお客がお腹をこわすのを警戒しているのです。

このため、観光客から「なんで広島に来て生ガキが食べられないの？」と不満の声が時折聞かれます。しかし、生ガキを食べられる店は探せばあります。

レモンの生産量も日本一です。実はレモンはわが国の農産物で最も早く自由化され、広島のレモンは外国産レモンによって大打撃を受けたのです。しかし、やはり「良いものは良い」と国産レモンの味が見直され、最近はレモン入りのもみじ饅頭やケーキも人気のようです。「うどん県」の香川県に対抗して広島県は「レモン県」などというキャッチコピーでＰＲしています。

瀬戸内海の大崎上島では、以前から日当たりのよい丘の斜面にはミカン、夏ミカンなどを栽培してきましたが、急傾斜地では手入れや収穫などが高齢者にとって難しいため、最近では小規模な水田での稲作をやめて、レモンの木を植えてレ

モン畑にするケースが増えています。平地だと効率的に収穫できるメリットがあるためで、これらの平地に広がるレモン畑は「レモン団地」という全国でもユニークな名前で呼ばれています。レモンブームに乗ってお洒落なレモン栽培にトライする農家が増えているのです。

もう一つ広島で忘れてならないのはお酒です。兵庫県の灘、京都の伏見と並ぶ酒どころです。政府機関の地方移転の第一弾として「独立行政法人・酒類総合研究所」が東広島市に移転してきたことでもその一端がわかります。二〇一四年にアメリカのオバマ大統領が来日した際、安倍首相とともに築地の寿司屋のカウンターで寿司をつまみました。その際、安倍首相がオバマ大統領に一合瓶入りの日本酒を注いでいる写真が公表されましたが、それは広島の「賀茂鶴」という銘酒で、それが契機で爆発的な人気になりました。

広島といえば「カープ女子」「神ってる」のプロ野球のカープです。二〇一三年から「カープ女子」ブームに火がつき始め、一四年の流行語大賞のトップテン入りを果たしました。二〇一六年に二十五年ぶりにセリーグ優勝した時は「神ってる」が見事大賞に輝きました。久方ぶりの優勝に選手だけでなく、街中の居酒屋でファンが互いにビールかけをするシーンがあちこちで見られたり、市中心部のアーケード街では知らない人同士でもハイタッチしながら喜び合うなど、他地域ではまず見られない光景がありました。

この風景は翌二〇一七年の「連覇」の時も全く同じでした。この二年とも優勝が決まった日、つまり胴上げ試合は本拠地ではなく、一六年は東京ドーム、一七年は甲子園球場でしたが、広島の街は「赤い渦が巻いた」と表現してもおかしくありませんでした。

こうして広島県にもたらされた経済効果について、関西大学の宮本勝浩名誉教授は二十五年ぶりにリーグ優勝した一六年で三百三十一億円、一七年は四百一億円と計算しています。

広島のカープ熱はウルトラ異常。街行くオープンカーならぬ「オープン・カープ花電車」

百貨店や商店街での優勝セール、他の地域では信じられないようなカープの順位によって金利が上乗せされる地元金融機関の「カープV貯金」、街中の居酒屋などでの祝杯やビールかけ、優勝パレードなども含まれています。

この「カープ連覇の秘訣」と「カープ女子現象」やその波及効果については、第十章で詳しく触れますので、ここではこの限りにします。

とにかく日頃から若者だけでなく、年配者も真っ赤なカープのユニホームを着て街を歩いているのが全く不自然ではないのです。朝から晩まで会話の切り出しは「カープ」で、話が途切れるとまた、カープです。

広島では、ほかにJリーグのサンフレッチェ、バスケットボール、バレーボール、ホッケー、ハンドボール、駅伝と、とにかくスポーツ大国です。これはデータでも証明されており、全国高校野球（春、夏）大会で優勝している回数は大阪の二十二回、愛知の十八回には及びませんが、十二回で東京と並んでベスト5入りです。それでも「近年は全国優勝がない」と言って、県内の高校野球の強豪校が集まって「高校野球監督会」をつくり、建て直し？に力を入れています。全国では優勝回数がゼロ（夏の大会では十九県が優勝していない）の県もあるのに贅沢な話です。

高校駅伝の優勝は東京が優勝ゼロなのに対し兵庫、福岡に次いで広島は十一回。箱根駅伝を三連覇した青山学院大学の原晋監督は、高校駅伝の男子・女子同時優勝を果たすなど駅伝強豪校の広島・世羅《せら》高校出身です。高校サッカーでも兵庫が十七回でトップですが、東京の優勝六回を凌いで九回です。

ちなみにオリンピックで日本人が初めて金メダルを獲得したのは一九二八年のアムステルダム五輪での三段跳びで優勝した織田幹雄（広島出身、故人）で、「織田幹雄記念陸上競技大会」は、全国のトップレベルの選手が参加するグレードの高い大会として五〇年以上続いています。

県民は「人口では東京の千三百万人に対し、広島県は二百八十万人と五分の一近くで少ないが、スポーツなら東京なんかに負けやせんよ」と自慢します。

また、広島県はメーカーが新商品をテストケースとして売り出す際、先行販売してトレンドを見るテストマーケティング地域として静岡県とともに有名です。

広島のもう一つの特色は路面電車です。営業距離数でも乗客数でも全国NO1で、しかも経営母体が公営ではなく、民間の広島電鉄（ヒロデンが愛称）です。原爆投下で街全体が廃墟になったわずか三日後には一部区間で走り始め、肉親の安否を探す人たちの足になったといわれています。

県の花も木もモミジです。このため、「もみじ銀行」という地方銀行があり、お土産の定番の一つは「もみじ饅頭」です。

広島は「五Bの街」ともいわれます。ブリッジ、バス、バー、バンク（銀行）、ブランチ（支店）です。広島市内にはかつては七本の川が流れており（今は六本）、橋が多く、東京や大阪に本社がある会社の支社・支店が多いからブランチなのでしょう。単身赴任の支店長などは「流川（七本の川の一本ではなく、飲み屋街の名前）で飲みすぎると、近くの薬研堀（やはり飲み屋街）に落ちるよ。そうすると仏壇通り（仏壇屋が並んでいる）が待っているよ」などと冗談を言い合います。

広島県は「日本の縮図」といわれ、島根県との県境の県北地域の山地は平均気温が青森市、一方、瀬戸内海の島では九州火の国・熊本市の平均気温と近いのです。このように県内で気温の差が大きいため、リンゴは青森・長野県、ミカンは和歌山・愛媛県が産地ですが、「広島県はリンゴもミカンも両方採れる大変珍しい県」といわれます。

最後にネガティブな情報にも触れておきましょう。国立がんセンターが発表したデータによると、全国で「がん」と診断される人は男女とも広島県がトップなのです。この調査は二〇一三年に「あらたにがんと診断された人」を集計したものですが、人口十万人あたり、男性で五百四十人、女性は三百七十二人と、広島県はいずれも二位の鳥取県をかなり引き離してのトップなのです。

がんセンターでは「生活習慣やウィルス感染などが影響したと考えられる」と分析しています。ただ罹患率は確かにトップですが、死亡率は二〇一四年調査では四十位で、広島県は長野県とともに「がんにかかっても死なない県」として早期発見率が高いことにも触れておきましょう。広島県では「近年はがん検診の必要性を意識的にＰＲしている」と説明しています。

山口県

山口県は「日本のクリスマス発祥の地」だそうです。一五五一年に山口を訪れたフランシスコ・ザビエルは守護大名・大内義隆の許しを得てキリスト教の布教を始め、日本人信徒を集めて聖歌を歌ったのが日本でのクリスマスの始まりといわれます。山口市は一二月になると「クリスマス市」と称し、「クリスマスは山口から」をＰＲします。

一方、変わったところでは周南市の二所山田神社が設立した「女子道社」は全国のおみくじの六割も製造しています。全国で初めて「おみくじ自動販売機」も考案しました。

中国地方では唯一、日本海と瀬戸内海に面しており、宮本武蔵と佐々木小次郎の決闘で有名な巌流島《がんりゅうじま》は無人島で、下関からでも福岡県の門司からでもフェリーで二十分程度で行くことができます。また、かつて源氏と平家が最後の戦いを繰り広げ、平家が滅亡した「壇ノ浦の戦い」の戦場だった壇ノ浦（現在の下関市）が関門海峡にあります。一方、日本最大級の鍾乳洞・秋芳洞を有するカルスト台地の秋吉台は、地表に露出した石灰岩の白い岩肌が草原の緑とコントラストを演出し、一見の価値があります。

江戸幕府を倒し、日本を近代国家に生まれ変わらせた明治維新で中心的役割を果たしたのが「長州藩」です。そのためか初代の内閣総理大臣である伊藤博文から安倍晋三首相まで、日本では最も多い八人（民主党の菅直人首相も山口県生まれなので九人と数えることもある）の「総理」を輩出しており、山口県人は「山口県の名産はほかでもない総理大臣」と自慢します。

このため、「大臣か大将を目指せ」という教育風土が根強いのです。県のキャッチフレーズも「維新胎動の地」を前面に出し、明治維新、つまり「いやぁロッパ君、明治だよ」と覚えた一八六八年から百五十年になる二〇一八年を「明治維新百五十年」として、「維新」を観光PRの中心に据えています。

総理大臣を多く輩出してきたからか、道路舗装率は全国四位です。道がよいためでしょうがマイカー派が多く、山口市のガソリン支出額は全国トップ。タイヤやETCへの支出もトップ。逆にバス代、タクシー代は低く、公共交通機関はあまり利用していません。

その道路関連ですが、今は全国にある「道の駅」の発祥の地も山口県だそうで

す。観光牧場の代表が「鉄道に駅があるなら、道路にも駅があってもよかろうに」と提案したことがきっかけで「道の駅阿武町」には「全国道の駅発祥の地」というシンボルタワーが建てられています。

九州に繋がる関門トンネルは長さがわずか七百八十メートルで、歩いて十五分で北九州の門司に行くことができ、トンネル内には自転車通学路もあります。このため、経済圏としては九州と繋がりが深く、全国紙が福岡・北九州市から配達され、企業の中には経済団体の「中国経済連合会」ではなく、「九州経済連合会」に加入している会社も多いのです。ただ、新聞、雑誌、テレビ、ラジオの閲覧時間は上位ですが、ネット、スマホ、ＳＮＳの利用率は低いのが特徴です。

県庁所在地は山口市で人口十九万人ですが、下関市の方が二十九万人と多いのです。また、このほかにも宇部市十七万人、岩国市十五万人、周南市十五万人と核になる都市が分散しています。

何といっても下関のフグが有名ですが、地元では「フグでは不遇に通じる」として「福に通じるフク」と濁らずに呼ぶことが多いようです。県の魚はもちろんフグです。また、夏みかんも特産で県の花になっており、県内の道路のガードレールは見逃しがちですが「夏みかん」の黄色に塗ってあります。

米軍基地といえば沖縄を思い出しがちですが、広島県に隣接する山口県岩国市の沿岸に広がる米軍岩国基地に触れておきましょう。アメリカ海兵隊と海上自衛隊の共用基地ですが、在日米軍の再編成の一環で神奈川県厚木の空母艦載機が移転してくることが確定し、これによって沖縄の巨大な米軍嘉手納基地を上回って極東最大の米軍基地になります。

米軍基地に対する反対運動の広がりを抑えようとのねらいもあり、「岩国基地」は二〇一二年から民間機も離着陸する軍民共用空港となり、「岩国錦帯橋空港」という愛称が付けられました。山口県にはすでに山口宇部空港が瀬戸内海側にあるので、二つ目の空港となります。また、米軍基地に民間機の定期便が就航するのは青森県三沢基地についで二例目で、全日空が羽田や沖縄・那覇との路線を就航しています。

岩国といえば、空港の名称にもなっている「錦帯橋」も忘れてはなりません。城下町岩国にある世界的にも珍しい木造の五連アーチ橋で、その美しい橋を歩いて渡ることができます。春の桜、夏の鵜飼や花火、秋の紅葉、冬の雪景色、正面には山の頂にある岩国城を見ることができ、観光客が年内を通じて集まり、ドラマのロケ地にもなる名勝です。

その岩国で意外と知られていないのが「岩国のシロヘビ」です。岩国市内の一部に生息するヘビでアオダイショウが突然変異で白化したのです。長さは百八十センチにも及び、全身は文字通り白く光沢があり、目はルビー色でお洒落です。地域では「神の使い」として大切に保護されてきましたが、生息地周辺の都市化により自然界ではなかなか見ることができなくなり、国の天然記念物に指定されて「岩国シロヘビの館」で観覧できます。

その国指定の天然記念物は山口県だけで四十八件もあり、全国トップです。歴代総理大臣の威光を官僚たちが〝忖度《そんたく》〟したのでしょうかね。

「瀬戸内のハワイ」「アロハの島」をPRする周防大島が、瀬戸内海に突き出ています。美しい海辺のドライブや海水浴、釣り、マリンレジャーなど一年を通じて楽しむことができる観光の島です。

戦後歌謡界を代表する作詞家の星野哲郎の生誕の地ということもあり、瀟洒な「星野哲郎記念館」があります。星野は、美空ひばりの「みだれ髪」、都はるみの「あんこ椿は恋の花」、小林旭の「昔の名前で出ています」、水前寺清子の「涙を抱いた渡り鳥」「いっぽんどっこの唄」「三百六十五歩のマーチ」、渥美清の「男はつらいよ」、北島三郎の「なみだ船」「函館の女」「兄弟仁義」、鳥羽一郎の「兄弟船」、小林幸子の「雪椿」など、千六百もの名曲の作詩を手がけ、歌手も多彩です。

記念館ではこれらの歌を聴くことができる「演歌ボックス」や歌えるカラオケルーム「歌酒場」があり、歌謡曲好きの中高年が押しかけ、のどを競っています。

映画俳優や歌手、スポーツ選手など有名人の「記念館」は一度訪れると二度目はなかなか足が向かないもので、閉館の憂き目にあうこともあります。北海道・小樽市にあった「石原裕次郎記念館」は石原プロの支えもあって他の記念館よりは寿命が長かったのですが、二〇一七年八月末で二十六年間の歴史に幕を引きました。

これに対し、星野記念館はカラオケ客などリピーターが多いのが特徴です。二〇一七年で開館十年になるのを機に「記念館開館十周年記念展」（地元の山口放送などが企画）が半年以上に渡って開かれ、有名歌手を招くなどして、さらなるリピーターの獲得を試みています。

お隣広島県の広島カープブームは山口県にも押し寄せています。ＪＲの由宇《ゆう》駅で列車を降りると「カープ、カープ、カープ広島」というカープの応援歌が駅の発着メロディで流れます。カープの二軍の本拠地・由宇球場があり、ウェスタンリーグの試合が行われるのです。商店街には「誰がやる？由宇（ＹＯＵ）がやる」と大書されたカープカラーの赤いのぼり旗が林立しています。

カープタウン化が進んでいるのです。「Ｉ　Ｌｏｖｅ　ＹＯＵ」と書いたＴシャツを着ている人もいて、カープ人気にあやかって街おこしに繋げようと懸命なのです。

「中国地方」をざっとおさらいするとこんな感じになりますが……。

第一章

どうして「中国」地方と呼ぶのですか？

さて、プロローグとして「中国地方」の五県を駆け足でおさらいしました。何となくイメージはつかめましたが、そもそもこの地域をどうして「中国地方」と言うのでしょうか。その疑問を探る前に、ちょっと気がつかない「中国地方」の言い回しに注目してみませんか。

チャイナの「中国」と混同されるのを防ぐため

「北海道にはジメジメした梅雨がないので、うっとうしくないですね。それにスギ花粉症もないと言うでしょう。私は毎年、花粉症がものすごくひどいので、あの時期は北海道にでも長期出張したいくらいです。北海道の人は羨ましいな」（余計なことですが、スギ花粉症は確かに少ないのですが、シラカバ花粉症はありますよ）

「九州に台風が接近しています。厳重な注意が必要です」

「関東の空っ風は首筋や背中がブルブルッとするように寒いね。雪国で雪が降る日よりもむしろ寒く感じるね」

「東北にもようやくサクラ前線が届きました。東北のねぶたや竿灯など夏祭りはすごい迫力ですね」

「北陸新幹線の開通で富山や金沢が随分近くなったものです」

「四国八十八ヶ所お遍路の旅は定年後の楽しみです」
……などとよく言われます。

このように「北海道」「東北」「関東」「北陸」「四国」「九州」だけで十分意味が通じるので、わざわざ「北海道地方」「東北地方」「関東地方」「北陸地方」「四国地方」「九州地方」などと「地方」を付けることはまず、ありません。

ところが例外があります。「中国地方」ではそうはいかないのです。

広島など五県からなるこの地方のことを口にする場合は、必ずといっていいほど「中国地方」と「地方」が付けられて語られます。

「中国地方で最大のショッピングモールがオープンした」
「五十二階建ての中国地方最高層マンションが完成した」
「中国地方では初めてのお目見えです」
「中国地方、特に岡山、広島県は比較的地震や台風など自然災害が少ない」
などと、「中国」に「地方」を付けて伝えられます。

なぜでしょう。それは「地方」をつけないとこんな風になるからです。

「中国で最大のショッピングモール……」とか「中国では最高層のマンション」「中

国では初めての全国制覇」では、あのチャイナの「中国」と勘違いしてしまいます。「中国で地震があったようです」とか「中国で土砂崩れがありました」では混乱するばかりです。まして「中国産のマツタケ」「中国産のアサリ」「中国産のシジミ」「中国産の餃子」「中国産のジーンズ」では間違いなくあの大陸の「中国」と受け止められます。

このため「中国地方では最大の……」「中国地方では初めての」などと「地方」を忘れずに付けざるを得ないのです。

書店の国内旅行ガイドブックコーナーに「中国」はない

ところが、これが「四国」も含めることになると「中四国」となり、「地方」が消えてしまいます。

「中四国では初めて」とか「中四国では最大」となるのです。

「中四国を拠点として展開するスーパー」などと、「中四国」とくってしまうと、「地方」を抜いて使われることがしばしばあります。

「中国」だけではチャイナの「中国」と間違われますが、「中四国」となるとその危険?はまず、ありえないため、不都合はないのです。

そういう視点で見ると、いろんなところに「中国地方」の特異さが浮き彫りになってきます。

ほんの一例ですが、書店で国内旅行ガイドブックのコーナーを覗いてみればすぐにわかります。「北海道」「東北」「北陸」「四国」「九州」などカラー写真をたっぷり使ったガイドブックが数多く並んでいます。しかし、「中国」はありません。大陸の「中国」と間違えられるからです。よく探すと「山陰」はあります。「山陽」があるかと思うとありません。代わりに「瀬戸内」はありました。もちろん、海外旅行のガイドブックコーナーには、「ハワイ」「グアム」「ヨーロッパ」「アメリカ」「韓国」などとともに、こちらには「中国」がありました。

あのチャイナの「中国」です。

ところで、こんな風に使い分けをするのに神経を使わなければならないのはなぜでしょうか。そもそもなぜ「中国」地方というのでしょうか？　そんな疑問がどうしても湧いてきてしまいます。

「中国」地方の言葉の由来は、あのチャイナの中国と関係があるのでしょうか？チャイナの中国に近いからでしょうか？

そんなことはありえませんよね。もし、そうなら、九州の方がもっと近いはずですが……。そもそも「中国地方」ってどこのことですか？

「実はね。岡山県は確かに中国地方だが、実は広島市や山口県は中国地方ではないんだよ」？？？

「一方、何と静岡県は中国地方なのですよ」？？？

物知りがその博学ぶりを自慢しようと、こんな話をネタに得意顔になることがあります。こんなビックリするような話まで持ち出されると、何が何だかわけがわからなくなり、こんがらがってしまいます

？？？

わからない。わからない。

第二章 「中国」で迷惑?している十大エピソード

「中国」地方に関して、あのチャイナの「中国」と混同され、あるいは逆に誤解されないために涙ぐましい努力と工夫をしているエピソードは山のようにあります。中には笑うに笑えないものもあります。

それらのほとんどは広島県などの五県を「中国」地方と呼ぶことに起因しています。そもそもどうして「中国」地方などというのでしょうか。そんな疑問に突き当たってしまいます。どうしてなのでしょう。

まず、「中国」で迷惑?している実話レポートを十本に絞ってお届けしましょう。

エピソード❶
「中国地方に日本人学校はあるの？」

日本のグローバル企業の代表格である日立製作所東京本社の幹部社員Aさんに「中国支社長」の人事異動の内示が出ました。栄転です。

ところが、Aさんは同僚、部下から予想もしない〝慰め〟の言葉と、誤解に基づく質問攻撃を受けました。

「中国支社長になられるそうで、何かと大変ですね。こんな時期に……」

「？？？」

「単身で赴任されるのですか？」

「子供の学校の事があるので、単身赴任です」

「それはそうでしょうね。大変ですね。あそこは日本人学校があるんですか」

「？？？？」

「食事なんかはどうされるんですか。日本食の店あるんですか。PM2・5やスモッグもひどいそうですね。治安は大丈夫なんでしょうか」

「？？？？」

「尖閣列島問題で日中関係がギスギスしているし、反日感情が強いようだし、何かと神経をつかわなければいけませんね」

「オイオイ、先ほどから何を言っているんだよ。勘違いだよ。僕が赴任するのは広島だよ。広島にあるウチの中国支社だよ。とんでもない勘違いしないでくれよ。北京、上海のあの中国に赴任するのではないよ」

「エエッ。そうですか。そうでしたか。それは失礼しました。よかったですね。ご栄転、おめでとうございます」

この話、面白おかしい作り話のようですが、本当に実話なのです。

日本の大手企業では、中国地方五県を担当地域とする「中国支社」や「中国支店」を広島市に置いていることが多いのです。商社の三菱商事、三井物産、伊藤忠、丸紅、住友商事はすべて「中国支社」です。三菱重工業、ＪＦＥスチール、ＩＨＩ、川崎重工業も「中国支社」、東芝、パナソニック、ＮＥＣ、富士通も「中国支社」です。不動産では、三井不動産のほか住宅金融支援機構も「中国支店」。三菱地所は二〇一七年十一月に「中国」支店から「中四国」支店に変更しました。

ＮＴＴは中国事業本部です。さすがに元電電公社のＮＴＴですから中国にまで事業展開していると思う人はいないので、「日立」のような勘違いはないとは思います。社員は「中国事業本部」のすぐ下に「広島支店」と名刺に印刷して誤解防止策を講じています。ＮＴＴドコモは中国支社、ＮＴＴデータは分社化したので「ＮＴＴデータ中国」と社名に「中国」が入っています。

日本政策投資銀行、東京海上日動火災保険、ＪＰ日本郵便、Ｊパワー、ＪＴ日本たばこ産業、味の素などは中国支社か中国支店、警備のセコムは中国本部です。

不動産会社の「中国支社」に長く勤務する地元限定勤務のベテラン社員に「中国」との関わりについて尋ねると「また、その話か」と、うんざりしたような表情でこう説明してくれました。

「だって中国地方の五県を担当エリアとする場合、『中国支社』か『中国支店』にするしかないのですよ。まさか『中国地方支社』と、わざわざ『地方』を付けるわけにもいかないでしょう」

やはり、「中国」には頭を悩まされることが多いようです。

これら企業の支社長、支店長などの幹部はいわゆる本社のキャリア人事です。このため、日立製作所の実話エピソードのように「大変ですね。日本人学校あるんですか」などというチャイナの「中国」との勘違いによる笑うに笑えない話が、時折あるのです。

これが、キリンビールやサントリー、資生堂などのように中国地方五県だけでなく、四国もカバーすることになれば、「中国・四国支社」とか「中四国支社」「中四国統括本部」などとなるので、勘違いはピタッとなくなります。

エピソード❷ ギョギョッ！　中国公安調査局

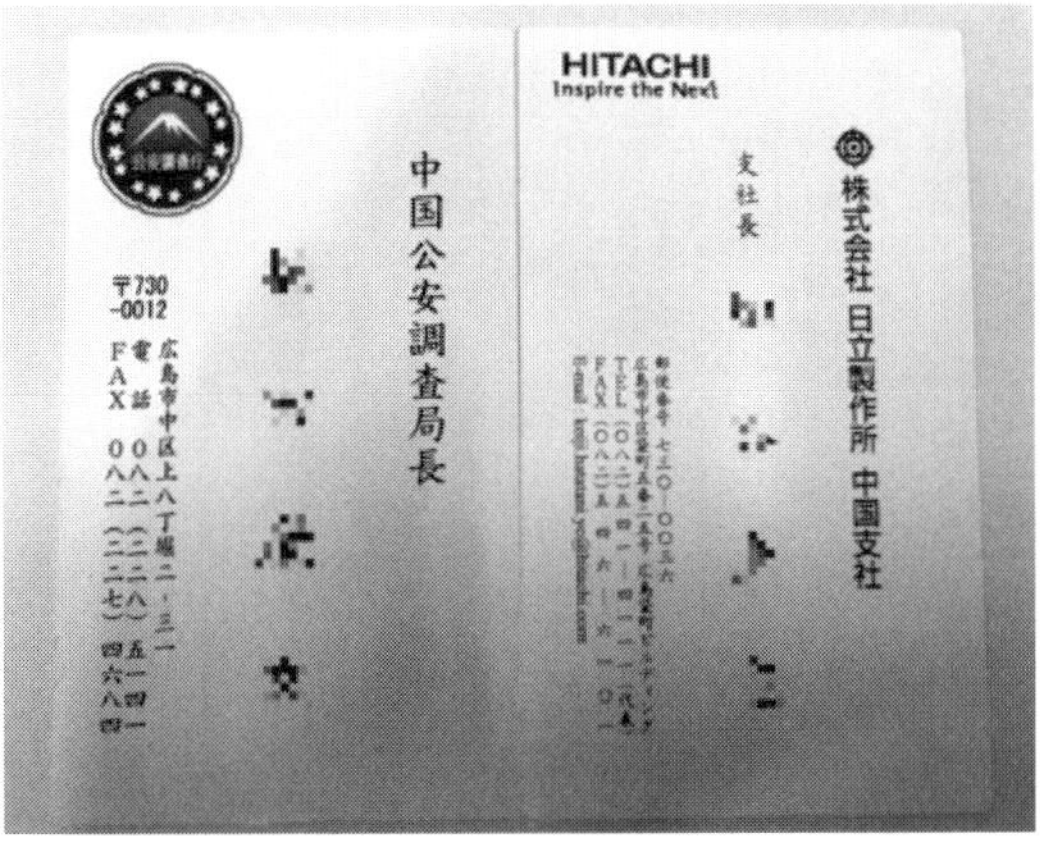

中国地方にある企業や役所の名刺

お役所では、財務省の出先は中国財務局、総務省の出先は中国総合通信局、国土交通省の出先は中国地方整備局、中国運輸局です。中央省庁の場合、「日本」政府の出先ということはわかっているので勘違いはほとんどないようです。

財務局長の名刺はまず、「財務省」とあり、続いて「中国財務局長」として勘違いを未然に防止しています。ところが中国地方整備局長の場合、財務省のように、名刺にまず「国土交通省」と書いてあればよいのですが、それがなく

ていきなり「中国地方整備局長」とあるので一瞬、ウン?と思ってしまいかねません。

また、二〇〇七年に防衛施設庁が防衛省に統合された際、地方の出先である広島防衛施設局などいくつかの地方機関も統合されました。その際、「中国防衛局」だと、一体どこを防衛するのか、それこそとんでもない間違いになりますが「中国四国防衛局」となりましたので、一安心です。

しかし、これが情報機関の公安調査庁の出先機関となるとズバリ「中国公安調査局」となります。初めて名刺交換するといきなり「中国公安調査局長」とあるので、ギョギョッと勘違いされることが時たまあるといいます。これも笑うに笑えない本当の話です。

エピソード❸「JICAチュウゴクで、チャイナではありませんので」

広島県庁で、ある会議が開かれた時のことです。

「ピース・アーチ・プロジェクト」という「国際平和都市」を標榜するヒロシマの平和発信事業の打ち合わせの会議でした。国際的な演奏家や歌手を招いてコンサートを開催したり、世界経済人会議というシンポジウムを開いたり、幾つかのイベントを複合的に行い、そこで集まった協賛金や入場料収入から利益が出た分を「ピース（平和）」に関わる事業団体に資金援助しようという事業です。「平和都市」「国際都市」の広島ならではの企画です。

湯﨑英彦県知事が提唱したもので、広島市、広島商工会議所、各種団体などによる実行委員会が組織され、毎月一回くらいのペースで何回か会議が持たれました。途中で人事異動などによってメンバーが交替となった時は、その会の冒頭に新しいメンバーが簡単な自己紹介を行い、その日の議事に入ります。

ある日、外務省や経産省などと関連が深いＪＩＣＡ（独立行政法人・国際協力

機構）の「中国」事務所長に赴任してきた女性が挨拶しました。

「ＪＩＣＡ中国の○○と申します。この度着任し、この会議には本日初めて出席します。宜しくお願いします」

型通りの挨拶が終わり、着席するのかと思ったら、「ひと言だけ、よろしいですか」と断り、脇に控える事務局員の席に目をやりながら、こんな話を切り出しました。

「そちらにいらっしゃる事務局の方に一つお願いがあります。この会議の議事録や委員の名簿などを作られる時、私どものことは『ＪＩＣＡ中国』と表記してください。『ＪＩＣＡ・チャイナ』ではありませんから。私どもは日本の国際協力機関で、JICAのJはジャパンのJです。時折、『JICA・CHINA』と間違われ、困ることがあります。あくまで中国地方の中国であり、『ジャイカ・チュウゴク』です。広島を拠点に活動していますので、その点、くれぐれもよろしくお願いいたします」

この〝突然の要請〟に対し、湯﨑知事や松井一實広島市長、深山英樹商工会議所会頭ら委員のメンバーからは苦笑が漏れ、「なるほどね。そんなことがあるんですか」とうなずき合っていました。

エピソード❹
日中金融対決？

面白い写真があります。それは毎年一回行われる広島県内に支店を持つ銀行の親睦ソフトボール大会（インターバンク・ソフトボール大会）のトーナメント対抗戦の組み合わせの写真です（次ページ参照）。

「広島」「もみじ」などの文字が見えますが、地元・広島を本拠とする地方銀行です。ちなみに広島は県の木も県の花もモミジで、「もみじ」とは縁が深いのです。

「三井住友」「三菱東京ＵＦＪ」「みずほ」などのメガバンクや「三井住友信託」「りそな」「あおぞら」「新生」などの名前もあります。「山陰合同」は島根県松江市に本店を構える山陰地方最大の銀行です。「山口」は文字どおり山口県の銀行です。「伊予」は愛媛県松山市に本店があり、これらはすべて広島に支店を持つ近隣県の銀行です。

さて、「日本」は？　「日本」は文字通り、わが国の中央銀行、一万円札などの

平成29年度インターバンクソフトボール大会トーナメント表（開催日：10月14日）

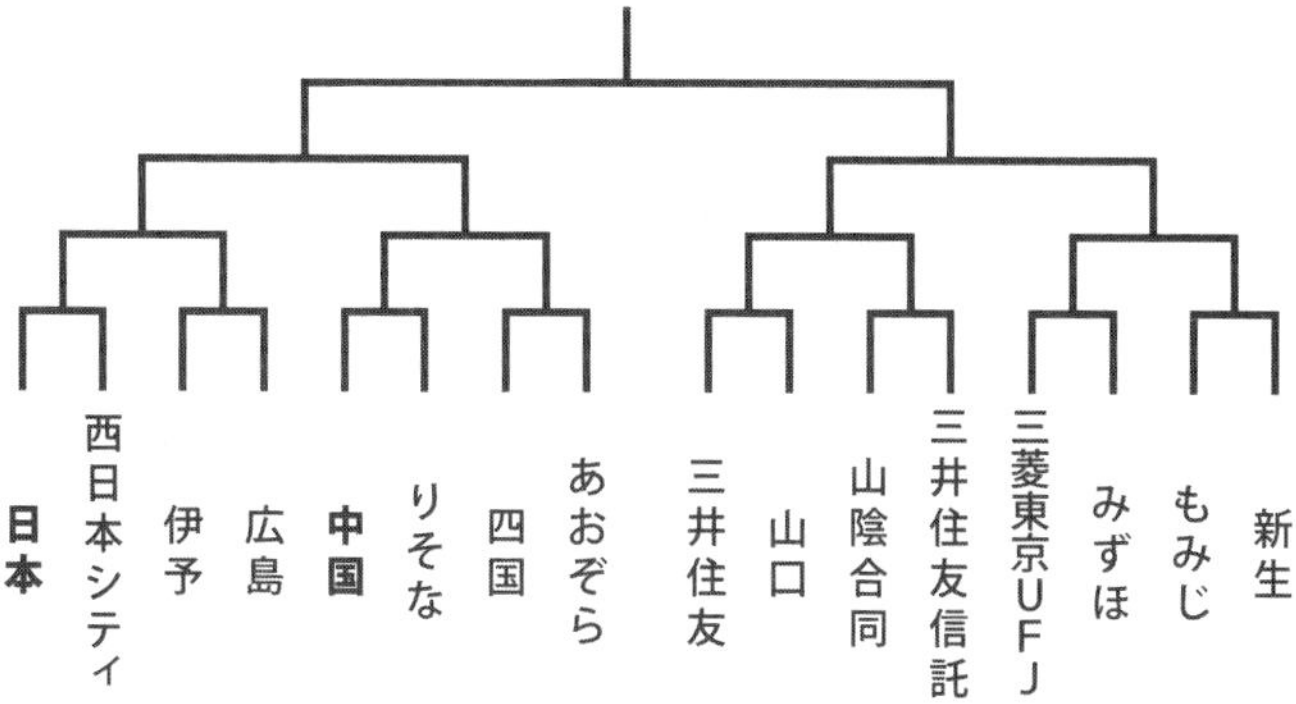

紙幣を発行しているあの「日本銀行」の広島支店のことです。

　では「中国」は？「中国」はチャイナの銀行ではありません。さすがにチャイナの銀行は広島にまで支店は持っていません。実は「中国」は岡山に本店を構え、主に中国地方各地や四国・香川県に展開する日本の地方銀行の「中国銀行」なのです。

　このトーナメントの組み合わせで、左端の「日本」と「中国」が勝ち上がり、「日本」と「中国」の対決になったかどうか……。

　結果は「日本」が一回戦で「西日本シティ」に勝ち、「中国」も「りそな」を破り、ともに勝ち上がりました。しかし、二回戦で「日本」は地元「広島」に逆転負け、「中国」も「四国」に敗れ、注目の日中金融対決は実現しません

でした。
これについて日本銀行広島支店長の松野知之さんは「残念ながら二回戦で惜敗してしまいました。『日本』と『中国』の金融対決を秘かに狙って?いたのですが……。でも少しはホッとしています」と複雑なコメントを寄せてくれました。
日中金融対決は双方の努力?で回避されたようです。

エピソード❺
「中国」で登録商標を変えざるを得なかったお話。「中国銀行」。本店は北京ではなく、岡山ですよ

これまでの「中国迷惑十大エピソード」の❶から❹までは、実際に〝被害〟にまでは至らなかった話ですが、エピソード❺以降は具体的に迷惑？を受けたお話が続きます。

実のところ大陸のチャイナにも「中国銀行」があります。このため、予想だにしなかった事情が生じて、日本側が譲歩せざるを得なかったエピソードがあります。

中国・北京に本店を置くもう一つの「中国銀行」が存在するのです。

中華人民共和国（ここで「中国」と書くとややこしいので正式名称で書きます）において、日本銀行と同様、中央銀行の機能を持つのが「中国人民銀行」です。これとは別に、中国建設銀行、中国商工銀行、中国農業銀行とともに、「中国銀行」が存在します。この「中国銀行」は中国では三位の商業銀行、総資産では世界第

中国銀行大阪支店（わざわざ「本店・岡山市」とある）

五位にランクされる巨大銀行なのです。

大きな銀行なので日本では東京、横浜、大阪、名古屋、神戸に支店を開いています。

実は、この「中国銀行」が一九九〇年に日本に初めて進出する際、やっかいな問題が持ち上がり、そのあおりを食った銀行があります。岡山に本店を持つ同じ名前の地方銀行「中国銀行」です。”同姓同名“の銀行が日本に進出してきたため大変面倒なことに巻き込まれてしまったのです。しかも、悪いことに岡山に本店を構えるこの中国銀行のロゴは毛筆で書

チャイナの中國銀行

北京が本店の中國銀行の東京支店

かれた「中國銀行」で、北京から日本に出てきた銀行と全く同じだったのです。銀行ですから振り込みなどで間違いがあっては困ります。そこで混同されないようにするため、岡山の地方銀行の方が一歩譲り、「中國銀行」から「中国銀行」に商号を改め、ロゴも一新しました。

しかし、それだけでは事が解決しない問題がありました。実はこちらの岡山の中国銀行も東京、大阪、神戸に支店を持ち、北京の方の「中國銀行」も支店があるので勘違いによる間違いが起こりかねません。何しろ、おカネを扱う以上、勘違いでは済まされないのです。そこでトラブルを避け混同を未然に防ぐため、見分けやすくしようとこの岡山の中国銀行の三支店については看板に「中国銀行（本店・岡山市）」と、わざわざ本店の所在地を書いて表記することにしました。「岡山に本店のある日本の銀行ですよ」と印象付けるためです。さらに複雑なことには、この岡山の中国銀行が中国・上海に進出したのです。その際は、「日本CHUGOKU銀行」とローマ字で「中国」を表記しました。違いをわかってもらう細かい気配りが必要だったのです。

エピソード❻
「中国電気工事」ではなく、「中電工」が正式会社名です。「中電工」は略称ではありません

中国地方で自動車のマツダとともに最大の企業といえば中国電力です。中国地方全県だけでなく、四国の一部にまで送電し、電力自由化で最近では首都圏にまで顧客を拡大しているのです。

その関連会社で「中電工」という会社があります。関連会社とはいえ、東証一部上場の優良企業です。ここではその中電工のお話です。

一九九五年発行の『中電工五十年史』から引用しましょう。

そこでは「社名変更で新生『中電工』がスタート」という刺激的な見出しで、次のような文章が記されています。

「当社は昭和一九年、太平洋戦争のさなかに政府主導によって中国地方の電気工事業者を統合して設立されたが、その際決定の社名は当時の電気工事整備要綱に基づき主営業地域の冠称を付したものとすると定められたため、当社は『中国電

「中電工」は略称ではありません。中電工本社ビル一階の案内デスクにも「中電工」

気工事』の名称になった」と旧社名が決められた経緯について書かれています。

ところが続いてこんな記述があります。

「以来四十数年を経て、その間の当社の発展、変貌は著しく、また、当社を取り巻く企業環境の進展・変化にも目覚ましいものがあった。その結果、当社は電気工事専門の業者から、水・空気・光等の事業も併せ行う総合設備企業に脱皮しており、営業種目と管轄区域を特定した当初からの社名は事業の実態にそぐわなくなった」。

つまり、会社が行っている事業と「電気工事」という名称があわず、さらに

「中国」という管轄区域を特定した社名も「実態にそぐわなくなった」というのです。ここでは社史なので大陸の中国との絡みは控えてありますが、要するに事業内容と営業区域でいろいろ行き違いがあるので一九九一年十月から思い切って社名だけでなく、ロゴを含めて大刷新し、新社名を「中電工」にしてしまったという話です。

新社名について『中電工五十年史』はこう記しています。

「新社名が中国・電気・工事と限定されていた事業内容・地域を超え、総合設備業者として将来にわたって発展していくことを目指します」

現在の「中電工」の社員は「しばしば『中電工』という名前は略称だと思われていますが、略称ではありませんよ。正式社名が『中電工』なのです」と力説します。

エピソード❼
会社名から「中国」を削ってしまった

「中電工」の場合、正式会社名を変えてしまったとはいえ、まだ、多少、昔の名前で出ているような名残がありますね。

ところが、きれいさっぱり「中国」を削り落とした会社があります。

「株式会社中国サンネット」という広島市中区に本社を構えるＩＴ企業がありました。この会社は思い切って二〇一三年四月一日に社名から「中国」を削除し、現在の「株式会社サンネット」（亀井創社長）に変更しました。創立五十周年を経て「中国地方の企業から全国へ、さらには情報系のネットワークシステムを構築するグローバル企業へと事業展開するためには、敢えて中国地方にこだわりを持つことはない」といういわば「攻めの経営方針」に転換したのです。

また、「社名に中国と付いていると、お得意様、取引先様にご迷惑をおかけすることもあろうか」と考え、ついに社名変更まで決断するに至ったのです。

ただ、事業展開の中心地域はやはり中国地方にあります。島根県浜田市の庁内

ネットワーク基盤をバーチャル技術を使ったＳＤＮで構築し、導入しました。同市のネットワークは基盤系、情報系、電話系、消防指令などシステムごとに六系統に分かれていたため、運用には高度なスキルを持った職員しか対応できませんでした。そこでＳＤＮで統合、刷新し、ネットワークをトータルで管理できるようにし、一般職員でも簡単に利用できるようにする一方で、セキュリティーも強化したのだそうです。

エピソード❽
「また、あの中国新聞ですか……」

「中国銀行」や「株式会社中国サンネット」は商号やロゴ、さらには社名そのものも変更しましたが、今でも時折、「中国」に混乱させられている会社があります。

それは広島県を中心に岡山・島根・山口県などに配達されている中国地方の有力紙「中国新聞」です。中国新聞社が発行し、創刊一二五周年を迎え、発行部数も約六十万部と地方紙としては大きいほうです。

この広島の「中国新聞」が時々、迷惑を被っている"混乱"の震源地は二つあります。ダブルトラブルです。

一つは「中国新聞社」というメディアが北京にも存在することです。そもそも中国語では「新聞」とはニュースという意味です。大きなニュースがあって、中国での報道ぶりを日本のテレビで紹介する際、中国のテレビ画面に「新聞」の文字を見ることがありますが、あれは「新聞」が中国語では「ニュース」という意味だからです。

さて、北京の「中国新聞社」は、新華社と並ぶ「中華人民共和国」の国営通信社なのです。主に外国に住む中国人などに向け、海外メディアなどに中国関連のニュースを配信することが主な業務です。世界各国の主要都市に支局を持ち、東京にも支局があります。このため、この通信社が配信した記事を引用して報道する際、「中国新聞が……と報じた」ということが毎日のようにあり、「広島の中国新聞が報道した」と勘違いされることがあるのです。

もう一つの震源地は、中国の国営テレビ局の「中国中央電視台」（ＣＣＴＶ）です。日本でいえば、ＮＨＫと同じ影響力の大きい巨大テレビ局です。このＣＣＴＶは中国語での国際放送チャンネルを持ち、外国に住む中国人などに中国語で放送しており、日本でもインターネットで視聴可能です。この国際放送チャンネルはＣＣＴＶの四番目のチャンネルであるため、ＣＣＴＶ４と言っています。

ところがこのＣＣＴＶ４には番組のタイトルが「中国新聞」というニュース情報コーナーがあり、その内容が通信社などにキャリーされて「中国新聞は……と報道した」と配信されることがあるため、こちらも「広島の中国新聞が報道した」と勘違いされることがあるのです。

また、広島が本社の中国新聞東京支社は東京の日比谷公園の近くにあるのですが、中国人観光客が直接オフィスを訪ねて来て目当ての観光地への行き方を尋ねられたり、中国語で問い合わせの電話がかかって来ることが時々あるといいます。彼らは”本国“の中国新聞社だと思い込んでいるようなのですが、「こちらは広島が本社の中国新聞社です」と答え、お引き取り願っているということです。

北京の通信社の「中国新聞社」とCCTVの「中国新聞」が震源地のトラブルなのですが、「広島の中国新聞社」は「困ったことではありますが、前々からの事で、最近では『またか』と、もう慣れっこになっています」（役員）と事を荒立てようとはしていません。

エピソード❾
「中国放送」ではなく、「RCC」と呼んで

このほか、中国放送、中国電力、中国醸造、中国高圧、中国化薬、中国木材、中国トラベル、中国バス、中国計器工業、中国工業、中国企業、中国検査、中国金網工業、中国新聞広告……など、社名に「中国」がついた企業は数多くあります。

広島県内でラジオとテレビの両方を放送している「中国放送」の正式な法人名は「株式会社中国放送」です。しかし、自社のホームページでさえ、すべて「RCC」を使っており、「中国放送」を意識的に避けています。「RCC」は「ラジオ・チュウゴク・カンパニー」の頭文字を取った略なのですが、テレビも含めて「R」でひとくくりにして県内ではRCCで通用しています。県民の多くは「中国放送」が正式名称だということさえ知らない人が多く、地元ではほとんど問題は起きていません。ただ、「ときどき中国語の電話がかかって来る」（RCC）などマイナーな混乱に巻き込まれることがあるようです。

そんなこともあって広島県内に配達される新聞のテレビ欄は、民放各局は「広島テレビ」「広島ホームテレビ」「テレビ新広島」とあるのですが、中国放送だけは「RCCテレビ」となっています。

広島県内に配られる新聞のテレビ欄。「広島テレビ」「広島ホームテレビ」「テレビ新広島」とあるが、「中国放送」だけは「RCCテレビ」となっている（読売新聞 2017年10月5日付）

債券の回収会社である整理回収機構（株式会社）の略称がRCCであるため、口の悪い人はわざと間違ってからかったりしたこともあったそうです。

このように「中国」に絡んだ社名の企業の中には真剣に会社名の変更まで検討したところもありますが、「しょっちゅう迷惑しているわけでもないので、我慢しています」という企業が多いようです。また、「ちゅうごく産業創造センター」と「ちゅうごく」をひらがな表記にして、迷惑を最小限にするなど、RCCのように各社それぞれ〝知恵〟を働かせているところが多いようです。

エピソード⑩
中国電力ではなく、「エネルギア」グループ

エピソード❾の「我慢」の上に「知恵」と工夫の限りを尽くしている代表格は「中国地方」の企業群の雄・中国電力かもしれません。「中国地方」五県だけでなく、愛媛県今治市や四国の島にも電気を送っている電力会社で、正式な企業名は「中国電力株式会社」です。戦前に「日本発送電」の中国地区事業会社として発足、戦中に「中国配電」として開業し、一九五一年に両社が合併し「中国電力」となりました。

ただ、この会社には「中国」電力としての二つの悩みがありました。一つはエピソード❾までの会社と同じく、「なぜ『中国』電力なのか」という説明が必要だったことです。

こんな笑えないエピソードがあります。中国電力の陸上部は伝統的にマラソンが強く、世界選手権でメダルを獲得したり、オリンピックで入賞したこともあります。ある時、中国・北京で開催された国際大会で中国電力の選手が出場した際、

ユニホームに漢字で「中国電力」と書かれていたため、沿道の北京市民が「中国」の選手と勘違いし、絶大な応援を受けたというのです。あまりに熱い応援に選手の方も「中国」の文字から来る北京市民の勘違いだとわかったのですが、その選手はにこやかに手を挙げて応援に感謝の気持ちを表したといいます。

日本人、特に中国地方の人たちは「中国電力」は当然、日本の電力会社と思っていますから、特段、大陸の「中国」と混同することはありません。

ただ、中国電力にとって、もう一つの悩みの方が深刻?でした。それは中部地方を事業区域とする「中部電力」との混同です。両社とも「チュウデン」と略称で呼ばれていますが、それぞれの地元では「チュウデン」で通用しても、東京や大阪では「どちらのチュウデンだかわからない」ということがしばしばありました。

そこで「中国電力」の方は一九九一年にCI（コーポレート・アイデンティティ）宣言として「エネルギア」を略称とし、ブランドとして「エネルギア」を前面にPRすることにしました。

インターネットのドメインも中部電力が「chuden.co.jp」としたため、こちらは「energia.co.jp」と決めました。こうすることで国際的にはチャイナの中国と混同されないようにする一方で、国内的には「中部電力」との違いを際立たせることができます。

さて、電力会社には二〇〇五年四月から「電力の自由化」が国の政策として導入され、それまでは事実上、地域独占企業だった電力会社にも自由競争の波が押し寄せています。

この年の中国電力社内報に野村証券金融経済研究所の橋本尚人・主任研究員が「異端児の勧め」と題して寄稿しています。

その一部を紹介しましょう。

「ロシアの民芸品にマトリョーシカという人形がある。顔かたちは同じで、大きさだけが相似形の複数の人形セットである。日本の電力会社はまさしくマトリョーシカのようである。目立たないことが業界の秩序を守り、電気の安定供給を維持する要件なのだという。中国電力グループはそうした業界の因習を打破することに敢然と挑戦している。『エネルギア』というブランドには『中国』という地方名も『電力』という業種区分も含まれない。（中略）エネルギアというブランドを導入し、徹底を図っている勇気を称賛したい」

確かにその徹底ぶりには驚かされます。

毎月、各家庭に「電気ご使用量のお知らせ」という電気の消費量と料金を示す明細書が送られてきますが、大きく「ＥｎｅｒＧｉａ」とロゴマークとともにカラーで書かれており、その下に申し訳程度に「中国電力」と小さく書かれています。

その「エネルギア」は資本金一千八百五十五億円、連結売り上げは一兆円を超え、連結総資産が三兆円を上回る大企業ですから、当然、数多くの子会社、関連会社を抱え、従業員は一万三千人を超えています。

このうち電気工事を担う会社は「中電工」です。グループ企業といっても東証一部上場企業です。「中電工」は正式名称で略称ではありません。「中国電気工事」から社名を変えてしまったことは「エピソード❻」で触れました。

通信事業の関連会社の名前は「エネルギア・コミュニケーションズ」です。このほかにも「エネルギア・ビジネスサービス」「エネルギア・ロジスティックス」「エネルギア介護サービス」「エネルギア・ソリューション・アンド・サービス」など、「エネルギア」を冠にかぶせた名前の関連企業が多いのが特徴です。とにかく「中国」から離れようとし、「エネルギア」にこだわっていることが見て取れます。また、「中電工業」「中電プラント」「中電環境テクノス」「中電技術コンサルタント」など、「中電」は使っても「中国」を使っている会社は「中国電機製造」「中国計器工業」など二、三社だけで、ほとんどは巧みに「中国」を避けています。

その中国電力は、一般消費者にとっても電力の自由化がスタートしたため、東京電力のおひざ元の首都圏でも顧客開拓しており、契約数はすでに二千件を超えました。その特典として広島カープとコラボして、広島・マツダスタジアムでのカープの試合をスポンサードゲームとして抽選で招待するのですが、その試合は何と「エネルギアぐっとずっと。ナイター」で、ここでも「エネルギア」です。

第二章

全国八地方「中国地方」はその一つのはずですが……

さて、少し回り道をしてきましたが、私たちは「どうして鳥取、島根、岡山、広島、山口の五県を中国地方と呼ぶのだろう」という解答を探してきました。

北海道、東北、関東、中部、近畿、中国、四国、九州。

日本はこの八つの地方区分に分けられています。

「中国地方」は全国の八つの「地方」の一つです。

ただ、気象庁では天気予報を発表するのに、各都道府県をいくつかに分けた「一次細分区域」や、警報や注意報を発令する「二次細分区域」、さらには府県予報区、その上に地方予報区と分けています。地方予報区は全国十一に分かれており、「北海道」「東北」は八地方区分と同じですが、「関東」は一部の中部地方を含めて「関東甲信越地方」として「関東」よりも広域に分類しています。

一方で「中部地方」は「東海地方」「北陸地方」と二分割されています。「近畿」「中国」「四国」は八地方区分と同じですが、九州は「九州北部地方」として山口県を含めていたり、「九州南部・奄美地方」「沖縄地方」と合計十一に分けられています。これは天気予報という目的から、なるべく同じ傾向にある地域を一緒にし、逆に気象状況が異なる地域は細分化しているのです。

「関東」の名称の由来は？

「北海道」「東北」など、それぞれの地域の名称は「都」を起点にその方角から付けられたと考えられています。

これにはまず、「畿内《きない》」から説明していくとわかりやすいと思います。

その昔、中国（ここでは大陸の中国の意味です）では「天子のいる城を中心とした五百里以内の地域」を「畿内」と言いました。つまり「畿内」とは、いわゆる「都」のことです。日本では歴代の天皇がいた「都」を中心に山城、大和、河内、和泉、摂津の周辺五か国のことを「畿内」と呼びました。

次に「近畿」の意味ですが、文字通り「畿内」＝都に近い所を、「近畿」と呼ぶようになったのです。

さて「北海道」「東北」は、文字通り「畿内」（都）から見た方角を示していますね。

では「関東」は何から来ているのか。答えは「関所の東」という意味です。

どういうことでしょう。

話は古く歴史を遡らなければなりません。

六七二年の「壬申《じんしん》の乱」は、当時としてはわが国古代最大の内戦でした。天智天皇の死後、皇位継承をめぐって、皇太子と弟（後の天武天皇）が地方の豪族らを巻き込んで戦争となり、弟側が勝利して天武天皇として即位しました。天武天皇は乱の平定後、再び争いが起きないように都を守るため、東山道に「不破関」（岐阜県関ヶ原）、東海道に鈴鹿関（三重県鈴鹿）、北陸道に愛発関（福井県敦賀）の三つの関所を設けました。

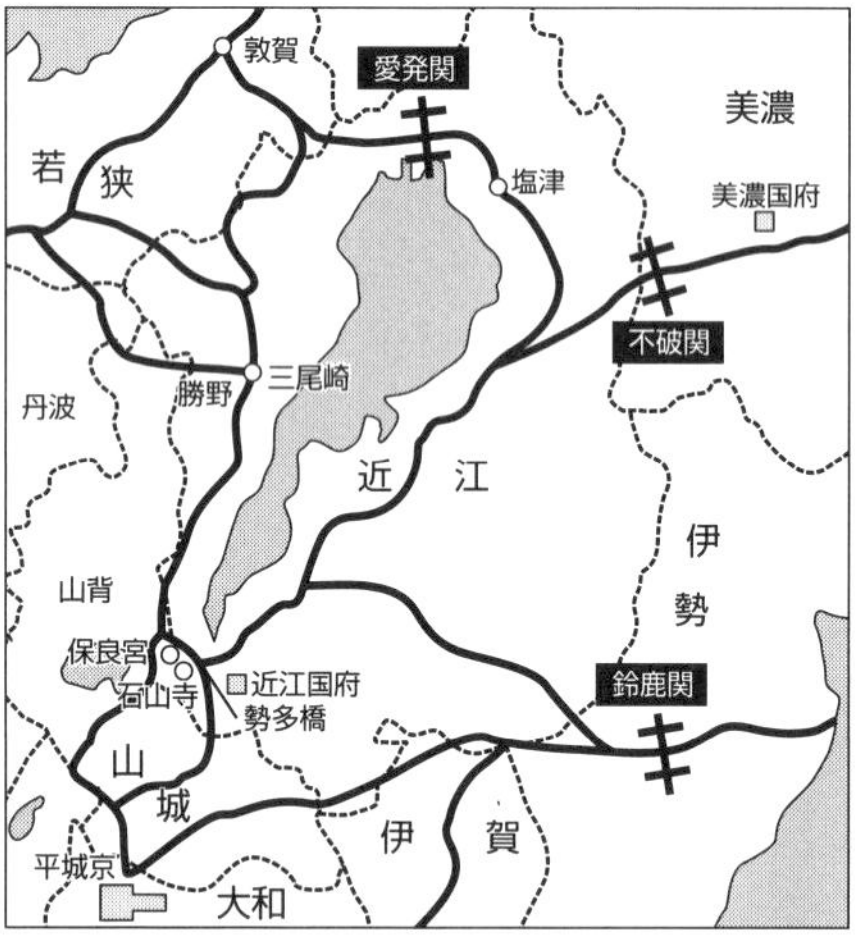

天武天皇の時代の３つの関所
（関ヶ原町歴史民俗資料館の資料をもとに作図）

この三つの関所より東を「関の東」という意味を込めて「関東」と呼ぶようになったというのが通説です。飛鳥時代後期か奈良時代には、すでに「関東」という考え方が定着していたといわれています。

「都」を敵から守るために関所を設け、その関所の外側を「関東」と呼んでいたので、逆に「関内」とか「関西」という考え方はありませんでした。現在では「近畿地方」のことを「関西地方」などと呼んだりもしていますが、もともと、関所の内側は「畿内」（都）や「近畿」ですから、「関東」に対してあえて「関西」とは考えなかったのです。

現在でも気象庁は気象予報の際は、「関西」は使わず、「近畿」で統一しています。

時代で変わる関東の範囲

さて「関東」という呼び方には第二ステージがあります。源頼朝が鎌倉幕府を樹立し、それまでの京都の朝廷に対し、武士の政権を強調するために「関東方」と自称したため、「関東」は次第に鎌倉幕府の代名詞的呼称として定着していきました。鎌倉幕府が直接統治している遠江（今の静岡県）、信濃（長野県）、越後（新潟県）よりも東の地域が「関東」と呼ばれるようになり、かつてより「関東」の範囲は狭くなりました。

時代はさらに下り、「関東」の定義も第三ステージに入ります。徳川家康が関ヶ原の戦い（一六〇〇年）に勝利し、織田信長、豊臣秀吉らと続いた「戦国の世」

を終わらせ、江戸に幕府を開きました。家康は、その江戸を守るため、箱根関（神奈川県箱根）、小仏関（東京都八王子）、碓氷関（群馬県安中）という三つの関所を設けました。これによって、この新しい三つの関所よりも東の坂東八か国が「関東」と呼ばれ、次第にこの「関八州」だけが「関東」を意味するようになりました。

このように同じ「関所の東」でも起点となる関所が昔の関所から新しい関所に変わり、意味合いも三段階を経ているのです。

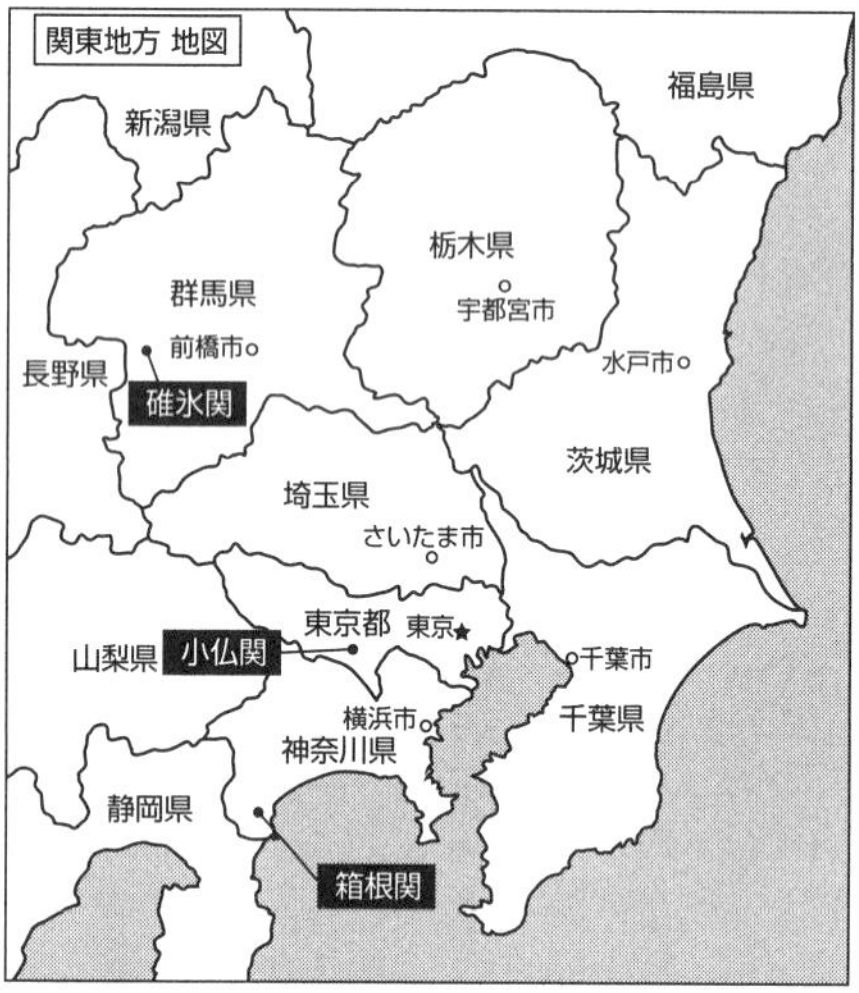

徳川家康の時代の３つの関所
（「旅行のとも」 関東地方の地図ページをもとに作図）

現在では一都六県（東京、千葉、茨城、栃木、群馬、埼玉、神奈川）を「関東」と呼びますが、その起源はやはり家康の「関東」に由来するのです。なお、「首都圏」という場合、東京、神奈川、埼玉、千葉の一都三県の都市部のことをいいます。

さて、「関東」に関する話はこれくらいにして、話を元の「地方」の話に戻しましょう。

「四国」「九州」は文字通り「四」国、「九」州から来ています。

四国はかつて「伊予之二名島」と「伊予二名州」からなり、阿波、讃岐、伊予、土佐の四つの国があり、現在も徳島、香川、愛媛、高知の四県からなっています。

九州はかつての筑前、筑後、肥前、肥後、豊前、豊後、日向、大隅、薩摩の九つの国からなっていますが、これらには対馬、壱岐、奄美などの離島は含まれていませんでした。

このように「北海道」「東北」「関東」「中部」「近畿」「四国」「九州」などの名称の由来は、すんなり理解できるのですが、どうしてもわからないのが「中国地方」です。

鳥取、島根、岡山、広島、山口県の五県のことを指すことはわかりますが、なぜ「中国」地方と呼ぶのでしょう？

第四章

「中国」地方のルーツは何？
「前」か「後」か「中間」か

繰り返しますが、中国五県のことをどうして「中国」地方と呼ぶのか。という疑問に対し、まだ納得できる正解に辿り着けていません。

これには幾つかの説があります。

多くの人が「こうだろう」と信じるいわゆる多数説があります。

一方で、少数説ですが、現在の中華人民共和国、つまり、大陸の「中国」と関連があるのではないか、という説もあります。

また、これらの多数説、少数説に対し、「いずれも根拠のない間違った俗説だ」と強く主張し、「真説はこうだ」と主張する歴史の専門家たちがいます。専門家は『中国地方』と呼ばれるのは、古事記、日本書紀まで遡らなければならない。こちらには歴史に基づく真正な根拠がある」と力説します。

都と九州の中間地帯説

ここはまず、多数説から入ってみましょう。

それは京都の「都」から見て、九州は遠い辺境の地であり、都と辺境の地との中間にあるので「中」国地方なのだという、いわば「中間地帯説」です。

これに対し、「中間地帯」という考え方では同じなのですが、「九州は大陸文化との窓口であり、まさに大陸への玄関口であり、西の拠点だった。それを『辺境の地』というのは大陸や朝鮮半島から多くの文化が入って来た歴史を無視している。七世紀後半には九州筑前の国（今の福岡県）に『大宰府』という中央政権の地方行政機関が置かれていて、都と地方行政機関の中間地帯という意味が『中国』の由来だ。中間地帯ではあっても都と辺境の地の中間ではない」という説もあります。

そのいずれであっても、この「中間地帯説」はそれなりに説得力があります。

そのために最近は多数説として広く信じられ、「中国地方」は「都と九州の中間」に由来していると思われています。

都に「近い」か「遠い」か

その昔、（大陸の）中国では「天子のいる城を中心とした五百里以内の地域」を「畿内《きない》」と言われたことは、第三章で説明しました。「畿内」に近い所を、「近畿」と言ってきたこともすでに触れました。

都に「近い」か「遠い」かという、この方程式にあてはまる例があります。

「近江」は滋賀県で、「遠江《とおとうみ》」は静岡県であり、「遠州」ともいいますね。「近い」

か「遠い」か、と少し似ていますが、「前」「後」「中」とも分けられて呼ばれ、この例になると全国各地に枚挙にいとまがありません。

「越前」（福井県）、「越中」（富山県）、「越後」（新潟県）というふうに、「都」に近ければ「前」、「都」から離れると「後」に追いやられます。ちなみに南北に細

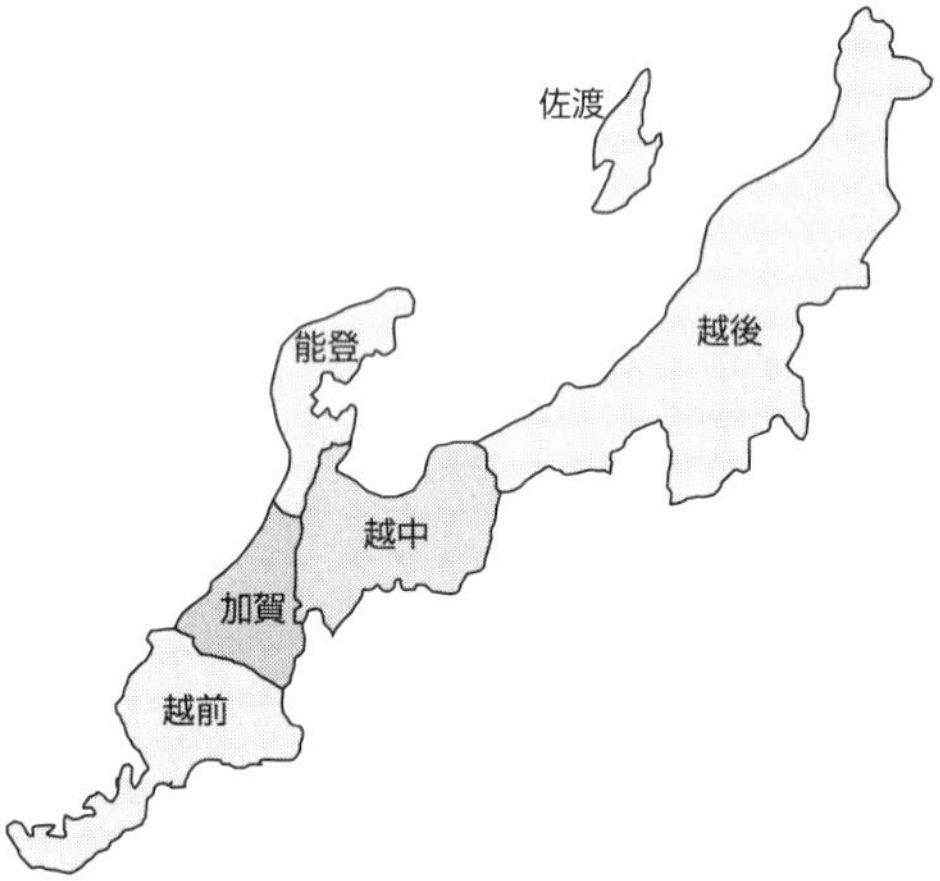

越前、越中、越後の北陸地方

新潟県の上越、中越、下越

長い「越後」の新潟県は、上、中、下に分けられます。「上越」「中越」「下越」です。県庁所在地の新潟市は当然、県の中心です。新潟県の人口二百二十八万人のうち新潟市は八十万人、第二の都市の長岡市は大きく離れ二十八万人です。

ところが新潟市は中越でも上越でもなく、県の北部(地図では上部)にあるのに何と「下越」なのです。富山県に近い糸魚川などが「上越」で、長岡市が「中越」なのです。都に近い糸魚川が「上越」で、新潟県の中心であっても新潟市は「下越」なのですから、「都との距離」がやはり最大のポイントなのでしょう。

東北では「陸前」(宮城県)、「陸中」(岩手県)と北上し、その北は「陸奥」(青森県)で奥地という意味から来ています。「陸奥」は「みちのくのくに」とも呼ばれ、「陸奥」と「出羽」を含めて「奥羽」とか「奥州」とも呼ばれます。「みちのく銀行」(本店・青森市)など、企業名に「みちのく」が付いた会社も多いですね。

また、俳人・松尾芭蕉が江戸時代に江戸から奥州、北陸を百五十日間かけて旅し、俳句にまとめた句集は、ずばり『奥の細道』です。

話は脇道にそれますが、「奥」かどうかで興味深い話を聞きました。江戸時代に

「松前」藩が置かれ、徳川幕府の支配下にあった北海道・松前町や函館周辺の古老たちは、今は北海道の中心である札幌のことを何と「奥《おく》」といいます。

「あそこは蝦夷の地で奥だ」と、やや蔑みのニュアンスを込めて言うのです。函館生まれの大学の名誉教授は、「札幌の人たちは明治以降、『内地』から開拓のために入ってきた人たちです。我々は札幌とは違い、函館を『内地』だと思っており、プライドを持っています。『奥』の札幌とは違うのです」と解説してくれました。

へーッ、そんなものでしょうかね。

「前」と「後」の話を続けましょう。

「羽前」(山形)、「羽後」(秋田)、西日本に目を転じると「備前」(岡山)、「備中」(岡山県の西部)、「備後」(広島県の東部)、「筑前」(福岡)、「筑後」(同)、豊前(福岡)、「豊後」(大分)、「肥前」(長崎、佐賀)、「肥後」(熊本)など、ほとんど例外なく、「前」「後」は「都から遠いか近いか」が物差しの判断基準でハズレはありません。

道後温泉の由来は?

また、日本の三古湯の一つに数えられ、万葉集の巻一にもその存在が記された

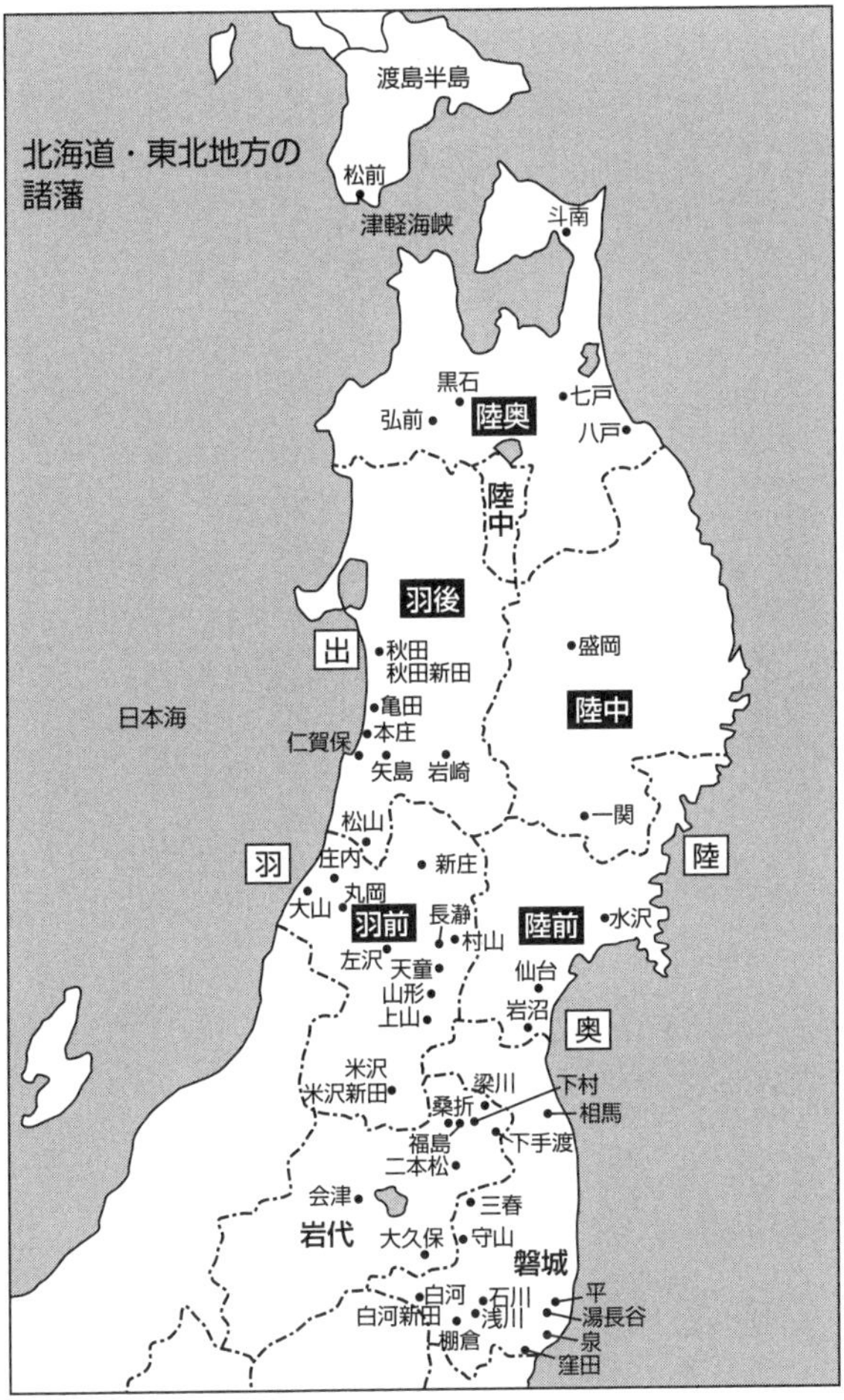

陸前、陸中、陸奥

温泉に名湯・道後温泉（愛媛県松山市）があります。あの聖徳太子も入浴して「不老不死の湯」と讃えた道後温泉です。『坊っちゃん』ゆかりの文豪・夏目漱石や正岡子規ともかかわりの深い道後温泉が、なぜ、「道後」なのかの由来を調べたら、こんなことがわかりました。

時代は歴史を大きく遡ります。倭国《わこく》（日本）が七世紀に朝鮮半島の百済《くだら》へ侵攻したものの、唐（今の中国）と新羅《しらぎ》（今の朝鮮半島）の連合軍に大敗し、撤退しました。このため、唐、新羅からの逆襲に備えるため、伊予の国の国府を高縄半島の東（今の今治市）に移したのです。この国府を基点に南海道の都に近い方を「道前」、都から遠い方を「道後」、国府のおかれた地域を「道中」と呼んだのです。「道後」温泉はそこから来ているようです。やはり、都との近い、遠いという方程式はここでもあてはまります。

さらには島根県の隠岐の島は後鳥羽上皇や後醍醐天皇が「島流し」にされた離島として有名ですが、「島前」「島後」と分かれており、やはり、「島後」の方が遠くの沖合にあります。

このような例は、集めればきりがありませんので、この程度にしておきましょう。

これらの地域の名は単に地理上の名称にとどまらず、それぞれの地域に風土として定着し、その地域の文化としても根を張っています。

「松前漬」「備前焼」「備後カスリ」「筑前煮」などそれぞれの地域で名産と融合し、「あんたがたどこさ、肥後さ」とも歌われています。ちなみに「肥後もっこす」は「津軽じょっぱり」「土佐いごっそう」と並んで、〝日本三大頑固〟ともいわれ、頑固者で、なかなか妥協しようとしない熊本男子の男っぽさを表わす代名詞です。

味の境目

地域の風土といえば、また、話は少し横道に外れますが、それぞれの地域の特徴は、住民の生活にも密接に関連しています。

例えば、うどんの汁は関東と関西では大きく異なります。関東ではカツオだしで醤油が黒っぽいのに対し、関西では昆布だしで色は透明に近いですね。関西人は「東京のうどんは、どす黒い醤油の中に麺が泳いでいるようで食べられたものではない」と「関東味」を酷評します。

こんなこともありました。かつて八幡製鉄(現在の新日鉄住金)が千葉県君津市に新しい君津製鉄所を稼働させた時に、従業員の多くは北九州市の八幡から移動してきました。溶鉱炉を持つ新しい総合製鉄所を新設するもので、社員、家族や関連会社を含め「二万人の民族大移動」といわれたほど大規模なものでした。この時、「味噌や醤油、それに食べ物や食べ方が九州・八幡と千葉県では全く違う」ということになり、八幡の食料品店や食堂まで一緒に移動してきたのです。

実は食品関連の会社の中には西と東の薄味と濃い味の境界線を探し出し、地域ごとの「地元の味」に合わせて商品を出荷しているところがあります。大手カップ麺会社は「味が変わるのは関ヶ原（岐阜県）」と分析し、商品の配送先と味のマッチングに神経を配っています。さて遊び心なのでしょうが、その関ヶ原には「天下分け目の戦」にちなんで、味の境目をもじった「天下分け目のうどん店」もあります。

ウナギでも関東では背開きでいったん蒸してからタレを付けて焼きますが、関西は腹開きでタレを付け、そのまま焼きますね。地方ごとの風土とは長い間に定着したものなのでしょうが、興味深いですね。

さて、本来の話題に戻りましょう。

確かに都からの「前」と「後」の使い分けからすると、「中国」地方は、都から遠くもなく、近くもない中間地帯という多数説もうなずけなくもありません。ただ、「都から遠いのは九州だけでなく、陸奥など東北も遠い」と反論する人がいます。

そう考えれば現在の「中部」地方の方がまさに文字通りの中間地帯となってしまいます。

そうなると「中国」地方はどうなるのでしょう？

第五章

なぜ、日本は極東なの？
なぜ、アメリカ先住民が「インディアン」なの？
なぜ、カリブ海に西インド諸島はあるの？

「中間地帯」からの「中国」地方説が転じて、「前」と「後」の話になりましたが、実は「遠い」「近い」や「前」「後」のネーミングの方程式は、日本国内だけでなく、地球儀の上でも当てはまります。

世界地図では「遠」「近」に加えて、「東」「西」の物差しが使われます。

「アメリカが真ん中にない」地図

日本では世界地図を広げると真ん中に日本があり、南北アメリカ大陸が右に、欧州やアフリカが左にあるのが普通ですね。

私がかつて新聞社のワシントン特派員をしていたころ、自宅のリビングルームの壁に日本から持って行った世界地図を貼っていました。

ある時、取材対象のアメリカ議会調査局のスタッフを自宅に招きました。アメリカでは最高のホスピタリティ（おもてなし）は相手を自宅に招いてホームパーティを開くことであり、家族ぐるみの付き合いになることが親しくなる近道です。私もこの取材相手を重要なニュースソースとしてさらに親しくなるためにホームパーティに招いたのです。その際、彼は親しい知人も連れて来ました。

そこでこんなことがありました。

「なんてことだ。アメリカが端っこにある」

その知人が私の家の壁の世界地図を見て大声で叫びました。その地図は日本製なので、当然、日本が中央に、そして南北アメリカは右端に、欧州、アフリカは左端に描かれていました。アメリカの地図ではアメリカが真ん中にあるので、その友人は我が家の地図を見て驚いて思わず口にしたのでしょう。

一九八〇年代当時、日本の国際化が盛んに叫ばれていたころですが、私はこのエピソードを材料に、後にこんなコラムを書いています。

「日本にとって『国際化』とは多くの場合、好むと好まざるとにかかわらず、それはアメリカ化を意味する。しかし、誤解を恐れずに言えば、アメリカは最も国際化していない国とも言える。なぜなら英語で何でも通じるし、アメリカはその国力から世界がアメリカの考え方に合わせてくれることが多いからだろう。いわゆるアメリカンスタンダード＝ユニバーサルスタンダードということになってしまう。アメリカ人は自らの価値観で発言、行動すれば、世界は不満を抱きながらも結局はそれに付き合ってくれるから国際化の努力は必要ないと、多くのアメリカ人が考えている。大国アメリカはそれでよいのだろう。残念ながら、日本にはまだ、そんな力はなく、自分の方から世界に合わせて行かなければならないのだ……」

ただ、続けてこうも書いています。

「アメリカの政府や議会人、ジャーナリストなどが日本人から本当に知りたがるのは、日本社会の本当の姿であり、本音の意見だ。日本人は何事も白黒をはっきりさせず、曖昧にぼかすことが得意な国民だが、日本に関心を持っているアメリカ人が本当に知りたがるのは、日本の国内事情や日本経済の成功や停滞の理由、歴史、文化の成り立ちだ。何よりも借り物ではない日本人、その人なりの意見だ。敬遠されるのは、日本の政治、経済、社会、文化など自国のことをあまり知らない日本人が、流暢な英語で借り物の話をして誤った情報が伝わることや、相手の意見に安易にうなずいたり、理解を示すことだ。真の国際化とは自分の生まれた国・日本のことをよく知り、相手に主張すべきことは主張し、相互理解を深めることだ」

さて、我が家のホームパーティでの地図の話に戻りますが、そのアメリカ人にこう説明して納得してもらいました。

「アメリカの地図ではアメリカが真ん中にあるのと同様に、日本の地図では日本が中央にある。地球は丸いのでそのこと自体は何も不思議なことではないでしょ

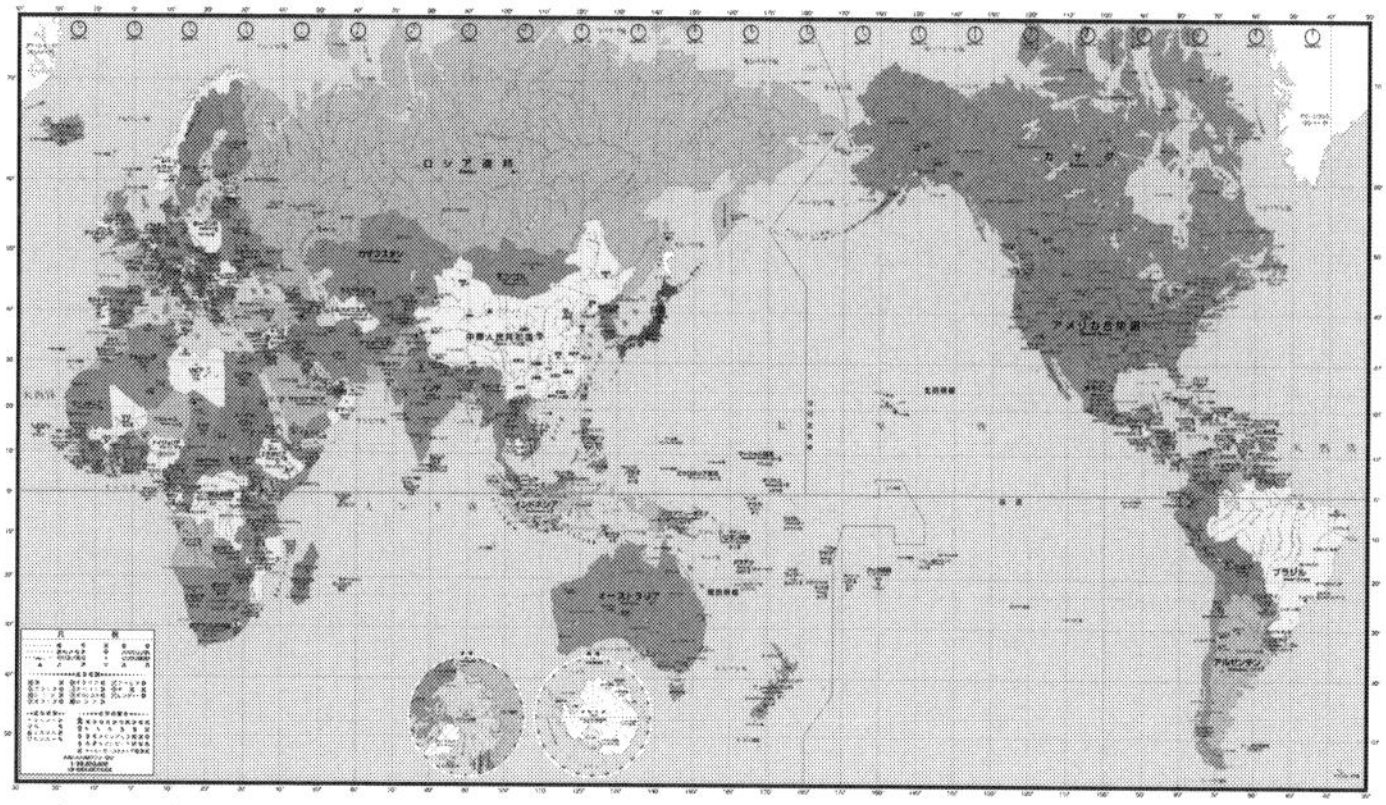

日本で一般的な世界地図

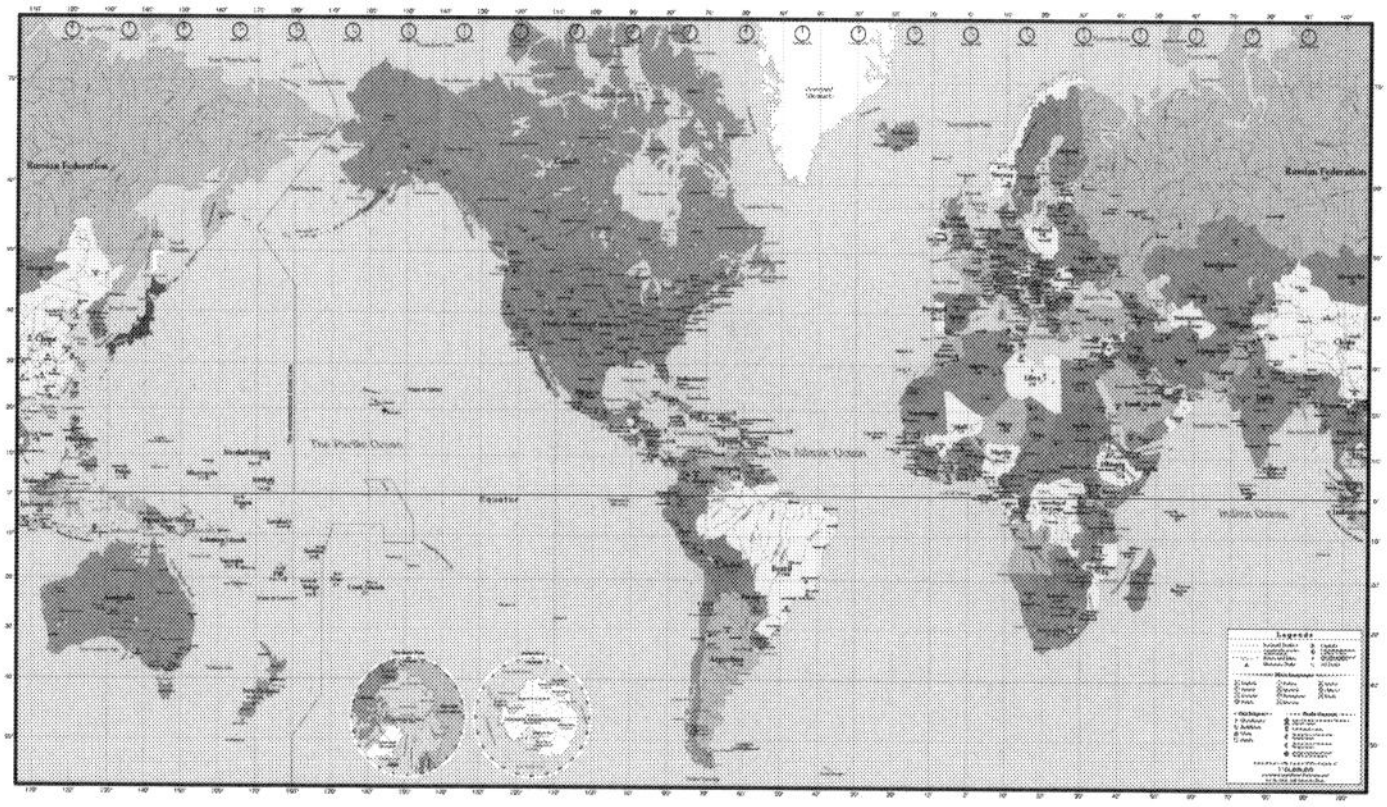

アメリカで一般的な世界地図

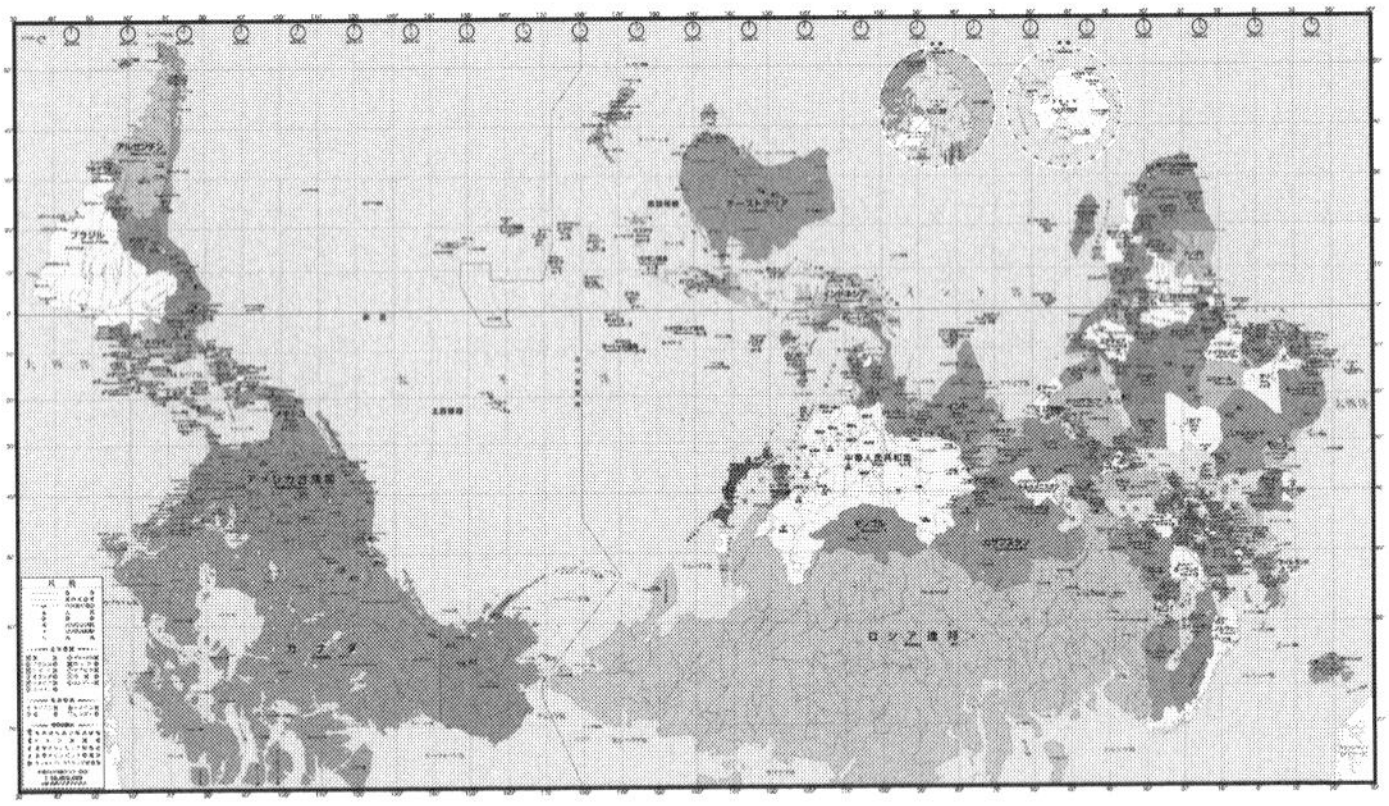
オーストラリアでお土産として売られている南半球が上の地図

う」

南極が上に、北極が下にある地図

さて、欧州の地図になると、欧州が真ん中、日本は右端（東の端）にあり、南北アメリカは左端（西端）にあって、広い太平洋はかなり省略されています。オーストラリアなど南半球の国へ旅行すると、南半球が上に、北半球が下にある地図が土産物として売られています。地球は文字通り、丸い「球」であり、南極が上にあってもおかしくないというわけです。これはかつてオーストラリア、ニュージーランドがイギリスの植民地であったこともあって、英国人が両国のことを「down under（裏側）」ということを面白く思わないオーストラリア人が、常識を逆手にとって観光地の土産物として売り出しているものです。学校などで使う地図はやはり世界標準の北極が上です。

日本列島逆さ地図

話を国内に戻しましょう。以前、自治省（今の総務省）の事務次官室に、オーストラリアの地図のように上下をひっくり返した日本地図を壁に掛けていた次官がいました。この次官は富山県出身で後に読売新聞、日本テレビの社長を務め、新聞協会、民放連両方の会長をつとめるという希有な経歴を持つ小林与三次氏です。小林氏は故郷・富山県など日本海側が「裏日本」と呼ばれるのに反発し、日本列島を上下逆さまにして、一般の地図では房総半島や東京がある位置に能登半島や富山を置き、日本海を挟んでソ連が下部に広がっていました。

「そもそも表日本だ、裏日本だというのは、東京を中心にしたモノの見方で、一方的なそういう視点では新しい発想は生まれない。あくまで太平洋側、日本海側であり、表も裏もない」

こんな考え方に基づくもので、「北が上、南が下という一般の常識を疑ってみれば斬新な発想が出てくる」と主張し続け、東京が中心の中央集権的発想ではなく、文字通り「地方自治」の重要性を唱えていました。

この逆さ地図は、「環日本海・東アジア諸国図」として、現在も富山県が国土地理院の承認を得て作成し、県刊行物センターなどで販売されています。「中国、ロシアなど対岸諸国に対し、日本の重心は日本海側であることを強調する狙いで、環日本海構想など周辺国との交流を考えても重要だ」と、結構真面目なのです。

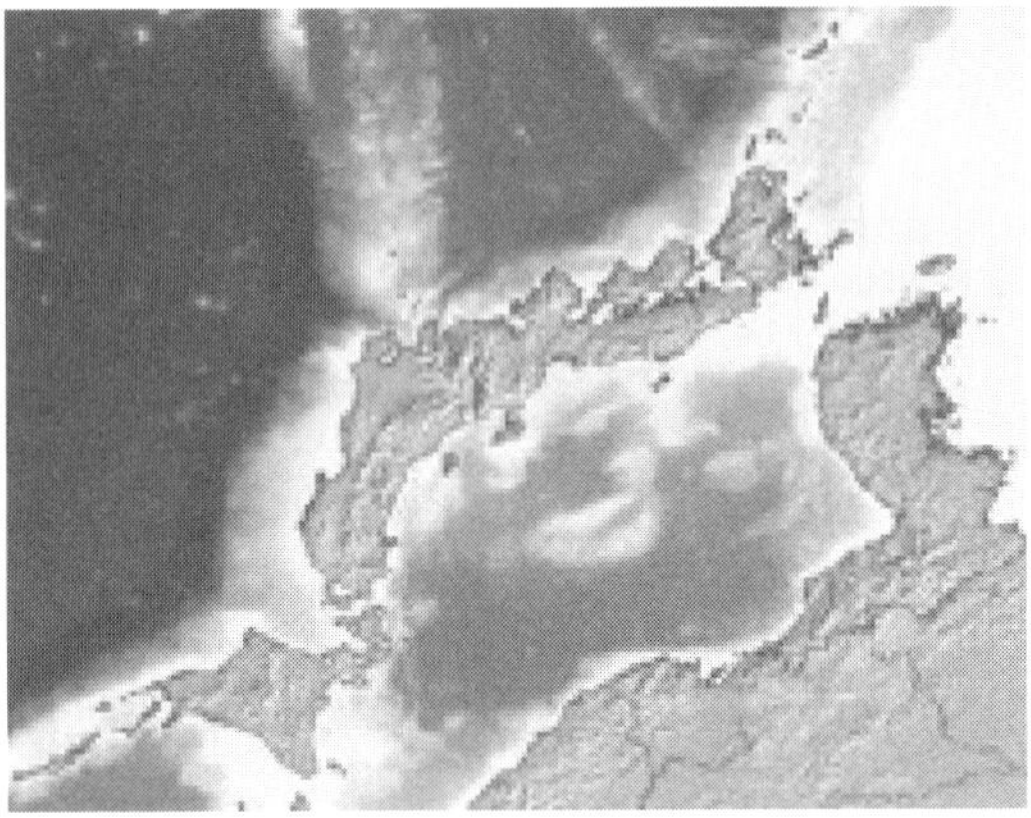
富山県発行の「環日本海・東アジア諸国図」

コロンブスの大ポカ

国によって世界地図はいろいろありますが、日本が国際的に「極東」と呼ばれ、日本もそれを容認していることもまた、否定できない事実です。

これは世界の覇権を握っていたイギリス（大英帝国＝Great Britain）を基点にした見方で、「極東」は英語の Far East（東の端）の訳から来ています。

イギリスから見て、日本は「東の端」にあるので「極東」なのです。日本ほどは端っこではない、つまり「極東」ほどではない「中くらいの東」は「中東」となります。Middle Eastです。かつては「近東」「中東」と分けて言ったりもしていましたが、最近では「中東」とも「中近東」ともほとんど同じ意味で使われています。主にヨーロッパから見てインド、パキスタン、アフガニスタンよりもヨーロッパ側の西アジアのことを指して「中東」と言っています。

それ以上に日本人の感覚では何ともわかりにくいのが、中米カリブ海にある各国が「西インド諸島」と呼ばれていることです。現在のキューバ、ジャマイカ、ドミニカ、ハイチ、バハマ諸島やプエルトリコ（米国自治州）、タックス・ヘイブンで有名なケイマン（英国領）などの地域です。

これらの地域が「西インド諸島」などという奇妙な名前で呼ばれるのは、それなりの物語があります。そもそもは探検家・クリストファー・コロンブスの勘違いにその端を発します。彼は一四九二年、スペインのイサベル女王の援助を受け、インドや「黄金の国・ジパング」（日本）を目指して大西洋を西回りで航海に出ました。一〇月一二日、バハマ諸島のグアナハニ島に上陸、住民のアラワク族の肌の色を見て、インドの島に到達したと錯覚したようです。

その後、第四次までの航海で「新大陸（アメリカ大陸）」を発見したとされていますが、アメリカ大陸には先住民がすでに生活しており、実は「発見」でも何でもありません。コロンブスは先住民を「インディアン」と称しましたが、彼は死ぬまで自分が到達したのはインドだと思い込んでいたのでしょうか。そんなことはないと思いますが、間違いを認めると女王からペナルティを科せられることを恐れたのでしょうか。

それはともかく、アメリカ大陸にはコロンブスの「発見」以前から「ネイティブ・アメリカン」が住んでいたにもかかわらず、コロンブスの勘違いにより、「新大陸」の先住民のことが広く「インディアン」と呼ばれるようになりました。「アメリカ先住民」にしてみれば「自分たちはいつからインド人になったのだ」ということになり、迷惑な話ですね。

大航海時代の一五世紀、当時のスペイン、ポルトガルなどが領土を外国に求めて侵略を続け、植民地化していった時代背景があります。当時の欧州の感覚からすれば「新大陸発見」になったり、「インディアン」となるのでしょうが、すべてはコロンブスの勘違いと当時の覇権国の思い上がりによるものなのです。正確に言えば「大航海時代の欧州の覇権国として、あるいはキリスト教世界の白人としては初めてアメリカ海域に到達した」と言うべきでしょうか。後にカリブ各国はインドではないことがわかったため「欧州から見て東側にある本当のインドではなく、西側にあるインドの島々」ということで、「西インド諸島」と呼ばれるようになりました。全く都合のよい話ですね。

また、「西インド諸島」に対し、最近はあまり聞かれなくなりましたが、インドネシア、マレーシア、シンガポール、ブルネイなどは「東インド諸島」と呼ばれたことがあります。イギリス、オランダはそれぞれ「東インド会社」なるものを設立し、アジア地域との貿易の独占権などを与え、これらの地域を植民地として支配権を拡大していきました。

当時、大国インドの存在は欧州でも知られており、インドを目指して航海に出たコロンブスが到達したのが、現在の「西インド」諸島であり、欧州から見てインドより東にあるインドネシアなどが「東インド」諸島だというのです。

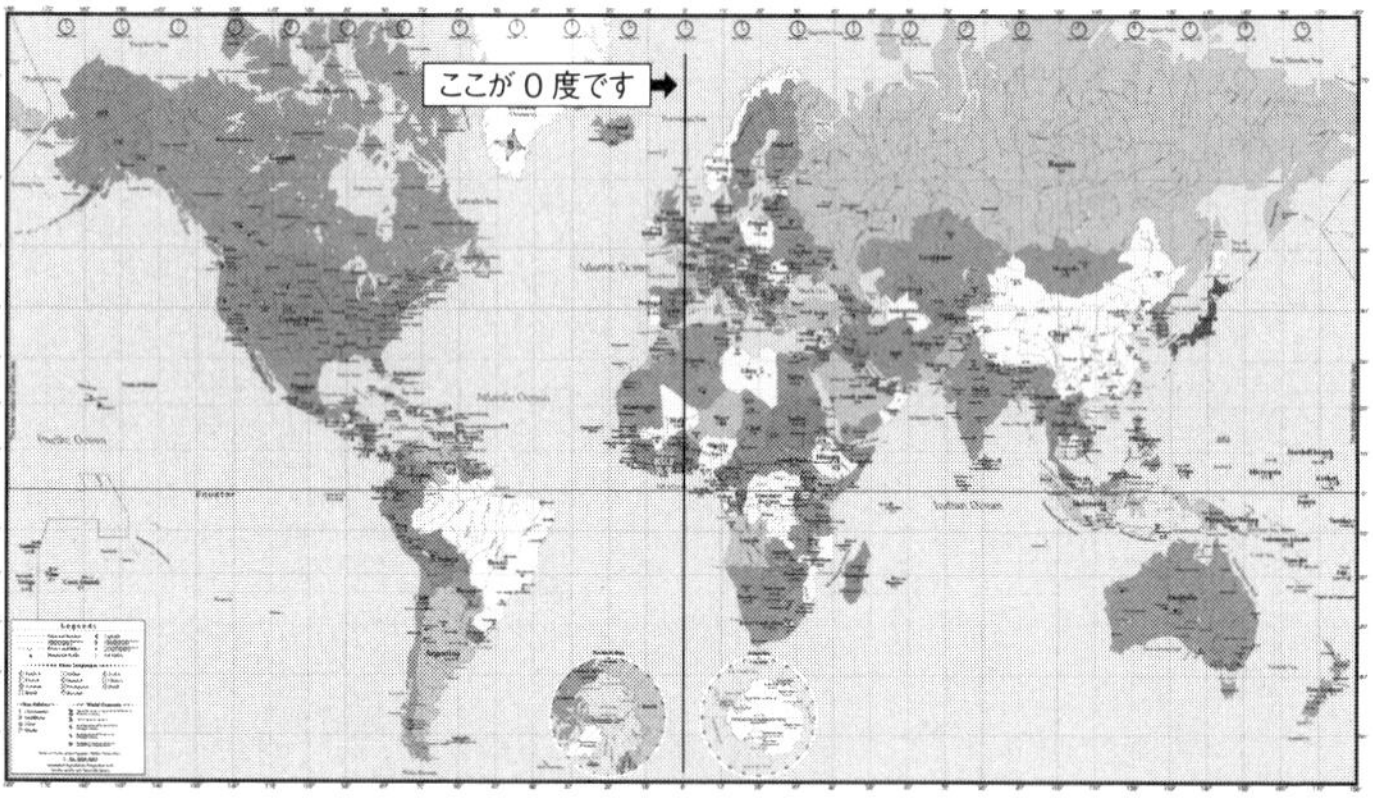

世界標準時を入れた欧州から見た世界地図

要するに、十五世紀の大航海時代はまず、スペイン、ポルトガルがアジア、アメリカなどに向けて権益の拡大を進め、少し時代が遅れてイギリス、オランダ、フランスなどがアジアに進出して植民地化していったわけで、彼ら時々の覇権を握った強国から見ての「東」「西」でしかないのです。それが現在の「極東」や「西インド諸島」にも繋がっているのです。

これらのものの考え方は世界の時刻を定める世界標準時子午線からもわかります。

大航海時代は星座を頼りにする航海でしたが、それでは遭難など航海に危険が伴うため、十九世紀になって国際的に子午線を決めることになりました。一八四四年に主要国が集まり、国際標準時を決めようとしましたが、当時の大英帝国は「我こそは世界の中心」とばかり、ロンドン郊外にあるグリニッジ天文台を世界の標準時子午線とすると主張、フランスはパリの天文台を主張しました。ところがグリニッジ天文台の建設が一六七六年で、パリ天文台（一六七七年建設）より一年先輩であったほか、やはりイギリスの方が国際的発言力があったため、グリニッジ天文台のあるロンドンが世界標準の経度ゼロとなりました。それより東が東経、西が西経となり、それぞれ一八〇度ずつ、計三六〇度で地球を一周することになったのです。

つまり、「大英帝国の首都ロンドンこそ世界の中心」となったわけで、当時の世界の覇権国が力にまかせて決定権を発揮したわけです。このグリニッジ天文台から東に経度を刻んでいくと、日本の最西端の沖縄県与那国島が一二二度五六分一秒、最東端は東京都小笠原村南鳥島で一五三度五八分五〇秒です。兵庫県明石市がぴったり一三五度にあたるため、日本の標準時子午線地点と定められ、明石市立天文科学館の大時計は日本の標準時を刻んでいます。これが国内で時差のない日本（アメリカやロシアなどでは国内で時差があります）では、日本の標準時となっているのです。

これらのことからも東、西、近、遠という地政学上のことでも、時々の国際的力学によって決められていることがわかります。

第六章

クセ玉。広島が中国地方でなく、静岡が中国地方ってどういうこと？

鳥取、島根、岡山、広島、山口の五県が、なぜ、「中国」地方と呼ばれるのか、という解答を探しあぐねて随分回り道をしてきました。そういう中で「広島、山口は中国地方ではない」「静岡県こそ中国地方だ」というほとんど理解不能な"クセ玉"が飛んできました。

ますます何が何だかわからなくなり、混乱に拍車が掛かっています。どうして、静岡県が「中国」地方なのでしょうか。クセ玉にもそれなりの理由があるようです。

延喜式に出てくる「中国」

その根拠は、歴史をずっと遡らなければなりません。

わが国の古代の社会秩序を維持する制度（法制度）は、「律令制度」と言われていました。刑事罰を定めた刑法にあたる「律」、行政の在り方を定めた行政法にあたる「令」、さらには「令」の追加になる「格」、これら法律の施行規則にあたる「式」からなり、「律令格式」と言われます。

天智天皇や持統天皇時代の七世紀に定められましたが、律令が完全にそろったのは有名な「大宝律令」（七〇一年）です。その後、社会の変化や情勢の変化

「延喜式」による国名地図

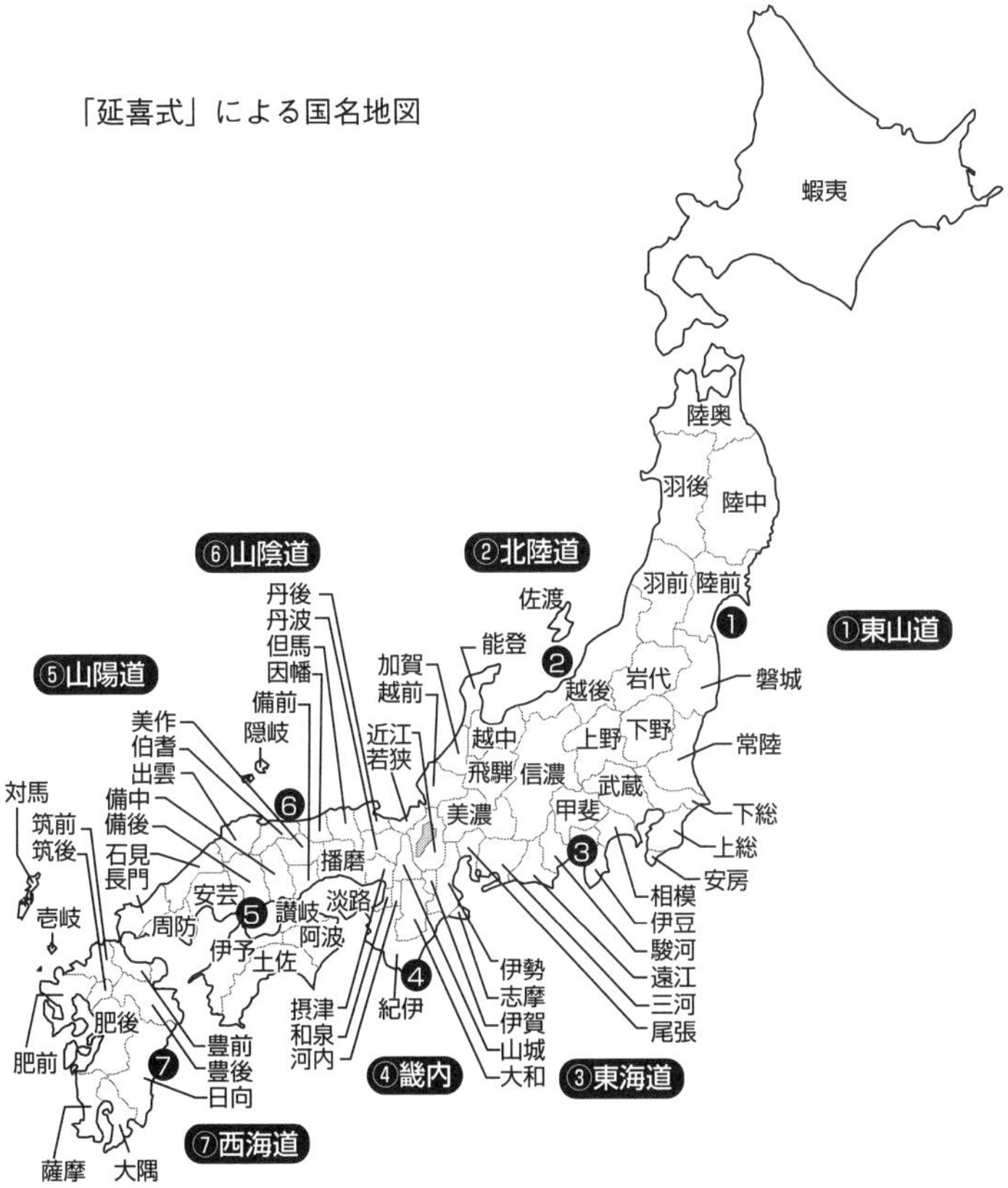

蝦夷
陸奥
羽後
陸中
羽前
陸前
①東山道
②北陸道
⑥山陰道
⑤山陽道
③東海道
④畿内
⑦西海道
佐渡
能登
加賀
越前
越中
越後
岩代
磐城
上野
下野
常陸
飛騨
信濃
武蔵
近江
若狭
美濃
甲斐
下総
上総
安房
相模
伊豆
駿河
遠江
三河
尾張
伊勢
志摩
伊賀
山城
大和
紀伊
摂津
和泉
河内
丹後
丹波
但馬
因幡
備前
美作
伯耆
出雲
隠岐
備中
備後
石見
長門
安芸
周防
播磨
淡路
讃岐
阿波
伊予
土佐
対馬
筑前
筑後
壱岐
肥前
肥後
豊前
豊後
日向
薩摩
大隅

に合わせて法改正が行われ、醍醐天皇の指示により定められたのが「延喜式」で九二七年のことです。

その延喜式では、全国の国を都からの距離を基準に「畿内」「近国」「中国」「遠国」に分けていました。

それによると、

畿内は、

山城（京都）、摂津（大阪、兵庫）、和泉（大阪）、河内（大阪）、大和（奈良）。

近国は、

若狭（福井）、美濃（岐阜）、尾張（愛知）、三河（愛知）、伊賀（三重）、伊勢（三重）、志摩（三重）、近江（滋賀）、丹後（京都）、丹波（京都、兵庫）、但馬（兵庫）、播磨（兵庫）、淡路（兵庫）、紀伊（和歌山）、備前（岡山）、美作（岡山）。

遠国は、

陸奥（青森、岩手）、出羽（山形、秋田）、常陸（茨城）、下野（栃木）、上野（群馬）、武蔵（東京、埼玉、神奈川）、上総（千葉）、下総（千葉、茨城、埼玉、東京）、安房（千葉）、相模（神奈川）、越後（新潟）、佐渡（新潟）、隠岐（島根）、石見（島根）、安芸（広島）、長門（山口）、周防（山口）、伊予（愛媛）、土佐（高知）、筑前（福岡）、筑後（福岡）、肥前（佐賀、長崎）、肥後（熊本）、壱岐（長崎）、対馬（長崎）、豊前（福岡、大分）豊後（大分）、日向（宮崎）、大隅（鹿児島）、薩摩（鹿児島）

となっています。

静岡県は中国地方だが、山口県はそうではない⁉

さて、問題の「中国」は、

越中（富山）、加賀（石川）、能登（石川）、越前（福井）、甲斐（山梨）、信濃（長野）、飛騨（岐阜）、遠江（静岡）、駿河（静岡）、伊豆（静岡、東京）、因幡（鳥取）、伯耆（鳥取）、出雲（島根）、備中（岡山）、備後（広島）、阿波（徳島）、讃岐（香川）となっています。

第四章で触れたように都から遠いか近いか、その中間かという尺度で命名されたことは明らかで、このことから「中国」地方の根拠が「中間地帯を意味する」という「多数説」の立場を強化することになります。

しかし、よく見ると、「中国」地方に、「越中」「加賀」「能登」「越前」の北陸三県が含まれています。さらに「甲斐」「信濃」「飛騨」という山梨県、長野県、岐阜県も入っていますね。「遠江」「駿河」の静岡県も含まれています。

一方で、「遠国」に「安芸」（広島市など広島県西部）、「周防」や「長門」という山口県が入っています。「石見」（島根県西部）も含まれています。「備後」（福山市など広島県東部）や「備中」（岡山県西部）、それに「出雲」（島根県東部）は、しっかり「中国」地方になっています。


このことから「静岡県は中国地方だが、山口県、それに島根県西部は中国地方でない」という奇妙なことになってしまうのです。また、「広島県は県庁所在地の広島市は中国地方ではない。県内第二の都市・福山市は中国地方」ということになり、分断されてしまいます。

「静岡は中国地方で、広島は中国地方ではない」と言われると「都から遠くもなく、近くもない中間地帯を『中国』と呼んだことが現在の『中国地方』の由来である」とする多数説の根拠が根底からぐらついてしまいます。そして数々の疑問が出て来ます。「もし、中間地帯ということで『中国』地方と言うのなら、なぜ、現在の『中部地方』が『中国地方』からはずされてしまい、現在の『中国地方』だけが残ったのでしょうか」

「また、延喜式の『中国』から来ているのなら、なぜ、北陸三県や静岡県、岐阜県など現在の『中部地方』が『中国地方』ではないのでしょうか。また、なぜ、山口、広島が外され、岡山が残ってしまったのでしょうか」

「なぜ、都から西の方角だけに中間地帯があり、もともと『中国』地方だった静岡など東の方角に中間地帯が存在しないのでしょうか」

「やはり、中間地帯という考え方そのものに無理があり、また延喜式にたまたま『中国』という表記があるからといって、安易にそれに乗ってしまうから、説明不能状態に陥るのではないか」

などという疑問に突き当たります。

というのは、現在の中国地方と一致するのは、「かつての延喜式の『中国』のうち、因幡、伯耆、出雲、備中、備後の五国で、半分以下でしかないのです。これに対し、現在の中部地方のうちの山梨、静岡、長野、岐阜、富山、石川、福井などがかつての『中国』に入っており、残すのなら今の『中部地方』を『中国地方』として残すべきだったのではないか」という主張は、それなりに説得力を持ってしまい、何が何だかわからなくなってしまいます。

第七章

「真説」はこうだ！
「中国」地方は「中つ国」が由来。
『古事記』、『日本書紀』に根拠あり

歴史をもとに「真説」を唱える専門家たちは、第四章や六章で触れた矛盾をついて「中間地帯だから中国地方だ、とか『延喜式』の地域分けに基づいているという主張は全く根拠がない。そのような不正確な事実に基づき、理屈をこねくり回そうとするから自縄自縛になるのだ」と多数説そのものを真っ向から批判します。その上で自らの説の正しさを「真説」として説きます。

さて、歴史専門家たちが唱える「中国地方というネーミングの本来の意味」とは、どういうことなのでしょうか。

「中国地方」は神話に由来する

歴史の専門家たちは、「都」と辺境の地の中間とか、「都」と大宰府の中間という「中間地帯」という考え方そのものを笑い飛ばします。また、第六章の「延喜式」に頼ろうとすると、静岡県が「中国地方」となってしまうので、「考え方の根本が間違っている」と批判し、返す刀で「真説」の正しさを唱えます。

この説は「延喜式」よりもさらに歴史を遡り、古事記、日本書紀の神話に由来するというのです。神話とはいえ、権威ある文献に残っているので、歴史研究としてはこちらの方が根拠となり得るというのです。

古事記、日本書紀などの神話の世界では、「神々がお住まいになるのは天つ国」で「高天原」とも言うのです。一方、死者が集い、うごめくのは地下にある「黄泉（よみ）」の国と言います。死後の世界を「泉下」といい、よくお葬式の弔辞で「泉下で安らかにお眠りください」などというのはここから来ているのです。この「天つ国」と「黄泉の国」の間に存在するのが「中つ国」で、われわれが住む葦の生えている地上の世界で「葦原中国」（あしはらのなかつくに）として古事記、日本書紀に書かれています。

さて、神様のルーツをたどっていくと、父イザナギ（伊耶那岐）と母イザナミ（伊耶那美）という男女の神が交わり合って、まず、淡路島、次いで四国、隠岐の島、九州、壱岐、対馬、佐渡島、本州を生み、徐々に日本列島が出来上がっていきます。このように日本の国土は八つ島から成り立っていると考えられ、「大八嶋国《おおやしま》」と古事記では記されています。

また、イザナギと母イザナミという男女の神の間に、皇祖神とされる天照大御《あまてらすおおみ》神《かみ》と月読命《つきよみのみこと》、須佐之男命（素戔嗚尊《すさのおのみこと》）の三人？の子供がいたことになっています。

イザナギは左の眼を洗った時に天照大御神が現れて「天ツ国」（高天原）を、右の眼を洗って現れた月読命には「夜の国」を、鼻を洗った時に現れた須佐之男命には「海の国」を、それぞれ治めるように命令したそうです。ところが須佐之男命は母神イザナミのいるところへ行きたいと言ってダダをこね、海の国を治めることが出来ず、乱暴狼藉まで働いたため、太陽神である天照大御神は「天の岩戸」に隠れてしまい、暗黒の世になりました（宮崎・高千穂の天の岩戸伝説）。

真説・「中つ国」

このため、混乱を招いた張本人である須佐之男命は八百万の神々の協議により、高天原から追放され、人間がいる地上に降り立ちますが、そこが「中つ国」で今の島根県の出雲だったというのです。

須佐之男命はまず、ヤマタノオロチを退治し、出雲の国に宮を建立し、この地を拠点とする「中つ国」を統一、拡大してきます。という訳で須佐之男命は本来、最高神である天照大御神を差し置いて、神話の世界では圧倒的な存在感を見せます。

さらに須佐之男命の息子の大国主《おおくにぬし》は、因幡（今の鳥取県）の浜で白ウサギを助け、出雲の美保の岬に立ち、ウサギの予言に基づき、「中つ国」の覇権を握ることになります。こちらも古事記の神話「因幡の白ウサギ」に出て来ますね。大国主はその後、「吾は倭の青垣の東の山の上にいつき奉れ」という謎の神のお告げに従い、「大和の国々の青々とした垣をなしている山並みの東側の山の上」に国作りを進めるのです。これによって「大和」を中心とする国作りを成し遂げるのです。

このように須佐之男命と大国主神が支配した出雲を中心とする「中つ国」が日本最初の統一国家で、後にそれが拡大していった政権があの大和朝廷だというのです。つまり、「中つ国」は現在の中国地方全域を中心に九州や近畿地方の一部まで支配した古代日本の中心地域だったというわけです。

いろんな神様が出て来ましたが、天照大御神を祀る神社は全国各地にありますが、その総本社は伊勢神宮内宮です。また、大国主は出雲大社に祀られています。須佐之男命も各地の神社で祀られていますが、須佐神社（出雲）、八坂神社（京都）などが代表格とされています。

以上のような話が、歴史家や専門家が「中国地方という呼び名は、古事記、日本書紀の『中つ国』から来ている」と主張する「真説」の強固な根拠となっています。

中国新聞社の元編集局長で、現経営幹部は地元のジャーナリストとして徹底的に時間をかけて取材を続けた結果として次のように論評しています。

「俗に流布されている中間地帯説には根拠らしいものは何もない、まさしく俗説中の俗説です。古事記、日本書紀という文献で確認できるこの『中つ国』が中国地方の起源だ、とする説が歴史的にも、学問的にも正しいと判断できる」

古事記

伊耶那岐命、告二桃子一、汝、如レ助レ吾、
於二葦原中国一所レ有、宇都志伎　青人草之…

日本書紀

伊奘諾尊勅二任三子一日、天照大神者可三以御二高天之原一也。

月夜見尊者可三以配レ日而知二天事一也。素戔嗚尊者可三以御二滄海之原一也。

既而天照大神在二於天上一日、聞三葦原中国有二保食神一。


注。**古事記**「伊耶那岐命（いざなきのみこと）、桃子（もものみ）に告（の）らさく、

『汝（なむら）、吾（あれ）を助（たす）けしが如（ごと）く、葦原中国（あしは

らのなかつくに）に所有（あらゆ）る、うつしき青人草（あおひとくさ）の……」

日本書記　「伊奘諾尊（いざなぎのみこと）、三子（みはらしのみこ）に勅任（ことよ）さして曰（のたま）はく、『天照大神（あまてらすおおみかみ）は以（も）ちて高天之原（たかまのはら）を御（し）らすべし。月夜見尊（つくよみのみこと）は以（も）ちて日に配（なら）べて天（あま）の事を知（し）らすべし。素戔嗚尊（すさのをのみこと）は以（も）ちて滄海之原（あをうのはら）を御（し）らすべし』とのたまふ。既（すで）にして天照大神、天上（あめ）に在（ま）しまして曰（のたま）はく『「葦原中国（あしはらのなかつくに）に保食神（うけもちのかみ）有（あ）りと聞（き）けり…』…」

注。「新編日本古典文学全集」（小学館）「古事記」「日本書記①」より引用

第八章

「中華人民共和国」や「中華民国」は根拠レス

「中国」地方という名称から「北京が首都の大陸の中国」から来ているのではないか、という説もあります。しかし、さすがに少数説です。この説に対しては「とんでもない。中国地方はチャイナの中国とは全く無関係。第一、チャイナの中国の方は歴史が浅すぎる」と反論されると、再反論が難しいのです。

栄枯盛衰を繰り返してきた中華人民共和国

さて、現在の中国には紀元前から様々な国が存在し、王朝が栄枯盛衰を繰り返してきました。

わかっているのは次の通りです。

夏…現在の中国を統治した最古の王朝とされている。時期を証明する文献はなし。

殷…青銅器や甲骨文字を使った。やはり証明文献がない。

周…紀元前一一〇〇年～前二五六年。現在の中国の一部（北部）を統治した。

周の中盤はかなり勢力が衰え、諸侯が争った春秋時代（紀元前七七〇年～前四〇三年）、その後の戦国時代（紀元前四〇三年～前二二一年）で、七国（韓、魏、趙、斉、秦、楚、燕）が争いを続ける混乱の時代。

秦…紀元前二二一年～前二〇六年。有名な始皇帝が統治し、貨幣や文字も統一した。
漢…紀元前二〇二年～紀元後に至る時期で、前漢時代の後、短期間「新」という王朝があったが、後漢時代（二五年～二二〇年）で光武帝が再統一。
三国時代…魏、蜀、呉が抗争を続け、西晋、東晋、五胡一六国、南北朝時代と、分裂国家が興亡を続けた時代。
隋…五八一年～六一九年。混乱に終止符が打たれ、律令制度が始まり、七世紀初めには倭国（日本）から聖徳太子の命により、小野妹子など遣隋使が派遣された。
唐…六一七年～九〇七年。三百年近く続いた安定期。日本から十数回、遣唐使が派遣され、唐の文物や諸制度を輸入した。唐の滅亡後、五代十国が興亡を続けた。
宋…九六〇年に宋として統一されるが、北宋、南宋と分裂する時期が続く。
元…一二七一年～一三六八年。モンゴル帝国が南宋を滅ぼし統一。鎌倉時代に日本に対し、二度にわたり元寇（蒙古襲来）を試みるが成功せず。
明…一三六八年～一六四四年。漢民族が元を滅ぼして建国。

清…一六一六年〜一九一二年。満州族が明を滅ぼして統一。朝鮮半島の権益をめぐる日清戦争（一八九四年）で日本に敗北。

中華民国…一九一二年〜一九四九年。辛亥革命（一九一一年〜一二年）で、孫文が清王朝を打倒して建国。アジアでは最大の共和国となる。当初、首都は北京だったが、蒋介石の国民党と毛沢東の共産党による内戦により、南京、重慶と首都を移転。蒋介石は敗走して台湾に逃れ、「中華民国」政権を継続した。

中華人民共和国（一九四九年〜）…国共内戦で蒋介石に勝利した毛沢東が「中華人民共和国」を建国。以後、現在まで共産党政権が続く。

以上のように、清王朝を打倒して樹立された大陸での「中華民国」やその後の台湾の「中華民国」でも、さらには現在の「中華人民共和国」の「中国」でも、その歴史ははるかに新しいのです。

「チャイナ」と「中国地方」

仮に「中間地帯の中国」説をもとにしても、紀元は一〇世紀の延喜式となり、「中華民国」より約千年も古いことになります。ましてや古事記、日本書紀の「中つ国」になると、その時代差は歴然とします。日本の「中国」地方の方が歴史的にはるかに先輩格なのです。

もちろん、中国には古くから漢民族が「中華思想」を持っていました。「自分たちこそ宇宙の中心であり、その思想や文化は神聖で、周辺の民族は文化程度が低い蛮族である」として卑しむ華夷思想とも言うべきものです。周辺民族を「東夷《とうい》、西戎《せいじゅう》、南蛮《なんばん》、北狄《ほくてき》」と呼んでいたことからもわかるように自国民族中心主義、自国民族優位主義思想です。

この「中華」思想が国の名前に現れるのが、「中華民国」や「中華人民共和国」になってからであり、時系列的に言っても「中国地方」が「中華」思想から来ているとすることは時間軸が逆転しており、全く説明不能だというのです。

なお、現在の中国のことを「支那《シナ》」と呼ぶ人がいます。一方で「シナ」と呼ぶことは差別用語だと主張する人もいます。ただ、「シナ」は「秦という国のシーナ」が語源で、西欧では「SINA」というラテン語から来ているといわれ、「大陸に住む多くの人種の総称」として「支那人」と呼んでいました。今でも国際的には「CHINA」（チャイナ）が通じている一方で、南シナ海、東シナ海とも呼ばれ、シナそば、シナ竹などとも使われます。

一九三七年の日中戦争を「支那事変」「日支事変」などと戦前の日本軍が植民地支配のニュアンスを込めて言っていたため、現在の中国は「戦争中の日本軍の侵略を想起させる」と、国の名称に「シナ」を使われることに抵抗しています。戦後の日本の教育でも「東シナ海」など地名を除けば国名は「中華人民共和国」は略称「中国」といい「中華民国」は「台湾」と呼んでいます。オリンピックなど国際大会では「台湾」を「チャイニーズ・タイペイ」などと呼んでいます。

第九章

結局、どちらが正しいの？

「中国」地方のネーミングが「チャイナの中国から来ているのではない」ことだけは、明確にわかりました。また、第四章の「都から遠くも近くもない中間地帯」なので「中国地方」というのが明確な根拠がないものの、今では多数説であることもわかりました。

一方で歴史の専門家たちはこの「中間地帯説はそれを裏付ける根拠文献、書物が何ら存在せず、俗説だ」と一刀両断に切り捨て、第七章の古事記、日本書記起源説をもとに「中つ国」を自信たっぷりに唱えています。確かに「古事記、日本書紀伝来」の方が〝証拠物件〟もあるし、「真説」のようにも思えます。

ただ、「中間地帯の中国地方」もかなり多くの人がそう思っているからこそ「多数説」なのであり、専門家たちは自分たちの知識を武器に「真説」にこだわっていますが、どうもこの問題にどれだけ関心を持っているかの情報量によって受け止め方が違うようですね。

その違いを際立たせ、角突き合わせて議論しても始まらないので「両方の説がある」とまとめておくのも〝大人の知恵〟かもしれませんね。

役不足と力不足――言葉の誤用

話は全く違いますが、例えば言葉の使い方でも、本来は間違った使い方にもかかわらず、多くの人が使えば「正しい」ことになるケースもありますよね。左の言葉は○が正しい解釈、×が誤用です。

「情けは人のためならず」
○「情けをかけておけば、巡り巡って自分によい結果がもたらされる」
×「情けをかけることは相手のためにならない」

「流れに棹さす」
○「物事を時流に乗せて順調に進める」
×「時流や大勢に逆らう」

「気の置けない人」
○「気を遣うことなく、気軽に付き合える人」
×「油断できない人」

「役不足です」
○「力量に対し、役目が軽すぎます」
×「その役目には、私は力量が足りません（こちらは役不足ではなく力不足）」

「斜に構える」　○？「改まった態度をとる」
×？「皮肉な態度をとる」

「檄を飛ばす」　○「決起をうながす」
×「激励する」

「天に唾する」　○「自分の行いによって自分に禍がふりかかる」
×「天を冒涜するような傲慢な振る舞い」

「三つ巴」　○「三チームが絡み合った戦いを展開する」
×「三者が互いに牽制し合う（これは三すくみ）」

「酒池肉林」　○「酒を飲み、料理を堪能する」
×「酒を飲み、女性と遊ぶ」

「敷居が高い」　○「義理を欠いたり、迷惑をかけていて、行きにくい」
×「自分には分不相応です」

「破天荒な人だ」　○「誰もやらなかったことを初めてやる人（型破りな人）」
×「豪快で大胆な人」

これらのうち、「流れに棹さす」や「気の置けない人」「役不足」などは、正解と誤答の解釈が全く反対の意味になります。また、「斜に構える」や「酒池肉林」「檄を飛ばす」など本来は誤った使い方の方が現在では主流として使われていることもあります。現に「斜に構える」などは複数の辞書で「皮肉やからかいの態度」とされています。「破天荒」など、微妙なニュアンスの違いなので、両方通用したりもしていますね。

また、「唯我独尊」などは、「世の中で自分一人だけが優れているとすること。ひとりよがり」（広辞苑）など現在ではネガティブなニュアンスで使われることがほとんどですが、もともとは紀元前五世紀ごろ、インドでの仏教の開祖とされるお釈迦様（釈尊）の教えの「天上天下唯我独尊」から来ており、「この世に唯一無二の存在として生まれたのが人間一人ひとりの存在であり、その命が尊い。なぜなら自分という存在はこの世に一人しかいないからである」という深い意味を持っているのだそうです。

文化庁がまとめた二〇一六年度の「国語に関する世論調査」では、大変興味深い結果が出ました。その一部をご紹介しましょう。

○は本来の正しい意味です。？は本来の使われ方からいうと間違いなのですが、結構多くの人が使うため、もはや「誤用」とはいえないケースです。％は使っている人の割合です。

「話のさわり」

○「話の要点」（36％）

？「話の最初の部分」（53％）

「ぞっとしない」

○「面白くない」（23％）

？「恐ろしくない」（56％）

「知恵熱」

○「乳幼児期に突然出る発熱」（46％）

？「深く考えたり、頭を使った後の発熱」（40％）

また、特定の意味を表現するのに、使い方が異なる次のような例も見られました。

「存続するか、滅亡するかの重大な局面」

○「存亡の機」（6・6％）

？「存亡の危機」（83・0％）

「卑劣なやり方で失敗させられること」

○「足をすくわれる」（26・3％）

？「足元をすくわれる」（64・4％）

特に「存亡の危機」のように本来の言葉の使い方からすると「誤用」なのですが、村山富市首相（当時）が戦後五〇年の一九九五年にアジアの国々に「お詫びの気持ち」を表す際や、小泉純一郎首相（同）が二〇〇六年の施政方針演説で使うなど、慣用句として定着している例も数多くあります。

誤用でも長年使われると「正しく」なる!?

確かに誤った使い方は本来の意味からいうと間違いですが、もともとの語源から見たら、広く間違って使われていることも結構多いのは事実です。明らかに間違った使い方でも長年にわたり多くの人が使ってきた場合、それが「正しい」ことになる場合もあります。そういう時によく「言葉は生き物ですから」とか「言葉は時代を映していますから」などといって「コトを収める」ことがありますね。

「中国地方」の語源が「中間地帯」なのか、「中つ国」から来ているのかは別として、もはやどちらがどうともいえない状況であることも否定できない事実です。ただ、「大陸チャイナの中国と関係ある」というのは、明らかに間違っていて、だからこそ少数説でもあるのでしょう。

第十章

「中国地方」余話アラカルト

なぜ、鳥取、島根、岡山、広島、山口の五県を「中国」地方と呼ぶのかについてルル説明してきました。やはり歴史的文献によれば、古事記、日本書紀にも記された「中つ国」に根拠がある「真説」の方が正しそうですね。中間地帯説に立つと「では都（畿内）と陸前、陸中、陸奥などの東北地方との中間地帯である『中部地方』はどうなるのか」という素朴な疑問に答えられないという壁にぶつかってしまいます。

しかし、俗説であっても多くの人がそう思えば多数説になることも事実であることは第九章で見てきました。どちらが「正」か「邪」かという考え方も大事ですが、「双方それぞれに一理ある」ということもあるので、議論のための議論はこの程度にしておきましょう。

そこで少し話題を転じて、なかなか気がつかない中国地方の共通項にフォーカスを当ててみましょう。

その❶「移民」

「中国地方」といえば、地理的に見ると一般的には以下のようなイメージを抱く人が多いのではないでしょうか。

「近畿地方」から舌をニューッと西を向いて伸ばしたような地形の真ん中に兵庫県から中国山地の尾根が山口県まで続いており、その日本海側が山陰地方といって雪も降り寒冷な気候で、瀬戸内海側が山陽地方でその名の通り温暖な気候……。

しかし、実は背骨の「中国山地」の尾根は中国地方の真ん中を貫いているわけではなく、かなり瀬戸内海側に寄っているのです。

新大阪から山陽新幹線で九州に向かおうとすると、新神戸駅のホームのすぐ裏に山が迫っており、切り立った崖が覆いかぶさるように感じます。これがそのまま六甲山地に連なっているのです。神戸といえばどうしても「港町神戸」を思い浮かべますが、こんな別の顔もあるのです。そういえば確かに源平合戦の地の「一ノ谷の合戦」は、源義経が山の上から絶壁を下り、平家の軍勢に対し「逆落としの急襲」に成功したのですが、その現場は現在の神戸市須磨区で、ここでも山が海に迫っています。

さて新神戸駅から岡山方面に向かうとすぐに長いトンネルに入ります。そして岡山から広島方向に向かっても、トンネルの連続でなかなか車窓の風景を楽しめず、海が見えるところはほとんどありません。このことはいかに中国地方の山間部が瀬戸内海の近くまで迫っているかを証明しています。

あの司馬遼太郎が名著『街道をゆく』(21) でこう記しています。

「このことは一つの驚きである。広島県というものは瀬戸内海文化圏だと思っていたのだが(事実そうではあるが)、それについても自然地理の面積はじつにせまい。広島市街を出て太田川とその上流(根之谷川)をわずかに二〇キロばかり北上しただけで、もう川が日本海にむかって流れているというのは、ただごとではない。分水点にちかい上根から測って、川筋をたどりつつ島根県海岸の江津(旧石見国)に出るには一五〇キロもある。松江(旧出雲国)までならそれ以上ある。古代の文化圏でいうと、日本海の出雲文化圏が水流を南にさかのぼって(古代弥生式農耕文化は水流をさかのぼってゆく文化であった)広島市域北方二〇キロのところまで来ていたということではないか」

私たちが何気なく見過ごしてしまう情景でも、さすがに歴史と風土に強い関心を持っていた司馬ならではの眼力というべきでしょう。

確かに、広島県の面積に占める森林の割合は七割以上で全国でも有数の森林県なのです。逆に言えば人が住むことができる面積は三割以下で、耕地面積ともなると一割にも満たないのです。政令指定都市で「国際平和都市」を標榜する広島のイメージとはかなりかけ離れていますね。広島市では周辺の市町村を合併したために低くなりましたが、人口密度の一九七五年調査では東京二十三区、大阪、川崎市に次いで全国四位の人口過密都市だったのです。

生活できる面積が少なく、耕作地が少なく、人口が多いとなると、どこかへ移り住むしかなくなります。このことがハワイ、アメリカ西海岸、ブラジルなどへの移民に繋がります。

ただ、「移民県広島」にはほかにもう一つの要因もあります。

鎌倉時代に、仏教・浄土宗の法然聖人の教えを受けた親鸞聖人が興したといわれる浄土真宗が中国地方にも広まってきました。

京都駅を降りるとすぐに巨大な寺院である東本願寺と西本願寺が見えてきますが、それぞれ浄土真宗の二大勢力である大谷派と本願寺派の「本山」なのです。浄土真宗は肉食妻帯を認めるなど、他の宗派に比べると戒律は緩やかなのですが、なぜか中国地方では比較的厳しかったようです。

西本願寺系の大学として知られる京都の龍谷大学の学長を務めた信楽峻麿住職（東広島市）は、「見真《けんしん》」（本願寺出版社、高校生用宗教教本）に以下のように書いています。

「この安芸の国（広島県西部）では間引きをしなかった。赤ちゃんを殺さなかった。だから安芸の国では昔から非常に人口が過多でありました。（中略）近代になると、広島県の人は海外移民としてハワイ、アメリカ、ブラジルに行ったのです。このことはひとえにこの広島の人々が、間引きをしなくて人口が過剰であったことによるわけであります」

「間引き」とは妊娠中絶のことです。広島では今でも「安芸門徒」と呼ばれるほど浄土真宗の信者が多いのですが、京都や北陸、北海道など浄土真宗門徒が多い地域と比べても、より原理主義的傾向が強いとされています。お盆の時期になるとあちこちの墓地では色鮮やかな盆提灯が墓の回りに数多く建てられます。親や祖父母の墓だけでなく、叔父叔母など親類の墓にまでお参りするため、墓の周りには盆提灯が林立することになるのです。

さて、北海道の新千歳空港から札幌に向かう途中に「北広島市」という名前の市があります。札幌市のベッドタウンとも言えますが、これも明治時代に広島市段原地区の人たちが北海道の開拓のためにまとまって移住したのがきっかけです。ハワイやアメリカ西海岸、ブラジルなどへの移民も主に明治時代から始まったとされています。ハワイ州は全米五十州のうちで最も日系人が多く、州人口の二十五％近くが日系人です。もちろん、「日系」は移住した日本人の子孫たちですが、その中でも最も多いのが広島県出身者で、次にやはり耕作可能面積が少なく、「安芸門徒」の考え方の影響を受けている山口県出身者が占めています。

ちなみに広島市はホノルルと姉妹都市、広島県はハワイ州と姉妹県です。

日本は一九四一年一二月七日（現地時間）のハワイ・真珠湾攻撃でアメリカとの戦争を始めたわけですが、その多くが広島県の軍港・呉から出撃した艦船を中心に結集した連合艦隊によるものです。その後、一九四五年八月六日の広島、九日の長

崎への原爆投下で、終戦に至ったのは何か歴史の皮肉を感じざるを得ません。
そういう意味で、二〇一六年五月二十七日に、オバマ米大統領が原爆を投下したアメリカの最高指導者として安倍首相とともに広島の平和公園を訪れて原爆慰霊碑に献花し、十二月二十七日には安倍首相がオバマ大統領とともに真珠湾のアリゾナ記念館に慰霊の献花をしたことは、その歴史的意義はもちろんのこと、被爆者だけでなく、「ヒロシマ」にとっても極めて感慨深い出来事だったのです（詳細は文春新書『オバマへの手紙』三山秀昭著）。

その❷　「たたら製鉄」

「中国地方」といえば、「たたら製鉄」についても触れないわけにはいきません。広島、山口県に工場を持つ自動車のマツダや造船、製鉄業、さらにはバスケットボール、バレーボールの製造で世界NO1を誇る「モルテン」や「ミカサ」など、中国地方のユニークな現在の製造業のルーツをたどると、その多くが「たたら製鉄」にたどり着くといってもこじつけではありません。

今の若い人たちは「たたら製鉄」を知る人はほとんどいません。「たたら侍」という映画が二〇一七年に封切られ、プロデュースしたのがEXILE　HIROで、EXILEのメンバーの青柳翔が主演、ほかにもAKIRAや小林直己が出演していたので若者たちは「映画のたたら侍なら知ってるッ」と言うかもしれません。しかし、「たたら」が何なのかは恐らくほとんど知らないでしょう。古老か、ある程度の物知りしか知らないのが実態です。

「たたら製鉄」とはどこかの製鉄所の名前ではありません。六世紀後半に朝鮮半島から島根県出雲地方に伝えられた製鉄の方法、つまり製法の名称なのです。砂鉄や鉄鉱石を木炭で熱して精錬し、純度の高い鉄を生産する方法で、炉に空気を送り込むのに使用された送風装置の「ふいご」のことが「たたら」と呼ばれたことから「たたら製鉄」と言われるようになったのです。

この製法そのものは、世界でも、また、全国各地でも長らく一般的な方法だったのですが、朝鮮半島から出雲に伝えられたことに加え、中国山地では砂鉄が取れ、燃料の木炭にするクヌギなどの森林資源に恵まれていたため、良質の玉鋼《たまはがね》が精錬できたことも「中国地方」と「たたら製鉄」の関係を濃くしています。

とりわけ岡山県の県北地方は豊富な砂鉄が取れたため、「たたら」の手法で、まがね（鉄）が作られ、砂鉄の採取や燃料となる木材の伐採、輸送などで発展し「強国吉備」の基礎をつくり上げていきます。鉄から鍬、釜、鍋、包丁、そして刀剣などが作られました。全国でも名前が通っている名刀「備前長船《びぜんおさふね》」を始めとする備前刀は国宝や国の重要文化財に指定されている日本刀の実に七割を占めています。このように、その地方の特性は砂鉄や木材など地域の自然資源と無縁でないことがあらためてわかります。

余談ですが、世界遺産の嚴島神社は海中に大鳥居が立っています。あれも中国山地で育った赤松なくしてはできないことです。赤松は塩水にも腐りにくいので、赤松を基盤となる鋼材杭として海底に打ち込み、その上に巨石を乗せ、鳥居はそれに差し込んであるだけで、あの鳥居が海底に打ち込まれているわけではないのです。物知りがあの大鳥居のことを「海に浮いている」というのはそういう事情があるからです。

さて、山陰地方で良質の砂鉄が取れ、山陽地方では鉄鉱石が原料に使われたことから、盛んに「たたら」の製法による製鉄が行われ、瀬戸内海沿岸地域まで広がり、この製鉄技術が元になって「ものづくり」を広げていきました。

先に触れた名刀で有名な岡山県の「備前長船」のほかにも、ヤスリ、ハリ、イカリ、クサリ、キリ、ノコギリ、モリ、カミソリ、マサカリ、オモリなど「リ」のつく「安芸十リ」とも言われる金属製品が作られました。これらのモノづくりの技術が造船、工作機械、発電機、自動車、航空機産業へと繋がっていったのです。つまり、現在のマツダ、三菱自動車、三菱重工業、ＩＨＩ（旧石川島播磨重工業）、ＪＦＥスチール（旧日本鋼管）、日新製鋼、常石造船など岡山、広島、山口県の主要企業のルーツをどこまでもたどって行くと「たたら製鉄」に行き着くといっても過言ではないのです。

大変意外なことですが、実は広島を「スポーツ王国」「ボール王国」にしたのは、「たたら製鉄」と言えなくもありません。

広島市安佐北区に本社を置くボールメーカー「ミカサ」（佐伯祐二社長）は、すでに創業百年の会社です。バレーボール、バスケットボール、サッカーのボールを作っており、特にバレーボールは一九六四年の東京五輪から二〇一六年のリオデジャネイロ五輪まで半世紀以上、オリンピックの公式球を作り続けていて、二〇二〇年の東京五輪でも採用が決まっています。昔はゴムを針で縫い合わせていたそうですが、今は球体のゴムを機械生産し、最近ではテレビでの試合中継を意識して青、黄色の鮮やかなカラーのボールになっています。

「モルテン」（本社・広島市西区、民秋清史社長）もバスケットボールのワールドカップの公式球やオリンピックの公式球のほか、ハンドボール、サッカーなどの競技用ボールを作っています。バスケットボール、サッカー、バレーボールの競技用ボールの国内シェアでは七〇％、世界シェアでも十三％を占めているのです。

モルテンではゴム→ボール→マットレスと事業が展開し、今では医療器具や介護用品など健康用品事業にまでビジネスの幅を広げています。

モルテンの民秋社長は中国新聞での地元の大学生のインタビューにこう答えています。

「わが社の市場は世界です。グループの製造・販売拠点や代理店を通じて百か国でビジネスしています。グループ全体でみると従業員の七割が外国人です」

もう、すっかりグローバル企業なのです。

ミカサの佐伯祐二社長によれば、創業時はゴム草履や手押しの大八車のゴムタイヤなどを作り、良質の「針」の製造が広島で盛んだったことが、ボールメーカーを生んだ要因だと説明しています。ゴムの縫製に適した縫い針が近くで造られていたことがこの地に世界のボールメーカーを誕生させたのだというのです。事実、現在でも広島県のわずか七社の針メーカーだけで全国の針生産の九十五％を占めています。

たたら製鉄→針産業→ゴム産業→世界でも極めて局所的なボール生産王国と連鎖しているというのだからルーツをたどると面白いですね。

その❸　軍都「広島」は日本の首都だった？

広島が一時、日本の「首都」だったことを知る人は少ないでしょう。その話の前に広島が「軍都」だったことから説明しなければなりません。

明治維新の結果、誕生した明治政府は富国強兵策を採用しました。具体的には東京、大阪、鎮西（小倉）、東北（石巻）に「鎮台《ちんだい》」を設置しました。鎮台というのはいわゆる軍の拠点です。その後、これが拡大され、広島にも置かれ、中国、四国地方を管轄しました。

日清戦争（一八九四年）の際は、東京、大阪、名古屋、仙台などから集められた軍人計十七万人が広島市の宇品港から朝鮮半島に向けて出兵して行きました。また、戦地に向けて膨大な軍需物資も送り出されました。つまり、広島・宇品港は最大の出撃基地だったのです。

このため、軍の最高司令部である「大本営《だいほんえい》」が広島に設置され、一八九四年九月十五日には明治天皇が広島入りされ、初代内閣総理大臣の伊藤博文以下、政府・

軍高官、帝国議会議員らも大挙広島入りし、臨時の帝国議会議事堂も建設され、十月十五日には帝国議会も開催されたのです。

　これは日清戦争が翌一九九五年四月十七日に下関条約の締結で終戦に至るまで続きました。明治天皇は七か月以上も広島に滞在されたわけで短期の「行幸」と

広島城（奥）の敷地内にある「大本営」跡地と石碑

は違い、名実ともに広島は「臨時首都」であったわけです。現在の広島城内に大本営の敷石があり、当時の面影を想像することができます。また、広島は瀬戸内海という内海のさらに広島湾という内海にあり、軍事的に防衛の条件に恵まれていたため、その後も陸軍の軍事施設が設置され、次第に軍都の様相を濃くしていきました。

日清戦争の後の日露戦争（一九〇四年）や第一次世界大戦（一九一四年）、ロシア革命（一九一七年）後のシベリア出兵（一九一八年）、日中戦争（一九三七年）、太平洋戦争の皮切りとなる真珠湾攻撃（一九四五年）など、実に多くの軍事作戦の出撃に広島、呉は関わっています。

呉（広島）には海軍の鎮守府（基地）が設けられましたが、海軍鎮守府はほかに舞鶴（京都）、横須賀（神奈川）、佐世保（長崎）に置かれただけで、広島は陸海軍にわたる要衝となったのです。呉は戦艦大和、武蔵などが建造される海軍工《こう》廠《しょう》となり、さらには広島の対岸の江田島には海軍兵学校が置かれるなど、広島、呉、江田島が大軍事基地となっていきました。このように広島は軍都として規模を急拡大していったのです。

特に呉は今でも市内を走る道路から海上自衛隊の艦船、潜水艦が同時に十隻以上見ることができます。とりわけ、潜水艦は機密保持が重視されるため、街の中から同時に複数隻を見ることが出来るのは世界的にも極めて稀で、軍事オタクやマニアが丘の上から望遠レンズを構えています。

太平洋戦争を終わらせたのは、広島、長崎への原爆投下（一九四五年八月六、九日）ですが、実は広島に続く二回目の原爆投下の目標都市は小倉（北九州市）だったのです。ところが、米軍は広島への投下と同様に、まず気象観測機が小倉上空を偵察したのですが、小倉は視界が全く不良だったのです。前日の八幡（小倉との距離七キロ）への空爆で八幡の市街地が大火災となり、くすぶり続ける煙が小倉方面に流れていたためです。さらに八幡製鉄（現在の新日鉄住金）の作業員が、敵機来襲に備え、コールタールを燃やして煙幕を張り、真っ黒い煙が上空を覆い、観測機からは下界がほとんど見えない状態だったのです。このため、米軍は目標都市を第二候補地の長崎に変更して原爆を投下したのです。

いずれにしても、広島、小倉、長崎とも軍需工場など軍関係の施設のある都市であったことは事実です。

その❹ 広島カープという存在。「カープ女子」現象とは？「カープ・セリーグ連覇」の秘訣

この本ではあくまで中国地方について記してきましたが、中国地方を語るにつけてどうしても「広島東洋カープ」というプロ野球チームについて避けて通ることはできません。「カープは広島の球団であり、中国地方の特集に広島の球団を取り上げるのはフェアではない」という声が聞こえてきそうですがそうではないのです。山口県岩国市由宇町にはカープの二軍球場があり、カープの若手育成選手の本拠地は山口県といっても過言ではありません。さらにカープ球団はマツダスタジアムだけでなく、ホームゲーム（主催試合）を隣県でも開催しています。中国地方の他の四県はプロ野球チームを持っていないために、カープファンが中国地方全般に多いのです。

さらにカープは「カープ女子」現象に見られるように、広島に縁もゆかりもないファンが全国にあふれ、今や「広島のチーム」から脱皮し、「全国区の球団」と

言う人までいます。

二〇一七年九月十八日、広島カープは阪神タイガースの本拠地の阪神甲子園球場で優勝を決めましたが、まさに甲子園はカープのチームカラーの真っ赤に染められていました。これは何も優勝がかかった試合だったからではありません。

ペナントレース中の明治神宮野球場の対ヤクルト戦、横浜スタジアムの対DeNA戦、東京ドームでの対ジャイアンツ戦、ナゴヤドームでの対ドラゴンズ戦、パリーグとの交流戦でも同じ現象がみられました。カープブームが「全国的」というのは決して大げさではないのです。

カープは二〇一六年、一七年とセリーグを「連覇」しました。「連覇」というのは実は極めて難しいのです。カープのリーグ優勝は八回目ですが、連覇となると実に三十七年ぶり、二回目なのです。複数回の連覇となるとセリーグでは巨人軍の例があるだけなのです。

プロ野球の世界では一軍、二軍、ベンチ入り選手、外国人選手など、さまざまな選手の「定数」という数量規制があるのです。優勝という栄華に輝いたあと、新人のドラフトなどもある中で「補強」するには現有勢力に冷徹なメスを入れなければなりません。優勝直後に「よくやってくれた」と慰労、激励しながら「恐縮だが退いてくれないか」というのは、一般の組織論としてなかなかできるものではありません。

さて、本論に入ります。カープ、特に選手に関する本はかなり多く出ています。昨年引退した黒田投手に関する新刊『黒田博樹　人を導く言葉〜エースの背中を追い続けた15年』（森拓磨著・ヨシモトブックス）が引退から一年経ってなお出版されるなど、「カープ本」の人気はとどまる所を知らず、広島の本屋だけでなく東京の大手書店にも「カープコーナー」があるほどです。

そこで、「カープはなぜ強いのか」とか選手に関することは、いわゆる「カープ本」にお任せして、それらの本では触れられてないカープの側面にフォーカスを当ててみましょう。

いわば「カープ連覇」の秘訣、とりわけ「カープ女子」現象についての徹底分析です。

広島カープは、原爆から五年後の一九五〇年に廃墟からの復興、戦後復興のいわばエンジンというか、精神的絆として親会社のない市民球団として誕生しました。その後、慢性的赤字に苦しめられ、球団消滅の危機にも直面するのですが、ここでも市民の「樽募金」などで何とかしのいできました。そして球団創設二十五年目の一九七五年に初優勝して以来、黒字経営を続けてきました。

さて、近年の「カープ女子」現象です。

これについて読売新聞主筆で元読売ジャイアンツオーナーの渡邉恒雄氏は中国新聞のインタビューにこう語っています。

「カープは選手が若いですよ。東京ドームでの試合も半分近く（カープカラーの）赤くなっちゃうんだから。神宮とか横浜スタジアムでもね。あれはすごい社会現象ですよ。女性ファンもすごく増えたよね。松田元オーナーは今でも一日に何回も球場を回って椅子まで点検しているんだってね。グッズも面白いね。よく考えたもんだ」

ジャイアンツと広島カープは同じセリーグなので本来ライバルであるはずですが、前オーナーの松田耕平氏との信頼関係から両球団は互いに友好球団と位置づけており、それが「カープ女子は社会現象」とまで高く評価しているのでしょう。

実は、「カープ女子」現象は広島から始まったことではなく、首都圏で生まれたのですが、このことを知る人はあまりいません。発信源はＮＨＫなのです。二〇一三年九月にＮＨＫの『ニュースウォッチ９』で、初めて取り上げられた際に「カープ女子」と表現されたのです。それは「広島には縁のない首都圏や関西の若い女性がカープにはまってしまう現象で、ファン歴が短い女性」のことを指した言葉なのです。ですから「生まれて以来のカープファン」を自認するコアな女性のカープファンたちは「わたしら、ファン歴が短い最近のカープ女子と違うけえ。にわかファンと思われとうない」と「カープ女子」と呼ばれることに抵抗感を持つくらいなのです。

では首都圏でいつ頃から女性のカープファンが生まれたかというと、「こちらから仕掛けたわけでもないのでよく解明できない。わしらにとっても驚きじゃった」(松田元オーナー)といい、自然発生的なようです。

ただ、二〇〇九年に旧広島市民球場から現在のマツダスタジアムへ移った際、それまでは球場のトイレが男性用三百五に対し、女性用は八十三しかなかったのに対し、男性用を二百六十一に削っても女性用を二倍の百八十五に増やした事実があります。このスタジアムの建設主体は広島市で、正式には広島市民球場です。カープが指定管理者になり、球場のネーミングライツを自動車のマツダに与えているので「マツダスタジアム」というのです。

旧市民球場の老朽化もあり、新スタジアム建設は長年の懸案でした。このためカープは一九八〇年代からスタッフをアメリカに派遣し、大リーグだけでなく、

3Aチームの球場まで何回も視察し、こんなスタジアムを作ってほしいという要望を市に提案してきました。

「日本は野球を見るために作られた『野球場』でしたが、アメリカは野球以外も家族みんなで楽しめる『ボールパーク』でした」（山口恵弘・営業企画部次長）

こんなボールパーク構想を基本に「オープン、天然芝、幅広いコンコースが絶対じゃった」（松田オーナー）。作ってもらう側があれこれ注文をつけ、それを実現させたのですから、いかに「カープという存在」が広島市民の共有財産かがわかりますよね。ただ、九〇億円もかかったのですから、「絆」だけではできません。松田オーナーは決して表面には立ちませんが、その人望もあって広島市や地元経済界などと、息の長い地道な交渉を続けてきたのです。

スタジアムはすごくユニークです。現在では座席の種類は約三十種類あります。内外野の一般席のほかに八人掛けのテーブル席、五人用のグループ席、三〇人、五〇人の団体パーティフロア、バーベキューしながら観戦できる席、子供連れやカップルが寝ころびながら観戦できる「寝ソベリア席」、畳敷きで座椅子に座れるお年寄り用の席……。

「球場はおじさんが野球を楽しむたまり場から、若い女性にとってスタジアムに

マツダスタジアムの「寝ソベリア席」。カップルや家族で楽しく野球観戦

行くこと自体が楽しいと感じる場所にしたかった」（山口次長）というコンセプトに立っています。

このようなサービスが効いて、年間観客数は近年、新記録を更新中です。

ただ、マツダスタジアムがいかに斬新で、天然芝が美しく、女性に優しいといっても、それは首都圏の球場に女性ファンが足を運ぶ理由にはなりません。

実は首都圏では二〇一一年からジリジリと観客が増え始め、ブレークするのは二〇一三年です。この年、カープは十六年ぶりにAクラス入りし、クライマックスシリーズに進出しました。このころから東京ドーム、神宮球場、甲子園球場などでも若いカープファンが増え始めました。これはカープに堂林、野村、田中、菊池、丸、鈴木という若いイケメン選手が入団し、活躍し始めるころと時期が一致します。若くてかっこいい選手や渋いベテラン選手がひたむきにプレーするのを見るために、真っ赤なカープグッズを持って女性たちが首都圏や大阪の球場に詰めかけたのです。そこで知らない人同士でも親しくなるのがトレンディでカッコいいのです。

そのトレンドをＮＨＫが「カープ女子」と捉え、二〇一三年秋に特集したら、一挙に全国にひろがり、「カープ女子」が二〇一四年の流行語大賞に入賞したのです。その結果、ファン層が急拡大し、男女比はかつての七対三から六対四となりました。セパ両リーグ十二球団をみても女性ファン率が高いのがカープです。

「カープに学べ」と、他球団でも「Ｂｓオリ姫」（オリックス）、「タカガール」（ソフトバンク）、「イーグルス女子」（楽天）、「ＴＯＲＡＣＯ」（阪神）、「Ｇ－ｊｏ」（巨人）と様々な試みが続いていますが……。

調査によれば、観戦のために使うお金が最も多いのがカープ女子です。二〇一五年七月に日経新聞がプロ野球ファンを対象にアンケート調査を行った結果では、カープ女子は一試合の観戦に平均一万千四百十三円を使っており、断然トップ、二位はソフトバンクの八千八百十三円、三位は巨人で六千六百六十七円でした。この中には観戦のための交通費は含まれますが、チケット代は含まれていません。その日に使うお金がいくらかを調査したもので、カープファンは球場内エリアでのグッズ購入代が他球団を大きく引き離して多く、カープ女子にとっては最新のグッズを身に付け、応援することがファッションであり、トレンドになっていることが裏付けられています。

カープグッズには三色ともチームカラーの赤だけなのに「三色ボールペン」というユーモアのあるグッズや、前夜の試合のファインプレーやサヨナラ勝ちのシーンを印刷したTシャツなどスピーディな限定グッズが多いため、カープ女子はどうしても財布のひもを緩めてしまうのです。

その結果、二〇一六年のカープ球団の売り上げは百八十二億円、当期利益は十四億円でともに前年に続き球団最高を更新しました。そのうちグッズ収入は売上の伸びの半分以上を占める五十三億七千万円で売上全体の三〇%を占めるまでに伸びました。入場料収入はほぼ毎試合満員状態にあるため、今後、最も伸びが期待できるのがグッズ収入なのです。

「カープ女子」とは別にカープに存在していて他球団にないものとしてはカリブの国ドミニカでのカープアカデミー（選手育成組織、施設）です。ドミニカは人口がわずか一千万人ですが、アメリカ大リーグの全球団がドミニカにアカデミーを持っており、大リーグに有力選手を多数輩出しています。ドミニカ人は人種的には多重混血で非常に運動能力に優れているのです。また、ドミニカは豊かな国ではなく、野球以外に小さい時から親しむスポーツがないこともあって、少年たちの夢は大リーグ選手になることなのです。

カープは日本の十二球団では唯一、

一九九〇年にドミニカにアカデミーを開設し、そこからカープに選手として受け入れ、外国人選手でも育てて使うというイズムがあります。また、ドミニカアカデミーを通じて大リーグの情報が絶えず入るため、外国人選手の獲得でも有利なのです。

広島カープが日本のプロ野球で初めて試みたという話になると、いくらでもあります。

ここでは五点を紹介しましょう。

第一は監督にアメリカ人を起用したのはカープが初めてです。正確に言うと外国人監督としては阪神の若林忠志監督や中日の与那嶺要監督がいますが、ともに日系人です。一九七五年にカープが初めてアメリカからルーツ監督を起用しました。ところが開幕からわずか十五試合目で判定を巡って審判に猛烈に抗議して退場処分となり、それも受け入れずに球団の対応にも不満を抱いて退団してしまいました。それを引き継いだのが古葉竹識監督で、何がどう作用したのかこのシーズン、カープは球団創設以来初優勝に輝くのです。

第二には昔の王シフト（ジャイアンツの王貞治選手が左打席に立った時、ショートを二塁ベースより一塁側に守らせ、一塁と二塁の間に計三人の選手を守らせるシフトのこと）を日本で初めて採用したのもカープです。

第三はピッチャーの投球スピードを計測するスピードガンも一九七七年に米教育リーグ視察の「土産」として持ち込み、相手投手の分析やスカウトの有力な武器となりました。カープはローカルチームなのに、何かにつけてアメリカナイズされていたのです。

第四はラッキーセブンに応援用のジェット風船を飛ばし始めたのもカープが初めてです。これに関して熱狂的な阪神ファンは「タイガースが応援歌『六甲おろし』に合わせて飛ばしたのが最初だ」と主張しますが、それは錯覚で、一九七八年に広島カープファンがタイガースの本拠地の甲子園球場で飛ばしたのが最初です。

最後にマツダスタジアムでカープの試合を観戦した東京や大阪の人がとても驚くことがあります。つい先ほどまで「冷たいビールはいかがですか」と声を出していた若い女性の売り子が、五回裏終了後、重いビール樽を背中から降ろし、ファンと一緒にカープの応援歌を歌い、踊るのです。球場に一体感が広がるのは当然です。

「中国地方」の話を進めるうち、カープの話題で大きく脱線してしまいました。
次のエピローグで話を元に戻します。

エピローグ

蛇足

「中国地方州」の州都はどこになる？

「中国」地方と言われたり、ひとくくりにされることから来る迷惑物語から書き始め、「そもそも、どうして『中国』地方というのでしょう」という素朴な疑問について、あちこちと寄り道、回り道、脱線しながら調べてきました。

最後に全くの蛇足になりますが、「中国地方」はそのネーミングは別にして、そもそもまとまった一つの地域なのか、考えてみました。

それを考えるヒントの一つとして、道州制を考えてみましょう。わが国では憲法で「地方自治」の重要性が唱えられています。何から何まで中央政府が決めるのではなく、外交、安全保障、財政など国家の根幹となるテーマは中央政府が行い、住民生活に密着した分野については、地方自治体に権限も財源も与えようという地方分権的発想や、さらにそれを発展させた地域主権の考え方が少しずつですが浸透してきました。

「地方分権論」は「地方自治の確立」との観点から、戦後長く、何度も何度も議論されてきました。「中央集権制打破」が繰り返し叫ばれ、地方自治の拡充が何度も政策課題に持ち上がりました。首都移転問題で具体的候補地まで浮上したこともあります。首都移転問題は現在の官僚機構を始め、抵抗が多いため、防災対策や有事の時の危機管理問題とも絡めて「首都機能移転問題」と少しレベルを下げて議論されたり、中央省庁の特定部局のみの地方移転問題が遡上にのぼり、スズメの涙ほどだけ実施されたりもしてきました。

さらにはその一環として、幾つかの県を合体して「州」とし、市町村の基礎自治体の上にこの「州」を置いて、広域行政を行おうという「道州制」も繰り返し何度も議論されては、その度ごとに立ち消えになって来ました。これらの経緯そのものが何よりも地方分権の進め方や道州制の実現がいかに難しいかを雄弁に物語っています。

仮に「道州制」が中国地方に導入されたらどうなるかを考えてみましょう。具体的に考えれば、その立ちはだかる壁がいかに高いかが簡単にわかると思います。

第一、「中国地方」とひとくくりに言っても、山陰地方と山陽地方は気候も風土も大きく違うし、経済団体一つを見ても山口県では「中国経済連合会」には加盟せず「九州経済連合会」に所属している会社が結構あるように、九州・福岡県に

近いのです。わずか長さ七百八十メートルの関門トンネルを歩いて門司まで十五分しかかからず、自転車で通学している学生も少なくないのです。

「仮に道州制が導入されたら、『中国地方州』の州都はどこになるだろうか」と考えてみると、その実現困難さがなおのことよくわかります。

広島県民は鳥取、島根、山口県の人口を足し合わせた以上の人口を抱えているので「当然、州都は広島」と思うでしょう。岡山県民は「こちらは四国や山陰との交通の要衝であることなどの立地条件や都市の規模、災害の少なさを考えても岡山こそ州都」と主張するでしょう。これに対し、島根の出雲は「我こそは『中国地方』のルーツだった『中つ国』の都だ」と主張し、「どうせ広島でも岡山でもまとまらないだろうから、島根にすれば丸くおさまる」と〝仲裁案〟を唱えます。山口県人は「長州は明治維新の中心的役割を果たした。初代内閣総理大臣・伊藤博文以来、幾多の首相を輩出した山口を忘れるな」とこだわりを持ち、到底、収拾がつかないのではないでしょうか。

「中国州」は限りなく実現不可能でしょうし、「そもそも『中国州』だと、中華人民共和国の一つの州のようで、いい気分がしない」などと言って、反対する人も少なくないでしょう。ここでまた、名称に関して議論百出となるでしょう。

やはり「中国地方」は今の「中国地方」のままでよいのかもしれませんね……。

参考文献

『古事記』
『日本書紀』
新編古典文学全集1、2（小学館）
『古事記は日本を強くする』（中西輝政、高森明勅・徳間書店）
日本経済新聞、中国新聞、読売新聞
『広島学』（岩中祥史・新潮文庫）
『広島はすごい』（安西巧・新潮新書）
『データで読む47都道府県情報事典』（読売新聞校閲部編・中公新書ラクレ）
『都道府県ランキング1、2』（新建新聞社）
『日本の食文化⑨中国』（農文協）
『間違いだらけの日本語』（一校舎国語研究会編・ナガオカ文庫）
『世界最古の日本国憲法』（三山秀昭・潮書房光人社）
『オバマへの手紙』（三山秀昭・文春新書）

■カバー、本文イラスト／スタジオ・コレソ
■装幀／スタジオギブ
■本文 DTP ／濵先貴之（M-ARTS）
■編集／岩口由

三山 秀昭　（みやま ひであき）
1946年富山県生まれ。早稲田大学卒業、読売新聞社入社、千葉支局を経て政治部。米レーガン政権第一、二期の間、ワシントン特派員。政治部デスク、社長室秘書部長、編集局政治部長、秘書役、経理局長、読売テレビ社長室長等を経て2011年より広島テレビ放送社長、17年会長。小泉純一郎内閣時代に首相の諮問機関である政府税制調査会委員も。
著書に『オバマへの手紙』（文春新書）、『世界最古の日本国憲法』（潮書房光人社）、共著に『日本と世界これからどうなる』『十年後の衝撃』（ともにPHP研究所）、『平成改元』『日米安保30年』（ともに行研出版局）、『政　まつりごと』『ゴルバチョフのソ連』（ともに読売新聞社）など。論壇誌への寄稿多数。

広島じゃけぇ、「中国」じゃないけぇ。

二〇一七年一二月一〇日　初版第一刷発行

著　者　三山 秀昭
発行者　西元 俊典
発行所　有限会社　南々社
広島市東区山根町二七－二　〒七三二－〇〇四八
電　話　〇八二－二六一－八二四三
ＦＡＸ　〇八二－二六一－八六四七
振　替　〇一三三〇－〇－六二四九八

印刷製本所　株式会社 シナノ パブリッシング プレス

ISBN978-4-86489-071-7

眼の奥の森

目取真俊
Medoruma Shun

影書房

眼の奥の森

「アメリカー達《たーぬ》の泳いで来《うぃいじちゅ》るんど」

ヒサコが大きな声をあげた。腿の付け根に揺れる波を感じながら水底の貝を探していたフミは、顔を上げてヒサコの指さす方を見た。島の対岸に造られた仮設の港で、十数名の米兵達が作業をしていた。夕方になって作業が終わったのか、そのうちの数名が作業着を脱いで海に飛び込んだ。先に飛び込んだ米兵は他の仲間よりかなり先を泳いでいて、あとから飛び込んだ者達は喚声をあげ、競争してフミ達の方に泳いでくる。

対岸から島までは二百メートルほどの距離しかなく、内海になっているので波も静かだった。海人《うみんちゅ》達は親の《うやぬ》　懐《ぶちゅくる》と呼んでいて、台風の時には外洋を航海している船も逃げ込んでくる穏やかな海だった。大潮の時は潮の流れが速くなったが、それ以外は子ども達でも向こう岸に泳いで渡れた。

浅瀬で貝採りをしていたのは、フミとヒサコ以外にも三人いた。タミコとフジコは同級生で、四人は国民学校の四年生だった。もう一人一緒に来ていたのは、タミコの姉で十七歳になる小夜子だった。小夜子だけが近づいてくる米兵を不安そうに見ていて、集落に引き揚げようかどうか、判断に迷っているようだった。タミコ達四人に近くに集まるように声をかけたが、四人ともほんの少し岸寄りに移動しただけで貝採りを続けた。

フミは米兵達に対して何の不安も抱いていなかった。戦争が始まる前、教師から米兵について恐ろしい話をたくさん聞かされた。捕まると大人も子どもも暴力をふるわれ、目をえぐられたり股を裂かれたりして殺されてしまう。だからけっして捕まってはいけないし、捕虜になるよりは自分で命を絶った方がましだ。そう言った教師に一人の男子生徒が、どうやって死ねばいいのか、と質問した。教師は、その時になったら大人が指示するから言うことを聞くように、と答えて具体的には教えなかった。

フミは自分が死ぬことが想像できなかったので、自分で命を絶つと聞いても恐いとは感じなかった。ただ、米兵に対する恐怖心は強く心に植え付けられた。男子生徒の中には、米兵は子どもの生き肝を食べるとか、女はアメリカに連れて行かれる、などと言って、女子生徒を脅かして喜んでいる者もいた。そのせいもあって、戦争が始まって森の中の洞窟《がま》に隠れているところを米兵に捕まったとき、恐ろしくて足がすくみ、歩くこともできなかった。洞窟の中には同じ部落の十数家族が隠れていたが、フミは祖父母と母、七歳と四歳の弟と一緒だった。父と兄は防衛隊に駆り出されていた。

祖父に背負われて森を下りる間、フミは両手で顔を覆ってそばを歩く米兵を見ないようにした。背中を叩いて何か渡そうとする米兵にそっぽを向いて、祖父の背中にしがみついていた。集落の拝所《うがんじゅ》の広場に集められたときは、ここで全員殺されるのだと思った。

祖父の背中から下ろされると、フミは弟達と一緒に母親の着物の裾にしがみついて様子を眺めた。日本語の話せる米兵が一人いて、家族ごとに名前を聞いてまわり、紙に記録していた。まわりを囲んでいる米兵達は、銃を肩に提げてはいたがそれを村人に向けるでもなく、煙草を吸ったり、二、三人集まっておしゃべりをしている。老人達に煙草を差し出す米兵もいたが、受け取る者はいなかった。子ども達にもお菓子らしいものを配ろうとしたが、皆、親の後ろに隠れて手を出さなかった。

一時間ほどしてトラックが来ると、フミ達は荷台に乗せられ、島の別の部落に作られた収容所に入れられた。その中で過ごした一カ月余りの間に、フミの米兵に対する恐怖は、親しみに変わっていった。

教師の言葉と違って、米兵達は収容した住民に危害を加えるどころか、食糧を与え、怪我をした者や病気の者に治療を施しさえした。収容所には、島内の六つの部落から住民が集められていて、フミ達が連れてこられた時点で四百人近くが、焼け残った家や何張りも並ぶ大型テントに分散して生活していた。島人《しまんちゅ》の中には、ハワイ移民から戻ってきて英語を話せる者が何人かいて、通訳の米兵と一緒に新参者に指示を伝え、収容所内の生活について説明していた。

白い粉で全身を消毒され、簡単に検診を受けたあと、二人の米兵と移民帰りの男に案内されて、同じ部落の人達が住んでいるテントに連れて行かれた。そこで初めてフミは、父親の二倍くらいありそうな白人の兵隊から渡されたチョコレートを口にした。こんな美味しいものがあるのか、とフミは驚いた。米兵達は子ども好きが多かった。数日の内には、フミも他の子どもらと一緒に通りかかる米兵にすがりついて、お菓子をねだるようになった。

米兵の一人にトニーという兵隊がいて、フミのいるテントの担当なのか時々顔を見せた。フミのことを可愛がってくれて、来るたびに缶詰やチョコレートを持ってきた。フミが歌を歌うととても喜んで、地面に座り込んで耳を傾けていた。英語が少しできる部落の男が、トニーの歳は二十一歳で、フミと同じ年頃の妹がいるのだと教えてくれた。

少年達はトニーを見かけると、タニー、タニー、ビッグタニー、マギー《大きな》タニーと囃し立てて笑った。沖縄の言葉で、タニーが陰茎を意味することなど知るはずもないトニーは、人の良さそうな笑顔を浮かべて少年達と接していた。フミは少年達に腹が立ってならなかったが、何も言えなかった。

島の日本軍は、米軍の攻撃が本格化し上陸が始まる前に、海岸近くに構築した陣地から島の中央部の森《むい》に移動していた。周囲が十キロもない小さな島で、標高五十メートルほどの森の所々にある洞窟《がま》を利用した壕に立てこもったが、米軍上陸から十日ほどで戦闘能力を失ない、壊滅状態となって投降していた。

収容所の別の区域に入れられている日本兵を見る島の人達の表情は色々だった。無精髭を生やしてやつれた姿に同情する者もいれば、勇ましいことを言っていたのに呆気なく敗れて捕虜となっていることに腹を立てたり、蔑む者もいた。フミには日本兵のことなどどうでもよかった。死なずにすんだことが嬉しくてならなかった。

唯一の気がかりは、兄のことだった。父とは収容所で再会できたが、兄は本島に渡った日本軍と行動を共にしていて、その後どうなったか分からなかった。島の戦争は終わったが、本島の中南部ではまだ、連日激しい戦闘が続いていた。

一カ月少しして収容所から部落に戻ったフミ達は、島外に出ることを禁じられた中で、米軍から支給される物資に頼りながら、生活を復旧する努力を続けた。学校はまだ再開されず、フミは一日中忙しく働いた。畑仕事を手伝い、弟達の世話をし、森で薪を拾ったり、海で貝を採ったりして、少しでも家の助けになろうと努めた。

部落《しま》に戻って初めて浜に行ったとき、対岸の様子が一変しているのに驚いた。岩場が埋め立てられて桟橋が造られ、アダンの茂みだったところは整地されて大きな倉庫がいくつも建っていた。米軍の小型の輸送船が頻繁に出入りし、トラックが黒い煙を吐いて物資を運んでいる。くすんだ緑の軍服を脱ぎ、上半身裸になって作業している米兵達の、赤や白や黒や茶色の体が、遠目にも力強く見えた。夜間は照明が煌々と点り、海を隔てて突然、別世界が出現したようだった。

ただ、毎日海で貝を採りながら港の様子を眺めているうちに、その景色も見慣れたものになっていた。作業が終わったあとに海に飛び込んで泳ぐ米兵は珍しくなかったし、今日も暑さしのぎをしているのだろうとフミは思った。だから米兵達を気にもしないで、揺れる波の下に貝を見つけようと目を凝らしていた。干瀬《びし》の内側の浅瀬にいるのは、小型のイモ貝が主だった。干瀬に行けばもっと大きなサザエや岩に食い込んだシャコ貝も採れるのだが、大人と一緒でなければ行くことは許されなかった。

そうやって貝採りに夢中になっていると、米兵達の声が近くで聞こえ、はっとしてフミは顔を上げた。内海を渡ってきた米兵達が、こちらに向かって歩きながら大声で何か話している。三十メートルほど離れた波打ち際に、小夜子を囲んでタミコとヒサコ、フジコが立っていて、フミを手招きしている。前から呼んでいたようだが、貝採りに夢中になって気づかなかった。肩から提げた竹籠を見ると、まだ目標の量には達していなかったが、フミは小夜子達の方に歩いた。

サンゴや石を踏まないように注意しながら、フミは岸に向かって急いだ。なかなか前に進めなくて焦り、やっと波がふくらはぎを洗う場所まできたとき、米兵達は、すぐ後ろにまできていた。小夜子はフミと米兵達を交互に見ながら、タミコ達の肩を抱いている。小夜子が怯えているのが分かった。三人の同級生達にもその怯えは伝わっていて、フミも胸騒ぎを覚えながら波を蹴立てて走った。

フミが着く寸前に一人の米兵が追いこした。小夜子は部落《しま》への道に向かって浜を上がろうとしたが、米兵が立ちはだかった。白人兵だった。赤く日に焼けた上半身を金色の毛が覆い、下半身はトランクスを着けているだけだった。フミは小夜子の後ろから米兵を眺めた。今まで見たことのない兵隊だった。トニーのやさしい表情や雰囲気とは違う、興奮したような表情と雰囲気に膝が震えた。

両方の腕に入れ墨のある米兵が、笑いながら小夜子に何か話しかける。英語が理解できるはずもなく、小夜子はフミ達を促して米兵の横を小走りに抜けようとした。米兵が小夜子の腕をつかんだ。浜辺に叫び声が響いた。腕を引き寄せ米兵が小夜子の口を押さえる。砂浜に座り込もうとする脚を別の米兵がつかみ、二人がかりで体を抱きかかえる。アダンの茂みに運ばれていく小夜子を、フミ達は声を上げて追おうとした。

タミコが泣きながら横をすり抜けようとすると、一人の米兵がタミコの腕をつかみ、砂浜に叩きつけた。奇妙な形に歪んで砂に落ちたタミコは、二度咳をして呻き声を漏らした。フミはもう一人の米兵の体につかみかかった。米兵は困惑した顔でフミの体を押さえていたが、フミが手に噛みつくと声を上げて突き飛ばした。砂浜に仰向けに倒れたフミは、フジコとヒサコがもう一人の米兵に顔を張られて突き飛ばされるのを見た。フミ達は、砂浜に座り込んだまま動くことができなかった。

フミが手を噛んだ米兵はアダンの茂みの奥とフミ達を交互に見ながら、無言のまま立っていた。もう一人の米兵はせわしなく動き回り、拳で手を叩き、独り言を言っている。タミコがすすり泣くと、耳元で怒鳴りつけ頭を叩いたので、立っていた米兵があわてて止めた。暴力はそれ以上加えられなかったが、一塊りになったフミ達は恐ろしくて、泣くことも話すこともできないでいた。アダンの茂みから、叫び声や呻き声、殴りつける音が何度か聞こえた。そのたびにフミ達は首をすくめ、互いの体をかばい合って、小夜子が殺されないように祈った。戦争前に教師達が話していたのはやはり本当で、今日こそ自分は米兵に殺されるのだとフミは思った。

アダンの茂みから二人の米兵が戻ってくると、浜にいた二人と交替した。ゆっくりと茂みに歩いていく一人に対して、もう一人の米兵は歌うように声を上げて走って行った。フミ達を監視する二人は、砂浜に体を横たえて片肘をつき、時々茂みに向かって大声を上げ、話をしていた。

やがてアダンの茂みから二人の米兵が戻ってくると、四人は短い会話を交わして海に入り、港に向かって泳ぎ始めた。日はとうに対岸の倉庫の陰に沈み、夕暮れの気配が漂っていた。米兵達が岸から二十メートルほど離れると、タミコが真っ先に立ち上がってアダンの茂みに走った。フミや他の二人もそのあとに続いた。砂浜を駆け上がり、先頭にいたタミコが茂みに入ろうとしたときだった。茂みの中から、入《い》らんけ、と声が飛んだ。フミ達は足を止めて、鋭い刺を持った葉が生い茂るアダンの陰を見た。薄暗がりの中に、裸の体を抱いてうずくまっている小夜子が見えた。フミはまだ男と女の営みを知らなかった。それでも、小夜子がたんに殴られたのでもなければ蹴られたのでもなく、身も心も深く傷つけられる暴力をふるわれたことを直感した。

立ちすくんでいる四人に、お前達は何もされなかったか《いったーやぬんさーらんてぃな》、と小夜子は気遣った。そして、母親を呼んでくるようにタミコに言い、着物を忘れないように、と付け足した。タミコが部落に走り、母親を連れてくるまで、フミ達はただ立っていることしかできなかった。

小夜子が米兵に襲われたという噂は、その日の夜には部落中に伝わっていた。夕食がすむと、フミは弟達を連れて裏座に行くように言われた。両親と祖父母は、一番座で声を潜めて話し込んでいた。そのあと、父親と祖父は連れだって出ていき、夜遅くに帰ってきた。フミは母親から、一人ではけっして海や山に行かないことと、米兵の姿を見たらすぐに家に逃げ帰るように注意された。

翌日から、部落《しま》全体を重苦しい緊張が包んだ。若い女達は家の奥に隠れて表に出ず、部落に通じる道や浜に男達が交替で立った。神女《かみんちゅ》が拝《うが》み事《んぐとう》をするアサギの庭に生えたガジマルの巨木に、火薬を抜いた不発弾を利用した鐘が吊り下げられた。農作業や家事をしながら、部落の住民全員が今にも鐘が鳴るのではないかと神経を尖らせていた。

午後になって、フミはヒサコやフジコに声をかけて森に薪を採りに行った。タミコは朝から家に籠ったままで、フミは声をかけることができなかった。他にも同じ年代の女子が三人加わり、ヤギの草刈りに行く男子も一緒になって、集落から二百メートルほど離れた森に行った。あまり奥には行かないようにし、松の大木の下で枯れ枝を拾っているときだった。突然、鐘が鳴った。激しく乱打される鐘の音に、枝を拾ったり草を刈っていた子どもらは、弾かれたように体を起こして部落の方を見た。薪や草を集めて担ごうとしている皆に、打っちゃなぎれー、後で取れー、と一人の男子が叫んだ。フミより一学年上のチカシだった。担ぎかけた物を放り出すと、全員家に向かって全力で走った。

フミ達が集落に着くと、アサギの庭に米軍のジープが止まっているのが見えた。車のまわりに立っている五人の兵隊のうち四人は、昨日と同じグループだった。走ってきた親達に抱えられて、子どもらは家に入った。母親と一緒に走りながらフミは、父親や村の男達二十名ほどが、アサギの庭を囲むように立っているのを見た。

座敷の戸は閉め切られていて、台所から家に入った。母親はすぐに内鍵をかけ、祖父母や弟達がいる二番座にフミを連れて行った。祖母は仏壇に向かって手を合わせて一所懸命祈っている。母がその後ろに座ると、弟達がとりすがった。戸の隙間から外をのぞいている祖父の横に行き、フミも節穴から外を見た。

アサギの庭に立っている米兵を部落の男達は無言のまま見ていた。五人の米兵のうち二人は肩にライフル銃を提げていて、男達は身動きできないでいた。米兵達はジープのそばで煙草を吸ったり、酒を回し飲みしながら男達の様子をうかがっている。そのうち米兵達が動き出した。二人の米兵が肩から下ろしたライフル銃を構え、部落の男達と対峙した。三人の米兵の姿が見えなくなり、間もなくして家の戸を蹴破り、乱入する音が聞こえた。家の住人の叫び声が聞こえたが、男達は動けないままだった。

母親から呼ばれて、フミは外を見るのをやめ、弟達を抱いて体をすくめた。いつ自分達の家の戸も蹴破られるか、不安でならなかった。米兵達は一時間近く部落の家を荒らし回っていたが、フミ達の家には手を出さずに引き揚げていった。父が外から声をかけ、母が急いで戸を開けた。祖父が、どん《ちゃ》なに《んち》なたーが？　と訊いた。父は押し黙ったまま座敷の残りの戸を開けた。母が出したお茶を立ったまま飲むと、父は軒下に置いてあった鍬やもっこを手に畑に行った。茶碗を置くときの思い詰めた表情は、フミがそれまで見たことのないものだった。

その表情は父だけではなかった。翌日、顔を見た村の男達は、老人から若者まで誰もが同じような表情をしていた。前日、男達が見ている前で、二人の若い女が米兵達に乱暴されていた。大人達が小声でそのことを話しているのを耳にして、フミは次は自分の家にも米兵が踏み込んでくるに違いないと思った。夜になって戸を閉めても熟睡できなかった。二人の弟をのぞいて、両親も祖父母もほとんど寝ていなかった。

米兵達は四日間姿を現さなかった。だからといって、その間緊張がやわらぐことはなかった。部落の人々は皆、疲れきった顔をし、会話も減り、笑い声も聞こえなくなった。監視に男手を取られることで畑仕事や戦争で受けた被害の復旧作業も滞っていた。フミ達は鐘が鳴ったら走って戻れる範囲で行動していた。貝を採りに海に出ることはしなかったが、薪採りやヤギの草刈りには毎日行かなければならなかった。

普段は別行動をとっている男子と一緒に、森の縁に沿って移動しながら薪を拾っていた。その日は森の西の端に来ていた。集落からは四百メートル以上離れていて不安はあったが、海に面した崖の上から米軍の港が見えたので、交替で一人が監視役を務め、他は薪を拾ったり、ヤギの草を刈っていた。

監視の番がフミに回ってきて、四、五分が過ぎたときだった。荷揚げの作業はとうに終わったらしく、十人ほどの米兵が倉庫の陰で休んでいた。そのうちの四人が立ち上がり、作業着を脱ぎ始める。フミは目を凝らしてその様子を見つめた。トランクス姿になった四人が桟橋を歩くのを見て、近くにいたチカシに声をかけた。チカシはフミのすぐ横に来て、四人の米兵が次々と海に飛び込むのを見ると、他の子どもらに、アメリカーが来るんど、と大声で知らせた。皆、我先に集落に向かって走り出した。

フミとチカシは崖の上から海を見たまま、その場にとどまっていた。米兵達が海に飛び込んだ直後、崖の下の岩場から一人の若者が銛《もり》を手に海に走っていくのが見えた。褌《ふんどし》姿の若者は海に入ると、銛に付けた紐を腰に結わえ、沖に向かって泳ぎ始めた。早く家に戻らなければ、と思いながらも、フミもチカシも若者から目を離すことができなかった。

盛治《せいじ》だ。

チカシがつぶやくのを聞いて、若者が小夜子の家の隣に住む盛治だとフミは知った。

西日が海に反射し、米兵達の姿は黒い頭しか見えなかったが、まだ岸に近い盛治の姿は、後ろに引いている紐と銛も水面下にはっきり見えた。波を立てないように平泳ぎで進み、盛治は米兵達の側面に回り込もうとしていた。米兵達が内海の半分まで来たとき、盛治は方向を変え、潮の流れに乗ってそれまでの倍以上の速さで米兵達に近づいていった。

盛治が三十メートルくらいまで近づいたとき、米兵達も泳いでくる盛治に気づいた。米兵達は少しの間立ち泳ぎをして盛治を見ていたが、再び抜き手を切って島に向かった。盛治も泳法を変えて抜き手を切り、四、五メートルまで近寄って海に潜った。

澄んだ海の中を米兵達に近づいていく盛治の姿が、崖の上からはっきり見えた。フミもチカシも息をするのも忘れて、潜水したまま米兵達を追う盛治を見つめた。最後尾を泳ぐ米兵より前に出た盛治は、腰に結わえた紐をたぐり寄せ、銛を手にした。そして、下から米兵の腹を突き上げた。刺された米兵が叫び声をあげ、必死で逃げる。水面に顔を出した盛治は、その背中に銛を投げたが横にそれた。

一人の米兵が刺された米兵を助けると、他の二人が盛治の方に泳いできた。盛治はたぐり寄せた銛を肩の上に構え、米兵達を迎え撃とうとしている。近づいてくる米兵の一人に銛を突き出すと、肩のあたりを刺された米兵があげる声が、フミ達のところまで聞こえた。肩から血を流しながらも、米兵はつかんだ銛を放さなかった。もう一人の米兵が水飛沫を上げて盛治に近づく。盛治の手に握られた刃物が光った。そばまで来ていた米兵は、体を沈めて振り回される刃物をよけた。盛治は銛をつかんだ米兵に向かい刃物を振り上げた。米兵が手を放して体を沈めると、盛治は反転して島に向かって泳ぎ始めた。先に刃物で襲われた米兵が浮上して後を追ったが、二十メートルほど泳いでとても追いつけないと判断したらしく、仲間のところに戻った。

腹を刺された米兵は、仲間に支えられて仰向けに浮いていた。肩を刺された男も一緒になると、二人で支え、盛治を追った男が港に向かって手を振り、大声で助けを求めた。港にいた米兵達も異常に気づいたらしく、慌ただしく動き回っている。盛治は島に向かって懸命に抜き手を切っていた。港で救助のボートが下ろされるより先に、盛治は崖の下の岩場に着いた。銛を結んだ紐を切り、岩陰に隠してあった衣服を取ると、盛治は銛を手に岩場を走ってアダンの茂みに姿を隠した。

フミとチカシは、我を忘れて一部始終を見ていた。盛治の姿が崖の上から確認できなくなって、やっと逃げなければと焦った。かなり前から部落の方で鐘が鳴っていた。

行くんど。

チカシが言うと、フミの手を取って走り出した。フミは恥ずかしさも忘れて汗ばんだチカシの手を握り返し、遅れないように全力で走った。集落の近くまで来て二人は手を放し、それぞれの家に駆け込んだ。走りながらアサギの方を見ると、ガジマルの木の下に十数名の男が集まり、手に棒や鍬を持って話をしているのが見えた。

庭に駆け込んできたフミを、遅《にー》さぬ、と母親が叱った。二番座で祖母が仏壇に手を合わせていて、弟達がその後ろに正座して笑いながら真似をしている。庭に立って待っていた祖父は、フミを家に上げると座敷の戸を閉めた。フミは母親に崖から見た米兵と盛治のことを話した。戸を閉めながら聞いていた祖父は、すぐにアサギの男達に連絡しに行った。仏壇に向かって拝む祖母の声が大きくなり、弟達の顔から笑みが消える。フミは怯えた目で自分を見る弟達を抱いて、背中をなでた。

米兵達が現れたのは半時間ほどしてからだった。数台のジープや小型トラックに分乗してやってきた米兵は二十名以上いた。降りるとすぐに銃を構え、通訳の兵隊がアサギの庭にいる男達に、手にした物を捨てるように怒鳴った。三十名近くいた男達は、ためらいながらも言われた通りにした。通訳は二十代半ばの日系の男だった。興奮した口調で男達に何かまくし立てていたが、意味が聞き取れなかった。フミは盛治を捕まえに来たのだろうと思った。通訳の話を聞いている男達の間に、動揺が広がっていくのが分かった。

隊長らしい兵隊が通訳に何か言い、通訳が男達に喚き立てる。男達が互いに顔を見合わせて話を始めたのを、通訳は声をあげて止めた。隊長の指揮で米兵達が移動すると、男達も通訳の指示でそのあとに従った。

米兵達が集落の家を回り、家捜しを始めたのが分かった。自分の家に五名の米兵が近づいてくるのを目にして、フミは母親のところに行って抱きついた。戸が激しく叩かれ、祖父が急いで開けた。米兵達は土足のまま座敷に上がると、大声で話しながら家の中を調べ回った。豚小屋や狭い庭の隅々まで調べると、隣の家に移動していく。米兵達の殺気だった様子に、祖父は一番座の真ん中でひざまずいて頭を垂れ、フミは祖母の懐に顔を埋めて震えていた。

薄暗くなって父親が帰ってくるまで、誰も家から出なかった。フミは父親が祖父に話すのを聞いて、米軍の行動を知った。

米兵達は盛治を捕まえるために二手に分かれて行動していた。十名ほどの米兵が集落の家を一軒ずつ調べて回り、他は周辺の森を調べていた。その間に隊長と通訳が、ガジマルの下で盛治の両親と区長、警防団長を取り調べていた。米軍は、盛治の行動が単独で行なったものか、組織的なものかを特に注意して調べていた。

男達は森を捜索する米兵の手伝いを強制された。協力している振りをしているだけで、男達は盛治がうまく逃げてくれることを願った。狭い島の中で隠れる場所は限られている。米軍がもっと人手を出して山狩りをすれば、二、三日中に捕まるのは間違いない。泳いで本島に渡るしか逃げる道はないと誰もが思ったが、内海には米軍の小型の軍艦が行き来していて、それに発見されずに泳ぎ切るのは難しそうだった。米軍のことだから、すでに海岸線は兵隊が巡回しているだろう、と聞いていた祖父が言った。

父親はまた、盛治の両親がすっかり怯えきっていたことも話した。アメリカー達《たー》に捕まれば殺される、と女親は泣いていたという。男親の方は、本当に盛治がやったのか、と信じられないようだった。両親だけでなく、部落の男達の誰もが、盛治の行動に驚いていた。まだ十七歳にしかならず、体は海できたえられてたくましかったが、顔つきには子どもっぽさが残っていた。父親が気性が激しいのに比べて、おとなしい性格だった。喧嘩も弱くて子どもの頃はよく泣かされていた盛治が、米兵を銛で刺したと聞き、皆半信半疑だった。ただ、盛治の両親の話では、盛治は昼過ぎに家を出たきり戻っていなくて、大切にしていた銛も見当たらないという。

米兵の容態は、肩を刺された米兵は大したことないが、腹を刺された米兵は危険な状態らしかった。四人の米兵の中に、収容所で盛治を見て顔を覚えていた者がいた。通訳の日系米兵は、盛治が防衛隊にいて日本軍と行動を共にしていたことも知っていたという。

「まだ子どもの《なまわらびぬ》如くぞ《ぐとぅる》あり《あい》たしがや」

父親が感心したようにも、呆れたようにも聞こえる口調で言った。

「大人の《うぶちゅぬ》何も《ぬん》出来《なら》んとぅやさ」

祖父の言葉に父親は黙り込んだ。

その夜、米軍はアサギの庭に大型テントを張り、発動機を運び込んで家々に向けてサーチライトを点灯した。二名一組になって集落内を巡回し、テントのそばでは銃を提げた米兵が不寝番を行なっていた。発動機の音が夜の集落に響き、時折米兵達の足音や話し声も聞こえて、フミは心《ちむ》わさわさーして眠られなかった。

翌日の早朝から本格的な山狩りが始まった。前日と同じように村の男達も強制的に協力させられた。女や子ども達は米軍の動きに不安を感じたが、家に閉じ籠っているわけにはいかなかった。畑仕事や水汲み、ヤギの草刈りをやらなければ生活できなかった。

泉《はー》から汲んだ水を何往復もして家の水瓶に運びながら、フミは銛で腹を刺された米兵は生き延びることができるだろうかと考えた。緑がかった青色の澄んだ海に血の色が広がっていく。仰向けになって腹を押さえた兵隊を運んでいく米兵達の姿が目に浮かんだ。もし腹を刺された米兵が死ぬようなことがあれば、盛治は処刑されるだろうと思った。

海から上がって、銛を手に岩場を走っていく盛治の姿が想い浮かぶ。今どこに隠れているんだろう、と考え、小夜子はこの出来事を知っているんだろうか、と思った。

米兵に襲われてから、小夜子もタミコも家に籠ったまま姿を見せなかった。二人の親は畑に出ていたが、誰も小夜子の様子を問うことはしなかった。フミもタミコの家の前を通るときは早足になった。戸を閉め切って裏座にいる小夜子やタミコの姿を想像すると、喉が締めつけられるようで息がしにくくなり、涙がにじんだ。前日、米兵達が部落中の家を探し回ったとき、小夜子やタミコの家にも土足で上がり込んだはずだった。戸を開け放って米兵達が大声を上げながら入ってきたとき、二人はどうしただろうか。

母親に声をかけられて、フミは自分が水瓶のそばにぼんやり立っていたのに気づいた。母親のところに行くと、部落の人達が列をなして森の方に向かっているのが見えた。盛治が隠れている洞窟《がま》に米軍が毒ガスを投げ込んだらしい、と言って、母親は恐ろしそうに森の方を見た。フミは膝が震えて、じっとしていられなかった。様子を見に行く部落の人達の中に混じり、フミは母親と一緒に森に向かった。

縦に走る岩壁の割れ目から差し込む月の光が揺れると洞窟の岩影がうずくまる人や獣のように見えだし、見つめているうちに影はむくむくと動いて、アメリカーの兵隊《ぴーたい》が銃を手に腰をかがめゆっくりと迫ってくる。盛治は片膝をついて銛を構え威嚇の声を上げた。腐れ《くさり》アメリカー達《たー》がお前達《いったー》に捕まるんでぃ思《うむぃ》うんな？　とー、ここに来い《くまにほー》、全員胸腹刺し抜き殺し《むるにーばらさちぬちくるち》とぅらすさ……、一番手前の影に銛を突き刺すと、泥にめり込むような感触とともにくぐもった声がして銛に重みが加わる。先頭の影が洞窟の底に倒れ、後に続いていた影が退く。うずくまってもだえる影に二度三度と銛を突き刺す盛治の耳に海の上でアメリカーが上げた声がよみがえる。海中から見上げた水面を手足の長い体が光をかき分けて進んでいく。心臓を狙って突き上げた銛は逸れて腹に刺さったが手応えは確かだった。念入りに研いだ鉄の憎しみは皮を突き破り内臓を裂いたはずだった。だが、一突きでは足りなかった。うー《うみ》んと苦《ちか》しんで死にくわれーひゃ……、二度も三度も突き刺して腹の皮をぼろぼろにし臓物《わたみー》を海に溢れ出させてやりたかったのに邪魔が入って後を続けられず、お前達如き者が《いったーぐとーるむんぬ》我達の《わったーぬ》島で《しまじ》したい《しーぶざ》勝手して《かってぃしち》我《わん》が赦すんでぃ思うんな《うむぃんな》？　アメリカーの腐れ血も《ぬくさりちん》腐れ腸も《くさりわたん》鮫の《さばぬ》食い物に《けーむんに》なりくされー《ないくわれー》ひゃ……、海でとどめを刺しきれなかった悔しさを込めて突き下ろす銛の先が洞窟の石に当たり、一瞬走った火花に盛治は動きを止めた。

アメリカーの姿はどこにも見えず、荒い息を吐きながら座り込んだ体を洞窟《がま》の冷気が包む。冷え冷え《びじゅびじゅ》とした感触に鳥肌が立っているのに額には汗が浮かんでいる。首筋を滑り落ちる汗が血のように感じられて慌てて手の甲で拭うと、ぬらぬらとした感触はすでに腐り始めた血の臭いを発し、岩壁の割れ目に近寄って青みを帯びた光で筋張った手を確かめた盛治は、洞窟の底にぎしぎし甲羅を擦り合わせてひしめく数知れない蟹に気づく。今にも爪先から肉を食いちぎられそうで、近くの岩によじ登ろうとしたとき頭の中に声が響く。

何怯えてるか《ぬーしかどぅーが》？　何の恐ろしいか《ぬーぬうとぅるせーが》？　艦砲《かんぽー》に撃ち飛ばされて《うっとぅばさってぃ》死んだ者に比べれば《しじゃーぬむんにくらびりば》、今《なま》までぃ生きて《いっち》来られたのだけでも運の有りるする《ふらりたーぬうっぴーじぶーぬあいるすー》てーる……頭の中で血がどんないどんない巡る音が言葉をかき消し、激しい頭痛に銛を落とすと両手で頭を抱えうずくまった盛治は、お母《あんまー》よ、お母《あんまー》よ、我助けて《わんたしきてぃ》とぅらせ、守《まむ》てぃとぅらせ……、と繰り返した。今にも泣き出しそうな顔で自分を見ている母に盛治は両手を合わせて祈った。我《わん》ただ一人だけでも《ちゅいえってぃん》戦てぃ見しるんど、お母《あんまー》よ、親孝行出来《なら》んたしや赦し《ゆるち》とぅらしよ……、両手を擦り合わせて岩壁に向かい縦に伸びる青い光を正面に受けて外を見ると、割れ目から吹き込む風は生温かく森と海の匂いが混じり、それを吸えば痛みが消え気持ちが落ち着くというように盛治は口を大きく開けて夜気を呑み込み、森のざわめきの中に繰り返される音に耳を澄ます。聞こえているのは波の音で木々の影の向こうに煌《きら》めいているのは海のはずだった。幼い頃から海人《うみんちゅ》の父親と一緒に漁《あるいた》った海は陸に上がっても波の感触が肌から消えることはなかったのに、今は遥かに遠く感じられる。清《す》ら海をアメリカーの血で汚しくさって《ちーじゆぐしくわてぃ》……、ふいに聞こえた声に盛治はひざまずいて手を合わせ、竜宮の《ぬ》神よ、御嶽《うたき》の《ぬ》神よ、部落《しま》の《ぬ》神よ、赦《ゆる》しみ候えよ《そーりよ》、我《わん》が《ぬ》したこと《くとぅ》やこの《くぬ》島の《ぬ》こ《く》と思《とぅうむ》てぃしたることぞ有り侍ること《しちゃーぬくとぅるやいびーくとぅ》、アメリカー達《たー》にこの《くぬ》島の《ぬ》何処《だーん》も荒らさせん《あらしみらん》で、部落《しま》の《ぬ》女子 達《いなぐんちゃー》守《まむ》いるためぞ有り侍ること《みるやいびーくとぅ》、赦《ゆる》しみ候えよ《そーりよ》……、何度も何度も頭を下げると、部落《しま》を守る？　お前がか……？　と笑う声が頭上に響く。

鉄血勤皇隊として動員される前に家族に別れを告げにきた清和と宗徳が、小馬鹿にした目で盛治を見る。島から中学校に進む者は数えるほどしかなく、父の仕事を手伝うために学校も休みがちで勉強が全く出来なかった盛治は、二人によく馬鹿にされていたが、幼い頃から何をさせても優秀な二人に畏敬の念を抱くことはあっても恨むことはなかった。盛治は港に向かう二人に、友軍と一緒に天皇陛下のために戦ってとらせよ、我《わん》は部落《しま》を守るために戦うからよ、と言ったのを嘲笑された上に、我《わん》、我《わん》ってお前は犬か？　早く標準語を覚えろよ、日本人なんだから……、と吐き捨てるように言われて、恥ずかしくてたまらなかった。標準語を使おうとすれば舌も唇も頬も強ばって動かなくなり、顔が焼けるように熱くなるのはいくつになっても変わらず、二人の後ろ姿に頭を垂れるしかなかった。

思い通りに標準語は話せなくても、日本のために、天皇陛下のために、戦争に勝つために、自分が出来ることは何でもやるつもりで、防衛隊の一員として、島に配置された友軍とともにアメリカーと戦って死ぬつもりだった。昼は陣地構築や塹壕掘りの作業を行ない、夜は許可を得て海に出ると魚やタコを捕ってきて部隊に提供し、兵隊達に喜ばれた。我《わん》が出来るのはこんなことくらいだから……、まだ二十代半ばの坂口という少尉から礼を言われて、何も言えずに棒のように突っ立った盛治は心の内でそう呟き、アメリカ軍が上陸したら一人でも多く殺して最後は爆弾を抱えて戦車に体当たりする決意を打ち固めた。何を言われても気をつけをして、はい、はい、と敬礼する盛治を笑う日本兵もいたが、うまく物を言いきれないぶん行動で示そうとし、不器用だが手を抜くことを知らない盛治を褒める日本兵もいて、学校でも家でも叱られてばかりいた盛治は嬉しくて日本軍に心酔した。自分のような海　歩き《うみあっちゃー》しか出来ん人間が、友軍と一緒に天皇陛下のために戦えることが有り難くて、死んだ後に、あの男は不言実行の大和男子《おのこ》だった、と言われることを願った。

だけど《やしが》……、ふいに背後で聞こえた石の転がる音に盛治は銛を構えた。誰《たー》やが？　叫んだ自分の声が洞窟《がま》に反響し、闇の中に足を止めた影は銃を構えて自分の居場所を探っていると思い、近くの岩に身を隠すと息を殺して、今度は絶　対に的をはずさん《くんどぅやじえったいにまとぅーばん》……、と血走った目を凝らす。腰を落とし丹田に力を入れて突かんか……、学校の軍事教練でルーズベルトの人形を模擬銃で突くときに何度もそう怒鳴られた。同級生達が笑いをこらえているのが分かり、気合いを入れたつもりの声は裏返り、担任の教師は舌打ちして竹刀で盛治の腰を叩いた。父親の殴打に比べれば大した痛みではなかったが、勉強だけでなくアメリカーを撃退することも人並みに出来ないのかと思うと悔し涙が流れ、汗を拭う振りをして手の甲で目を拭うと、体ごとぶつかる勢いで藁を詰めた人形を突いた。

もう誰《なーたー》にん馬鹿扱い《あちげー》されんからや、我身一人であっても《わんどぅーちゅいやてぃん》アメリカーと戦ってみせるからや、死ぬのは何も恐ろしくない《しゃぬーんうとぅるくねん》……、そう自分に言い聞かせて闇を見つめていると、狂れ物《ぷりむぬ》言いしてはならんど、戦争は終わっておるのに何言ってるか《ぬーいちゅーが》お前は《いやーや》……、と叱りつける母親の声が聞こえてくる。まだ《なま》戦争は終わっておらんど《やうわーてぃう》、お母《あんまー》よ、日本がアメリカーに負ける《まきる》わけは無い《わきやねん》しが……、盛治の言葉に母親は呆れた顔をして、お前はまだ《いやーやなま》分からんな、日本の兵隊が皆《やまとぅぬびーたいぬむる》収容所に入れられて居ったの《いんらってぃういたし》、お前も《いやーん》見たのーあらんな、と言い、あね、天皇陛下も《ん》降参して首を切られてるさ《ちらっとーせ》……、と手にした白い物を掲げてみせる。母親が髪を摑んで手にしているのは、のっぺらぼうの顔をした生首で、盛治は腰を抜かして後退る《あとずさ》と、お母《あんまー》よ、何するか《ぬーすーが》、そんなことしたらスパイと思われて日本軍に捕まれるんど《かちみらりんど》……、と叫んだが、母親は天皇陛下の首を右手に提げて笑いながら近づいてくる。ああ、これは本当の《くりやふんとーぬ》お母《あんまー》やあらん、お母のこんな風なことする訳の無い《あんまーぬくんねーるくとぅすーぬわきぬねー》らん、と思った盛治は、腐れ《くさり》アメリカーが我《ぬわん》を騙して居るやさや……、と銛を握り直し、歯の欠けた口からネズミの腐ったような臭気を吐きつけ近寄ってくる母親に銛を突きつけた。お前如き者は親に《いやーぐとーるむんやうや》向かてぃ銛を向け《むき》るんな……、母親は銛の柄を摑むと女の力とは思えない腕力で引っ張り、盛治は銛を奪われないように必死で柄にすがりながら、お母《あんまー》よ、お母《あんまー》よ、赦《ゆる》して《ち》とぅらせ、赦《ゆる》して《ち》とぅらせ……、と頭を下げた。その背中に棒が振り下ろされ、盛治は呻いて顔を上げた。

サバニの上で棒を振り上げた父親が、溺れかけて海から上がろうとする盛治に棒を振り下ろす。必死に水をかき、足をばたつかせ、サバニの縁に伸ばした手を棒で叩かれ、盛治は悲鳴を上げて手を引っ込めると、さらに頭を狙ってくる棒をよけた。海中に沈んでは浮き、口からも鼻からも海水が流れ込み、何度も溺れながら体に叩き込まれた泳ぎの技術は、盛治が同級生達に負けないただ一つのものだった。岩壁から差し込む青い光が水に変わり、勢いよく洞窟《がま》に流れ込んでくる海水に流され、盛治は泳ごうにも石のように体が重く動かず、光や音が消え海の底に呑み込まれていく恐怖に叫んだ。我《わん》ねー死なん、この《くぬ》ままでは決して《じゃじょーい》死なん、死ぬのは何も恐ろしくは無い《しゃぬーんうとぅるくやねんん》、もっと《なっぴん》アメリカー達《たー》を打ち殺《くる》して《ち》からぞ《る》死ぬる……、足にからみつく闇の手を蹴り飛ばし、水をかいて岩壁の割れ目にたどり着くと、盛治は流れ込む夜気をむさぼった。干上がった魚のように口を動かし、夜の冷気を吸い込めば吸い込むほど肺に流れ込む風は胸の奥に空洞を作り不安を駆り立てる。盛治は岩壁を手探りして平たい石を探り当て、蓋になったそれをどけた。岩壁の隙間に手を入れ鉄の塊を取り出す。慎重に月光の下に運んで手のひらを開くと手榴弾は鈍く光を反射し、確かな重みが安心を与える。最後はこの手榴弾をアメリカー達《たー》に投げつけ、銛を手に突っ込んでいくつもりだった。

アメリカーが上陸する前は勇ましいことを言っていたくせに呆気なく投降した日本《やまとぅ》の《ぬ》兵隊《ぴーたい》どもも、自分達《どぅーなーたー》の島の《しまぬ》女子が《いなぐぬ》乱暴されても《さってぃんぬーん》何も抵抗しきらん《しーゆさん》部落の《しまぬ》男達も《いきがたーん》、ふぐりを《ふーが》抜かれた《ぬがっとーる》犬ころの如き《いんぐゎーぬぐとぅぬ》ものである《むんるやる》、我は《わんや》あの《あぬ》輩達とは違うん《ひゃーたーとぅやちがいん》、これで腐れ《くりじくさり》アメリカー達《たー》を吹き飛ばし《うっとぅばち》、一人でも多く《ちゅいやてぃんうぽーく》銛で《じ》刺し殺し《ちくるち》とぅらすん、小夜子よ、我《わん》が必ず敵取《かんなじかたきとぅ》ってぃとぅらすからよ……、屋敷を囲む福木の間からのぞく小夜子の家は雨戸が閉め切られていたが、泣き叫ぶ声が漏れていた。幼い泣き声や嗄《しゃが》れた泣き声も混じっているのは、小夜子の他に妹や祖母も泣いているからで、母親と女子童《いなぐわらび》に囲まれて屋敷の門を入る小夜子を見た瞬間、乱れた髪、生気のない横顔に、大変なことが起こった、と直感したが、声をかけることは、出来るはずも無いらん《ないぬはじんね》……、自分の家の裏に回って密生した福木の幹と枝の隙間を探し様子をうかがった。忍び泣く小夜子の声は盛治の心を抉り、痛みはサラカチの刺のように食い込み、傷口から流れ続ける血の声に、何が起こったか《ぬーぬうくたが》？　どうしてそんなに泣き居るか《ぬーりちあんちなちゅーが》……、盛治はいても立ってもいられずに屋敷を出た。アサギのガジマルの下に立っている男達を見つけてそばに行くと、五、六名いた男達は皆、小夜子の家を見つめて無言のままだった。

小夜子に何が起こったかを盛治が知ったのは、その日の夕方になってからだった。アサギの拝所《うがんじゅ》の前に集まった男達は、声を潜めて小夜子の父親が語ったということを繰り返し話した。男達の輪のはずれで耳をそばだてていた盛治は、アダンの茂みの下でアメリカー達の太い腕で抑えつけられ、手で口をふさがれ、涙を流しながら痛みと苦しみに耐えている小夜子の姿が目に浮かんで、全身に汗が噴き出し、叫び声を上げそうになるのをこらえた。内海を渡って来たという四人のアメリカー達を、必ず《かんなじ》殺して《くるち》とぅらすん……と心の中で誓い、他の男達も皆同じ気持ちを抱いているだろうとまわりの表情をうかがう。しかし、怒りの言葉を吐きはしても、決起を促す言葉は誰の口からも吐かれなかった。

どうにか決まったのは、アメリカー達が部落に来るのを監視するために二人一組になって部落の要所に立つことと、女達が浜に出ることを禁じることくらいで、怒りよりも強い恐怖で男達の精《しー》が抜かれていることを盛治は知った。

アメリカーから傷の手当てをしてもらい、缶詰や菓子をもらい、酒やタバコをもらいするうちに、ついこの間まで、竹槍で突き殺してやる、と息巻いていたのも忘れたように下卑た笑いを浮かべてアメリカー達に近づく連中が増え、アメリカーに何されても《ぬーさってぃん》物も言えん《むぬんいいゆさん》ようになりくさって《くないくわてぃ》……、胸の中に湧き出す言葉は熱湯のように泡を噴き、顔が《ちらぬ》熱で《にちじ》ふぁんふぁんして息が《いちぬ》出来なくなり《ならんくなてぃ》、男達の輪から離れてアサギの庭を出た盛治は、人気のない集落の筋道を足早に歩いて海に向かった。砂浜に出ると流れる雲が月明かりを遮り、打ち寄せる白波と砂の肌に影が走っては消え、光も影も波も意志を持つ生き物のように盛治を揺さぶる。対岸の港の灯りをにらみつけた盛治は、肝心《ちむぐくる》を切り裂く小夜子の声の痛みに呻いて、砂浜を走りアダンの茂みに飛び込んだ。鋭い刺を持ったアダンの葉がざわめき、積もった枯れ葉の間を歩く蟹やオカヤドカリの立てる音の向こうから、アメリカー達の足音と笑い声が聞こえてくる。盛治は流木を拾い上げ、葉陰に隠れて茂みの奥を見据え、近づいて来る米兵の頭に白く乾いた木を振り下ろした。頭頂部を打つ確かな手応えと同時に流木は二つに折れる。尖った折れ口を下にして流木を持ち替え、うずくまっている米兵の背中に突き刺す。肋骨に跳ね返された流木を二度三度と打ちつけると、アメリカーが漏らす声はしだいに弱まり、お前達如き《いったーぐとーる》生き虫《いちむし》は《や》絶対《じぇったい》に生かしておかんからや《にちゃうかんとぅや》……、と流木が折れて片手の幅になるまで突き続けた盛治の耳に、小夜子の声が聞こえてくる。もういいよ《なーしむさ》、あんたが心痛めんでもいいよ《いやーがちむやまんてぃんしむさ》……、闇に差し込む月の光は森の木々の葉擦れと海の遠鳴りに揺れ、盛治は洞窟《がま》の底に両手を突くと自分の無力さに涙が滴るのを抑えきれなかった。

我は何でもするど《わんやぬーやてぃんすんど》……、小夜子は優しかった。あの子は小さい《あぬくわーやふーせぬ》時分から大人しくて《うぷやさぬ》、肝心の《ちむぐくるぬ》清らかな《すらせーぬ》童だったのに《わらびえったーむん》、成長して美貌まで出て《ぶどういてぃかーぎまでぃいじてぃ》……、とお母《あんまー》が言ったとおりに、同じ歳の盛治が他の子ども達に虐《いじ》められるとかばってくれ、学校に入り学年が上がるにつれてしだいに話したり遊んだりすることは少なくなったが、顔を見れば自然と笑い合うのは変わらなかった。ただ、それも盛治が五年生の秋までだった。部落《しま》の北の森《にしぬむい》で盛治は山羊《ぴーじゃー》に与える草を刈っていた。近くでは数名の女生徒が薪拾いをしていて、その中に小夜子もいた。小夜子のことが気になればなるほどその姿から目をそらし、うつむいて草を刈っていた盛治は、いきなり後ろから突き飛ばされて前に倒された。三人がかりで背中にのしかかられ、両手を押さえられて鎌を取り上げられた。ああ、また悪ふざけ《やながんまり》が始まったさや……、と思い、抵抗すれば余計に酷い目に遭うのでされるがままになっていると、背中に乗っていた体が脚の方に移動し、他の二人が上半身を押さえ両手をねじ上げて動けなくしてから、一人が継ぎ接《は》ぎだらけのズボンを摑んで一気に引き下げた。仰向けにひっくり返され、一人の手が性器に伸び、無理矢理皮をむくと、おい、見れ、見れ、と三人は女生徒達に盛治の体を向ける。女生徒達は声を上げて顔を背けたが、三人が囃し立てるとちらちらと視線を送り、中には笑い声を上げる者もいる。抵抗しようとして盛治は顔を殴られ、鼻血と涙を流し、小夜子が哀れむような眼差しを向けるのを見た。加えられる刺激に盛治の意志とは別に性器が大きくなるのを三人は笑い、女生徒の何名かも嫌がる素振りを見せながら視線は逸らさず、うすのろでも陰茎の立つのは《とっとろーやてぃんたにぬたちゅしゃ》一人前なんだな《えっさやー》……、同級生の一人が大声で言う。体を抱えられて草むらに投げ出された盛治はすぐにズボンを上げ、刈った草も鎌もそのままにして森の奥に駆け込んだ。

翌日から、小夜子は道で盛治を見ても顔をそむけて走り去るようになり、盛治も小夜子の顔を見ることができず、姿が遠くに見えるとすぐに隠れるようになった。姿を目にしたときはもちろん、小夜子のことを考えただけで体が勝手に反応するのが後ろめたく、足を広げられて犬のように赤く剝けた性器をさらした自分の姿を見る小夜子の眼差しを思い出すと、三人への怒りよりも自分の醜さへの嫌悪がこみ上げ、もう二度と小夜子の目に自分の姿を映さないようにしたいとさえ思った。それでも、家が隣り合っていては顔を合わさないわけにはいかず、ひと月経ちふた月経ちするうちに小夜子は何事もなかったかのように話しかけ、笑いかけてきたが、盛治は顔を伏せて口ごもるばかりで、前のように言葉を発することができなかった。以来、十三祝いを迎え、学校を卒業し、十四になり、十五になり、盛治は父親の漁を手伝って日々を過ごし、たまの豊漁の時に貝や魚を近所の家に配りに回って、小夜子に手渡す際に礼を言われるのを一番の喜びとして島での生活を送っていた。

それがもう何十年も昔のことのような気がする。魚を提げて庭に立っている盛治に笑いながら手をさしのべる小夜子の、ありがとうね、という声も、もう聞かれぬ《なーちからん》、もう聞かれぬ《なーちからん》……、と思うと、我《わん》しか居《う》らん、我《わん》しか居《う》らん……、岩壁にもたれ両手で握りしめた銛を額に押し当て口にした言葉が洞窟《がま》にさざ波のように広がり、お前がぞ出来る《いやーがるないる》、お前がぞ出来る《いやーがるないる》……、という言葉が闇の奥から返ってくる。小夜子を傷つけたる《きじちきたーぬ》アメリカーは一人残らず我《やちゅいぬくさんわん》が殺して《くるち》とぅらすん……、水筒を取って生温い水を飲み、目を閉じて体を焼く憤怒に汗を流していると、右目の奥で小指の爪くらいの固い生き物が動き出し、それが二匹、三匹と数を増していく。生き物は耳の穴や鼻の奥、皮膚の下に移動して背中や胸、手足の先へと向かい、脳の中にも入り込んでちりちりと蠢《うごめ》く。収容所の病院でアメリカーが埋め込んだ虫が自分を殺そうとしていると思い、立ち上がって喚きながら頭を掻きむしっていると、洞窟《がま》のそばに弾着した艦砲射撃の爆風が岩壁の隙間から吹き込み、盛治の体を揺るがせる。森の燃える臭いに慌てて外を見る。陽に輝く砂浜に次々と艦砲が落ち、砂が吹き飛ばされ、アダンの茂みが地面ごと一塊りになって宙に浮き上がる。盛治は塹壕の底に体を沈め、耳をふさいだ。

前夜、上陸するアメリカ軍を迎え撃つために友軍の兵隊から渡されたのは二個の手榴弾だけだった。一個を敵に投げつけ、相手がひるんだ隙にもう一個を持って敵に突っ込め、と命令され、浜沿いのアダンの茂みに掘った塹壕に盛治は他の防衛隊員と一緒に身を隠し、明けていく沖に並ぶ敵艦を睨みつけていた。アメリカ軍は日本軍の意図を見すかしたように上陸前に徹底して海岸部へ艦砲射撃を加えた。青というにはまだ色の淡い空と灰色にかすんだ海の境目に赤い光が連続して見えたかと思うや、空気を切り裂く音が迫り、爆風と轟音がとっさに伏せた塹壕の上を吹き抜け、なぎ倒されたアダンの葉や幹が砂と一緒に降ってくる。衝撃で脳が揺さぶられ、ふらふらしながら顔を上げた盛治の襟首を摑んで大城という隣部落の男が、早く逃げ《ぺーくびんぎ》らんねー死ぬんどー、と怒鳴りつける。他の防衛隊員も塹壕から飛び出し、大城の後を追って浜の西端にある小高い森へ駆けていく。一番最後を走る五十過ぎの上原という男が、何してるか、慌てれ、と振り向きながら叫んで、アダンの根に足を取られて転ぶ。呆然としている盛治の耳に再び空気の裂ける音が聞こえる。塹壕の底に張り付いた体を艦砲の弾着音と爆風と熱が塊となって圧する。森の中には崖の下を掘って作られた壕に機関銃が据えられ、上陸するアメリカ軍を側面から攻撃するはずだった。そこに逃げるのはアメリカーに壕の場所を教えるだけではないか、と思った盛治は、逃げていく防衛隊員を止めようとしたが、塹壕から顔を出すことができず、全身を揺さぶる地響きに続いて降り注ぐ砂やアダンの破片に埋もれ、我はもうここで死ぬのだ《わんやなーくまじしにるす》ろうか《がやー》……と思い、まだ死にたくない《なましにぶくねん》、死にたくない《しにぶくねん》……、とおらんで塹壕から飛び出て逃げようとした。しかし、体は動かず、耳と目を押さえ、お母《あんまー》よ、お母《あんまー》よ……と喚き続けた。

　どれくらいの時間が経ったのか、気がつくと盛治の体は半分以上砂に埋まっていて、周りを見回すとアダンの茂みは跡形もなく、日差しの反射がまばゆい砂浜の西端の森も高さが半分以下になり、黒焦げになった木々から立つ煙が澄んだ青空に上っている。ぼんやりと眺めていた盛治は、耳鳴りかと思っていた音がそうではないと気づき、視線を動かすと五メートルほど離れた所で無数のハエが飛び交っている。そこに散乱しているのが大城の残骸だと分かったとき、盛治は砂浜に仰向けに倒れ、空が急に暗くなり、ああ、我《わん》は《や》もう《なー》死ぬさや……、という呟きに、小夜子が泣きそうな顔で見つめ、我《わん》如き者の《ぐとーるむんめ》ために《たみに》泣いてくれるんな《なちとぅらすんな》……、と盛治は歯を食いしばり、砂に指先を這わせ、転がった手榴弾を拾い上げた。長い時間をかけて体を起こすと、我《わん》ねー死なん、我《わん》ねー死なん……、小夜子のためにもまだ死には出来ん《なましにゃならん》……、繰り返す声が洞窟《がま》にこだまする。

どこかここは《だーがくまや》……？　テントの下には何人もの負傷兵が寝かされていて、恨みと苦しみを混じえた呻き声が熱のこもったテントの下で膨張し、破れ、ねっとりと絡み合う中にふいに異様な話し声が近づいてきて、盛治の顔をのぞき込む。目も眉も肌の色も脱色したような顔が現れ、とっさに手榴弾のピンを抜こうとしたが指先一つ動かせず、唇にあてられた吸い差しから流し込まれる水を拒むこともできない。熱を帯びた体は盛治の意志とは逆に、もっと《なっぴん》、もっと《なっぴん》……と水を求め、山羊《ぴーじゃー》の目《みー》をした白い顔がその様子を見て笑い、さらに水を与えられて盛治は、ああ、我《わんや》はアメリカーに助けられたさや《たしきらっとー》……と分かった。

そうやって一カ月以上もアメリカーに傷の治療を受け、最初は拒んでいた食事も隣に寝ている日本兵に、食え、馬鹿野郎、と怒鳴りつけられて仕方なく口にしてその旨さに驚き、缶詰の肉や豆の滋養が肉芽となって傷口をふさぐのが目に見えるような気さえして、立って歩けるようになる頃には世話をしてくれたアメリカーに感謝するようになっていた。病院用のテントを出た盛治は、収容所内の日本兵を集めた区域にいったん行かされてから、間もなく同じ部落《しま》の者達がいる区域に移された。そこで両親や弟、妹達と再会しても、嬉しさの底にはアメリカーに助けられたことへの戸惑いが残っていて、それまでに植え付けられ煽られ続けたアメリカーへの憎悪と、命を助けられたことへの有り難さが、部落に戻っても整理できないまままわだかまり続けた。

戦争はもう終わりぞした《やなーうわーいるしちゃ》がや？　天皇陛下はどんなに《やちゃんち》なったがや？　その問いに答えられる者が部落にいるとも思えず、浜の対岸に造られたアメリカ軍の港に輸送艦が頻繁に出入りし、米兵達が忙しく動き回っているのを見て、戦争はまだ終わってはおらん《やなまうわーてぃやうらん》……、別の《びちぬ》場所では《じゃ》戦闘が続いている《やちじちょーん》……と思った。だが、島の収容所に入れられた日本兵達は、腑抜けのように地面に座り込み、薄笑いを浮かべてアメリカ兵に煙草をねだっていて、武器を奪い取って戦おうという気概は微塵もなかった。友軍が戦うのならば我《わん》も一緒に《まじゅん》戦うん……、と盛治は思ったが、その機会はなく、今日、明日の食べ物をまずは考えなければならなかった。友軍に徴発されたサバニはアメリカ軍の攻撃で破壊されていたので、珊瑚礁の浅瀬を歩いて貝やタコを捕り、魚を突き、荒れた畑を耕すことに日々追われた。

ある日、何か使える道具はないかと日本軍が使っていた森の奥の洞窟に入った盛治は、岩陰に一個の手榴弾が落ちているのを見つけた。少し錆びてはいたがまだ使えそうで、手拭いで包み、乾いた場所を探して岩壁の隙間に入れ、平たい石で蓋をした。

その蓋を取って冷たい金属の塊を摑み、差し込む光にかざした盛治は、ああ、そうであったさや《あいるえってーさや》、今になって分かった《なまになてぃわかたん》、この《くぬ》手榴弾は《や》アメリカーに殺された者達の《くるさったぬむんたーぬ》恨みを晴らすのために《ばらすぬたみに》、我《わん》に残して《ぬくち》置きたる物であってる《ういてーぬむんるえってー》さやー……、手のひらにのせた重みに自信を与えられ、必ず《かんなじ》恨みは晴らすからよ……、たとえ我身一人《たとぅいわんどぅーちゅい》やてぃん、アメリカー達《たー》赦し《ゆる》は《や》せん《さん》とぅよ……、そう誓う盛治にアメリカーが笑い声を上げ、その笑い声の後ろに女の叫びが聞こえる。

自分の部落の女子がやられてるのに《どぅーぬしまぬいなぐぬさっとーるむんぬ》、どうして《ぬーりち》黙って見てばかりいて止めないか《だまてぃみっちびかーうてぃとぅみらんが》、どうして《ぬーりち》……、声は喉の奥で潰れ、言葉は頭の中で反響するだけで、女の泣き声はカミソリのように盛治の肉を切り裂き、露わになった骨を削いでいく。ジープの横に立った二人のアメリカーは手にしたライフル銃を男達に向け、ひるむ様子を見て笑う。家から出てきたアメリカー三人が二人と交代する。ガムを嚙みながら話しているアメリカー達の裸の上半身は汗で濡れ、漂ってくる臭いに盛治は吐きそうになる。別の家の戸が開けられ、土下座して頼み込む老人の声が踏みつけられ、女の悲鳴が上がる。立ち尽くしている部落の男達は、呻き声が漏れる家の奥と地面を交互に見つめ、アメリカーを睨みつける者も銃を向けられるとうなだれてしまう。銃を奪い取って、全員撃ち殺して《むるかいうちくるち》とぅらすん、と思っても体は動かせない。石のような目から流れ落ちるものが、ひくつく唇の端や顎を濡らし足の甲に落ちても、一歩を踏み出せない自分の無力さが悔しかった。洞窟《がま》の底で血が流れるまで盛治は自分の腕を嚙み、胸の奥の傷を掻きむしり、アサギの庭を踏みにじって走り去るジープのエンジン音とタイヤの音が洞窟に反響するのを聞き、漂うガソリンの臭いをかいだ。男達が消えても一人で立っていた盛治は、家に戻って愛用の銛を手にすると井戸のそばにしゃがみ砥石で研いだ。触れた先端の鋭さに指から血が滲むまで。

福木の屋敷森の向こうで泣く小夜子の声は止むことがなく、小夜子はもう二度《やなー》と心の底《くくるぬすく》から笑う《わらいぬ》ことは《くとぅや》無《ねー》いらん、今《なま》から先《さち》、心の底では《くくるぬすくじゃ》いつも《ちゃー》泣き《なち》続ける《ちじきん》……、そう考えると、アメリカー達の銃に怯えて何も出来なかった自分への怒りで気が狂いそうになり、戦争は終わってない《やうわーてぃねん》、絶対《じぇったい》に終《う》わってはお《わーてぃやう》らん、小夜子にとっても、自分にとっても、いつまでも終《いちまでぃんう》わーらん……、月明かりに光る銛の先を見つめ、我は《わんや》アメリカー達《たー》とぅ戦い続ける《ちじきん》……、と決めた。誰にも気づかれないように森の奥の洞窟に水や食糧を運び、早朝から昼過ぎまでは父と一緒に漁をして、アメリカー達が作業を終える夕方になると、銛を手に波の打ち寄せる岩陰から対岸を見つめる。アサギの鐘が鳴っても、我は《わんや》ここ《くま》で待ち続ける《じまちちじきん》……、海ならば《やれー》鉄砲は使えない《やちからららん》、海ならば《やれー》我で《わんや》あっても《てぃん》勝ちきれる《かちゅしん》……、と泳いでくるアメリカー達を待ち続けた。

しかし、やっとその時が来たのに、まともに刺すことができたのはたった一人だった。赦《ゆるち》してとうらせ《し》よ、小夜子よ、お前の《いやーが》恨み晴《ば》らすことは《くとぅや》出来んかった《ならんたん》……、だけど《やしが》この《くぬ》ままでは《じゃ》終わらさぬから《うわらさんとぅ》や……、手のひらに載った手榴弾の重みは、小夜子や自分や殺された島の人《しまんちゅ》や友軍の兵隊達の恨みの重みであり、これが我を《くりぬわん》助けてくれる《たしきてぃきー》ん……、と信じた。もう何日寝ていないのか分からなかったが、肝《ちむ》わさわさーして気が高ぶり、頭に溢れかえる言葉に眠ろうにも眠られず、目を閉じて待ち続けていた盛治は、ふいに首筋に熱を感じて顔を上げた。岩壁から差し込む光はいつの間にか陽光に変わっている。顔をしかめて煌《きら》めく光の帯を見ていると、洞窟《がま》全体に男の声が響いた。

盛治、出て来いよ《いじてぃふーば》、お前《いやー》がそこに隠れているのは分かっておる、今《なま》出て来れば、アメリカー達《たー》もお前《いやー》が命までは取らんさ、心配《しわー》するな、早く出て来い、お前《いやー》がお父も、お母も、部落の者達も待って居る《うぃ》しが、悪《やな》考えすな、お前《いやー》が刺したアメリカーも死にはしなかったと言うさ、捕まっても一時《いっとき》で帰って来られるさ、出て来いよ《いじてぃふーば》……、マイクで呼びかけているのは区長の嘉陽に違いなかった。戦争中は防衛隊長をして人一倍アメリカーへの憎悪を口にしていたのに、収容所の中では要領よく立ち回ってアメリカ軍が部落に支給する物資の配給係になり、いつの間にか新しい区長にまでなっていた嘉陽の顔を見るたびに、恥知らず《ばじちらー》が……、と父が吐き捨てるように言っていたのを思い出す。アメリカーの遣い《ちけー》者《むん》が、我《わん》を騙し《だまち》アメリカーの加勢するつもりやさや《ぬかしーすーぬちむい》、部落の女子の哀れしても自分のことしか考えない《しまぬいなぐぬあわりしちんどぅーぬくとぅしかかんげーらん》腐れ者《くさりむん》が、汝も一緒に刺し殺して《なーんまじゅんさちくるち》とぅらすからよ……、入り口の方を凝視して入って来るアメリカー達を待ちかまえ、射殺されるのは何も恐ろしくない《さーりしゃぬんうとぅるくねん》、殺される前に《くるさりぬめーに》、一人であっても《ちゅいえってぃん》、二人であって《たいえってぃ》も《ん》殺し《くるち》とぅらすん……、いつでもはずせるように手榴弾のピンに指をかけ、待っておけよ《まっちょーきよ》小夜子、お前《いやー》が《が》恨みは必ず晴《やかんなじば》らすからよ《とぅ》……、区長の声が止み、深い海の底のような静けさが訪れ、息を殺して身を潜める盛治の耳に、何かが投げ込まれる音が聞こえた。割れ目から差し込む光に白い煙が広がる。

毒ガス……、舌打ちした盛治は、すぐに水筒の水を手拭いにかけると鼻と口を押さえ、岩の割れ目に顔をつけて流れ込む外気を求めた。洞窟内に充ちていくガスは盛治の体を包み、目や鼻や皮膚に染み込み、水筒の水で洗っても開けていられないほど痛む目から涙があふれ、鼻水が流れて手拭いをぐしょぐしょにする。御嶽の《うたきぬ》神よ、森の《むいぬ》神よ、竜宮の《ぬ》神よ、部落の《しまぬ》神よ、我守《わんまむ》てぃとぅらせみ候え《しみそーり》……、と祈ったが、毒にやられた魚が白い腹を見せて浮くように肺がやられ体が動かなくなるのも間近だと知り、盛治は水筒に残った最後の水を飲み干し、かすかに漂う森と海の匂いを吸った。手拭いで両目を拭い、腫れ上がった顔に光を浴びる。小夜子よ、お母《あんまー》よ、我《わん》を守《まむ》てぃとぅらせ《し》よ……、盛治は振り向き、右手に手榴弾を、左手に銛を握りしめて、洞窟の外に向かって走った《がまぬふかにむかてぃぱったん》。

その拡声器を渡した二世の米兵の名前は覚えていらっしゃいますか？

カセットテープを交換し小型のレコーダーをテーブルに置いてスイッチを入れると、まだ大学を卒業して二年にしかならないという小柄な女は、お前を見やりかすかに笑みを浮かべたように感じたが、透明なプラスチックの窓の内側で回転するテープに視線を落としたお前は、二世の名前も女の名前も思い出せず、不安な気持ちになりかけていた。

ヘンリーであったがや？　スミスんでぃ言《いちゃー》ったがや……？　二十代半ばの浅黒い顔は左の頬に小さな傷があったことまではっきり思い浮かび、軍服を脱いで沖縄《うちなーぬ》の衣《ちぬ》着《うしり》せれば我達《わったー》と何《ぬん》も変わらんのに……、と考えたことも思い出せるのに、どうしても名前が浮かんでこない。違《あらん》うさ、ヘンリーんでぃいうのは慰安所《しゃじ》でトラブルを起《うくちゃーぬ》こしたる黒人兵の名前で、スミスは盛治が銛《むいじ》で腹《わたー》を刺《さちゃーぬ》したるアメリカーの名前やあらんてぃな……？　迷ったまま、お前は顔を上げて女の目を見つめ返した。

たしかロバートであったはず……。

思わず口から出た言葉に驚く。口にしてみれば実際にそうであったような気がして、沖縄出身の父親の苗字は比嘉とは言わなかったか、とまで思う。

ロバート・比嘉、確かそういう名前でありました……。

そう言ってから、ロバートというのは暗殺されたアメリカの政治家の名前で、基地で働いている時に事務所のテレビの前でアメリカー達が騒いでいたのを思い出し、その記憶がロバートという名前を口にさせたのかもしれないと思ったが、お前は言い直しもせず女がノートにペンを走らせるのを見ていた。

アメリカーなのか《げーら》ウチナーンチューなのかも《げーらん》分からん二世の男の《いきがぬ》名前ぐらい何でもいいではないか《ぬーえってぃんしみるする》……、と胸の中で言い訳していると、自分より二回りも歳下のくせして人を見下すような仕草を見せた通訳の二世に対する怒りがぶり返す。テーブルに置かれた茶碗に手を伸ばすと、その男から渡された拡声器の重さがよみがえり、背後から向けられる村の者達の眼差しが背中を刺すようで、お前は思わず振り向いた。盛治の父親の盛孝の目がひときわ鋭くお前を睨みつけている。海で焼けた顔の下半分は髭で覆われ、くぼんだ眼窩の奥でいつもは赤くただれている目が、白い石のような固い光を放っている。息子の助けを自分に頼むべきなのに、怒りと威嚇を隠そうとしない目に不快感が込み上げ、この男は童《わらびぬ》の時分からいつも《ちゃー》我《わん》をなめておった《うしぇーてぃうぃたん》……、と思うと、盛治がどうなろうと《ちゃーならばん》我《わん》が分かるかひゃー……、と胸の中で吐き捨てる。だが盛孝の隣で手を合わせているハツの姿を見ると、何とかして盛治を助けなければ、という気持ちがすぐに滲んできた。

そのロバート・比嘉という二世の方と一緒に、壕に向かって呼びかけを行なったわけですね？

問いかける女の表情にハツの若い頃の面影が重なる。お前が見つめていると女は邪気のない笑顔でうなずく。女の名前は何度も聞いたのに思い出せないことが、ロバート・比嘉という名前の曖昧さとともにお前に老いを意識させて、気持ちが萎えそうになる。それに抗い、ハツに似ていると思える女のためにも、自分のためにも、濁って揺らぐ記憶に目を凝らそうと努める。

ああ、その二世に前もって頼まれておったものだから、拡声器を渡されて、出てくるように言ったさ……。

洞窟《がま》の前を覆っていた赤木やガジマルの大木は艦砲射撃で吹き飛ばされ、石灰岩の崖の根本に口を開けて斜めに下りていく洞窟の奥に、薄曇りの空からぼんやりとした陽の光が差し込む。岩陰や小石の転がる地面の所々に空き瓶や衣類、板切れが残っているのが見える。眼の奥に焼き付けられた景色は今も鮮やかだった。部落《しま》の者達が百人近く避難していたあの洞窟にお前も隠れていた。警防団長をしているのを理由に防衛隊にとられるのを免れて。艦砲射撃の砲弾が空気を切って飛んでくる音が聞こえたような気がして手が震える。拡声器を渡そうとした二世の通訳がそれに気づき笑いを浮かべる。小馬鹿にされたような気がして苛立ちを覚えながらお前は拡声器を受け取り、スイッチの入れ方を教える二世にうなずきもせず、洞窟の奥に潜んでいるはずの盛治に呼びかけた。

盛治、出《いじ》てぃ来《ふーば》いよ、お前《いやー》がそこに隠れているのは分かっておる、今出《なまいじ》てぃ来《ふり》れば、アメリカー達《たー》も お前《いやー》が命までは取らんさ……。

そんなことは分からなかった。刺された米兵は重傷ではあるが死ぬことはない、と二世の通訳から教えられていたが、捕まったあとに盛治がどうなるかは、聞いても首を横に振るだけだった。盛治だけでなくハツも安心させるつもりでそう言ったが、心配《しわー》するな……、と付け足した言葉は、自分自身に言い聞かせているような気がした。

出て来いよ《いじていふーば》……、声が洞窟内に反響し、岩壁にはね返って波打ちながら外へ広がっていく。お前はその声が部落の者達みんなの声でもあると思いたかった。しかし、背後から見つめる眼差しが、期待だけではないことに気づいていた。

二世の通訳に拡声器を返して振り向いたとき、部落《しま》の者達がお前を米軍の仲間であるかのように見ていたことを思い出し、あの日と同じように耳たぶが熱くなる。あの《あぬ》輩達《ひゃーたー》はものも《やむぬん》分からん、我《わん》がアメリカー達《たー》に交渉してどれだけ部落のためにやったかも考えんで、我《わん》がぞ《る》部落に多く《うぽーく》食糧が配給される如く難儀《ぐとうなんじ》したのにそれも分からん、アメリカーを刺し、部落《しま》に迷惑かけたる《かぎたーぬ》盛治のことは誉めて我《わん》を悪者扱い《やなむんあちけー》して……、プラスチックの窓の向こうで回り続けるテープを見つめ、お前は胸の中で吐き捨てた言葉まで録音されているような気がして、慌てて湧き出る言葉を止めると、手にした茶碗に口をつけた。

女はお前がテーブルに茶碗を置くのを待っていて茶を足すと、お疲れじゃありませんか、と訊いた。

何も疲れておりませんよ。たまには話もしないと、歳をとってから一人暮らしをしておると、早く惚けるというから、今日はあんたが来てくれて有り難いくらいさ……。

そうですか。私もお話が聴けてとても有り難いです。お言葉に甘えてもう少し聴かせていただきますけど、もしお疲れになったときは仰ってくださいね。

笑ってうなずいてからお前は、こうやって気持ちよく笑ったのはいつ以来だろう……、と思う。五十年以上も連れ添ってきたナエが死んでから一人暮らしが続き、最近はゲートボールにも老人会の集まりにも行かなくなって、家に閉じこもって誰とも話さない日が続いていたことを思う。戦後マラリアで死んだ一人息子の宗敬が生きていれば、これくらいの孫がいてもおかしくないのに……、と女を見る目に涙が滲んできて、気づかれないようにティッシュで鼻をかみながら拭いた。

あんたこそ疲れてないかね。こんな年寄りの戦争話を聴いて退屈じゃないかね……。

そんなことないですよ。とても貴重なお話を聴けて、感謝しています。

女の言葉や表情には嘘が感じられなかった。大学の卒業論文で沖縄戦について書き、去年から市の教育委員会で臨時で働いているという女が、初めてお前の家を訪ねてきたのは二カ月ほど前だった。

最初は警戒して無愛想に対応していたが、しだいに女を家に入れて話をするようになったのは、女の表情にハッの面影を見たのと、どんな話にも興味深そうに耳を傾ける姿に嘘が感じられず、そうやって話を聴いてもらえるのはやはり嬉しいことだったからだ。時には一週間以上誰とも口をきかないこともある生活を続けていて、女が来ることを待ち遠しくさえ感じるようになっていた。やしが、だー、名前や何《ぬー》んでぃ言いよったがや……？　名前を忘れたことを女に申し訳ないと思いながら、改めて聞くこともできず、女が何かの拍子で自分の名を口にしてくれないかと思った。

米軍はその盛治さんを生かして捕まえようと思ったのでしょうか？

そうであったと思うさ。そうでなければ洞窟《がま》に爆弾を投げ込んでおったはず。あれらが投げ込んだのは催涙ガス弾であったから……。

え、催涙ガスだったんですか、投げ込まれたのは？　毒ガスではなくて。

前は毒ガスと言ったかもしらんが、後で思い出したら催涙ガスであったさ。燻り出すのが目的であったから。中にずっとおったら、窒息して死によったかもしらんが……。

女が小さくうなずいてノートに何か書き込む。一人の米兵がガス弾を投げ込んだとき、洞窟から三十メートルほど離れて見守っている部落の者達から悲鳴が上がった。二世の米兵から、投げ込むのは催涙ガスで、それですぐ死ぬわけではない、と教えられていたお前は、毒ガスやあらんさ、心配《しわー》するな……、と振り向いて大声で言ったが、女達のおらび声は止まなかった。これで盛治に何かあったら、米軍が居《うら》なくなったあとは我《わん》が盛治に悪事《やなくとぅ》をしたかのように言われんかや《いゃーらんがゃ》……、という不安が込み上げ、自分を睨みつけている盛孝や男達の眼光を避けて、お前は二世の通訳から少し離れ、島の根の奥に繋がっているような洞窟から立ちのぼるガスを見つめた。目や鼻を刺激するガスに後ずさると、二世の通訳や銃を構えた数名の米兵も洞窟の口から三、四メートルほど後に下がった。他にも十数名の米兵が崖を囲むように半円を描いて配置されていて、その外側から見ている部落の者達は百名を超えていたはずだった。薄曇りの空は晴れていくのか雨に向かうのかはっきりせず、焼け焦げた木々の臭いが残っている森に集まった者達に注ぐ日差しはけっして強くなかったが、皆汗まみれになっていた。二世の通訳は指揮を執っている隊長と話していて、お前は役割を終えて無視されたような格好だった。だが、お前にとっては何も終わっていなかった。早く出てくされ《べーくいじくわれー》、馬鹿者《むん》が……、胸の中で毒づきながら、まさか洞窟の中に盛治がいないということはないはず《ねんはじ》やしが……、と考えると急に不安になった。

　盛治がこの洞窟に隠れていることをお前に知らせたのは大城文徳だった。山狩りが終わって家に戻り、体を洗って知り合いの米兵と日本刀で交換したウイスキーを飲んでいると、外から名前を呼ぶ声が聞こえる。戸を開けると文徳が立っていた。以前、どこから探してきたのか日本刀を持ってきたのが文徳で、缶詰と交換してほしいと頼まれ、いつもより奮発して渡した。その日本刀でウイスキーを手に入れたのだった。月明かりに浮かんだ姿が手ぶらなので、タダでは物はやれん、と警戒していると、盛治が居る所《ういぬめー》、知ってる《しっちゅー》しが……、と文徳は声を潜めて言った。ナエにウイスキーを隠すように目で指示すると、まわりの様子をうかがってから文徳を家に上げた。

昼間、森で薪を集めながらキクラゲ《みみぐい》を探していた文徳は、銛を手にし着物を抱えた盛治が裸で森を駆けてきて、洞窟の中に入っていくのを目にしたという。声をかけられる雰囲気ではなく、隠れて見ていて、何か大変なことが起こったはず、と思って部落に戻ったら、こんな風な騒ぎになっていた……、と話して、やしが迂闊に物を言ったら自分も疑われると思ってアメリカー達《たー》には黙っておった……、と笑う。御主《うんじゅ》であったらアメリカーにも信用があるから、我《わん》から聞《ち》いた《ちゃ》んでぃいうしや黙って、このことを伝えてとぅらさんがや、その代わり、戦果(注)あげた物を分けてくれたら助かるしが……、そう言う文徳にお前は、今の話《なまぬばなしゃ》や本当《ふんとー》やらや……？　と念を押し、嘘なら《ゆくしえーば》お前も《いやーん》アメリカーに連れて《そーてぃ》行かれる《りん》どーや……、と脅しつけてから、奥の部屋に行き、牛肉やビスケットの入った缶詰を選んで麻袋に入れた。袋を持ち上げて不服そうな文徳に、お前《いやー》が言ったの《いちゃーし》が本当で、盛治が捕まったら《はちみらりねー》後で《あとうじ》もっと取らす《なっぴんとぅ》さ……と言い含めて表に出した。このことは互い《くぬくとぅやたげー》に誰にも《たるにん》言わんでおこう《やんかやー》……、とうなずきあい、夜陰に消える文徳を見送ると、お前は戸を閉めてウイスキーを飲み直した。

でも、米軍はどうして、その洞窟に盛治さんが隠れているのを知っていたんでしょうか？

小さな島だから、隠れると言っても、場所は知れておるさ……。

（注）　戦後の沖縄では住民が米軍の食糧や物資などを盗んだりして手に入れることを「戦果をあげる」と言った。

盛治さんは泳ぎが達者だったようですけど、泳いで島の外に逃げようとは考えなかったのでしょうか?

盛治だったら、泳いで逃げることもできたかもしらんと思うさ。ただ、島の外に出ても戦争は続いておるし、逃げると言っても、どこに逃げていいのか、分からなかったのではないかと思うが……。

ああ、そうですね。

それに、盛治は……。

お前は言いかけた言葉を止めた。自分を見つめる女から目をそらし、庭に咲くサルスベリの花を見ながら、死ぬつもりだったはず、アメリカー達《たー》を道連れにして……、そう胸の中で呟いた。

翌朝、山狩りのために部落のアサギの庭に集まった米兵の中に二世の通訳を見つけると、お前は近づいていった。ある男から盛治が隠れている所を知らされた、と告げると、二世の通訳は疑い深そうにお前を見て、ある男というのは誰か、と訊ねた。その男は事件とは関わっておらないから、名前は訊かんでくれ、偶然、盛治が隠れるのを見ただけだから……、そう言って媚びるように笑ったお前を、二世の通訳は半信半疑の表情を浮かべたまま、部隊を指揮している三十歳前後の隊長の所へ連れて行った。

顎に何カ所かカミソリの傷をつけた白人の痩せた隊長は、二世の通訳の説明を受けてお前を見ると、ジープのボンネットに広げた地図を示して何か言った。場所を訊いているのだと思い、通訳が訳すより先に地図をのぞき込んだが、細かい線だらけの紙の上の形と島の地形が結びつかなかった。洞窟《がま》に直接案内した方がいいと思い、お前がそう提案すると、二世の通訳の説明を受けて隊長はうなずき、ジープに乗れと顎で示した。後部座席に乗り込むお前を、アサギやその周辺にいた部落《しま》の者達が見ている。二世の通訳に近づいていったときから、皆がお前の様子をうかがっているのは分かっていた。

半分得意な気持ちと、もう半分は後ろめたさとも疚《やま》しさともつかない気持ちを抱えて座っていたお前は、そばに乗った二世の通訳から、貴方が案内する場所で間違いないでしょうね、と念を押され急に不安になった。うなずいてからアサギの庭に文徳の姿を探したが、見あたらなかった。車のまわりで雑談したり煙草を吸っていた米兵達が、隊長の指示でそれぞれジープに乗り込むと、お前は森に向かうように二世の男に言った。

集落から三百メートルほど行って道が細くなり、ジープが通れなくなったので全員車を降り、お前と二世の男を先頭に森の坂道を登っていった。前日山狩りをした場所からさらに奥に進み、島の中央部に近い小高い丘の所まで来て、お前は足を止めた。赤木や椎の木の間から、五十メートルほど離れた崖の下に洞窟の口が見える。お前が指さして、あそこです、と言うと二世の通訳は小さくうなずいて洞窟を眺め、後ろに立っている隊長に何か言った。隊長は前に出てきて小型の双眼鏡で様子を見てから、そばの若い兵隊に地図を広げさせ、位置を確認している。それからライフル銃を手にしたふたりの米兵が斥候に出された。

お前は盛治が洞窟の中にいることを祈りながら、ふたりの米兵の後ろ姿を見ていた。盛治が銃を持っていないと考えているらしく、二人は大して警戒する様子もなく洞窟の入り口近くまで行き、中の様子をうかがっている。森の中に隠れている日本兵を狙って艦砲射撃がくり返されたので、数カ月前までは鬱蒼としていた森も、所々に焼け焦げた木や折れた枝が残骸をさらし、崖のまわりも木が吹き飛ばされて薄曇りの弱い光に照らされていた。銃を構えて洞窟の中をのぞき込んでいたふたりが合図を送り、隊長の指示で米兵達が洞窟に向かう。お前は二世の通訳に促されて隊長の斜め後ろについた。崖の三十メートルほど手前で隊長は、崖に向かって半円を描くように兵隊を散開させた。その動きの一つ一つが友軍とは比較にならないと思い、米軍に対して友軍が何もできなかったのは当然なような気がした。そういう米軍にひとりで向かっていった盛治に、畏敬の念を覚えかけている自分に気づき、お前は芽生えかけた感情をすぐに摘み取った。

あの狂人が《あぬぶりむんぬ》いらんことをやりくさって、いったい何を《ぬーが》考え《かんげー》てぃおったか《うぃたら》……、と胸の中で吐き捨てる。それぐらい分からんな、分からん振りをするな……、という声が聞こえて、お前は顔を上げた。

大丈夫ですか?

女が心配そうに見ている。

ああ、何か……?

さっきから、声をかけてもずっとうつむいていらっしゃったものですから。

ああ、少し考え事をしておったものだから……。

お疲れでしたら、今日はこれくらいにしておきましょうか？

いや、まだ全然疲れておらないですから……。

そうですか。

こんなして戦争中のことを聴いてもらって、ちゃんと記録して残してもらえるのは、本当に有り難いと思っておりますよ。自分でも、書いて残さんといかんと思っておりましたが、なかなか書くのは難しくてできないものですから……。

女はお前の言葉にうなずく。眼差しには気遣いと同時に嬉しさも現われている。お前はそう感じたし、そう思いたかった。自分が誰かに気遣ってもらうのは、すまないと思う一方で、やはり嬉しいことだった。

催涙ガスを投げ込まれて、盛治さんはすぐに出てこられたのですか。

いや、すぐにではなかったはず。一、二分くらい経ってからではなかったかと思うが……。

いや、もっと長く経ってからであったか……。洞窟《がま》の口から青みがかった白い煙が立ちのぼるのを見ながらお前は、早く出て来い《べーくいじてぃふーば》、早く出て来い《べーくいじてぃふーば》……、と胸の中でくり返していたことを思い出す。ふいに女の叫び声が聞こえ、米兵の怒鳴り声が背後で起こる。振り向くと、駆け寄ろうとするハツを米兵がライフル銃で押しとどめている。盛孝がハツを羽交い締めにし、地面に座らせる。ハツの泣き声が森の木々を震わせ、部落の者達が浮き足立つのが分かる。それまできつく閉ざされていた百以上の口が一斉に開き、怒号が重なり合って腕や足の筋が浮き上がり、獣の臭いを放つ群れが駆け寄ってくる。そういう様子が目に浮かび、思わずたじろいだお前の恐怖はアメリカー達《たー》と一緒で、隊長の合図で銃を腰だめに構える米兵達を見て、村の者達の表情が強ばり、体が固まったのにほっとしたのも一緒だった。

盛治さんが、出てきた時の様子はどうだったのでしょうか？

今にも倒れそうによろよろして、手に銛を持っておって、それで体を支えておったさ……。

銛ですか。

ああ、それでアメリカーと戦うつもりであったんだはず。もう片手には手榴弾まで持っておったさ……。

その頃、手榴弾は手に入ったのですか。

日本軍が残した物が、どこかにあったんではないかな。不発弾から火薬を抜いて、海で魚を捕る者達もおったし……。

あ……？

盛治さんは投げたんですか。

いえ、その手榴弾を投げたのでしょうか。

投げておったら、すぐに撃ち殺されておったはず。投げようとはしたが、倒れて投げきれなかったさ。それに、手榴弾は不発であったし……。

ふいにハツの泣き声がやみ、盛孝や村の者達の目が洞窟に向けられる。お前は後ろを見た。ガスの煙の中からよろめきながら現われた盛治が、左手に持った銛で体を支えて立っている。泥にまみれた顔は歪み、腫れてふさがった両目から涙が流れている。頭を左右に振り、盛治は耳でアメリカー達を探しているようだった。隊長の声が響き、洞窟の近くにいた五名の米兵が盛治に銃口を向ける。盛治の右手に握られているのが手榴弾と気づいてお前は、逃げなければ、と思ったが足が動かなかった。隊長の声に反応した盛治は、銛を脇に抱えて手榴弾のピンを抜こうとした。

あのとき倒れておらんかったら、撃ち殺されておったはずやしが……。あとからお前はそう思った。続けざまに銃声が響き、前のめりに倒れても盛治は手榴弾を放さず、震える手でピンを抜くと、信管を地面に打ちつけた。上半身を起こし、腕を上げて投げようとしたが、手榴弾は手からこぼれ落ち、うつぶせになった盛治の顔の横に転がった。二世の通訳や隊長らが伏せるのを見て、お前も慌てて地面に体を投げ出した。耳を押さえ、額に小石がめり込むほど地面に顔を押しつけ、手榴弾が爆発するのを待った。蟬の鳴き声が聞こえていた。かなりの時間が経っても、聞こえてくるのはその鳴き声だけだった。お前が顔を上げると、盛治のそばにふたりの米兵が立っていた。ひとりがうつぶせに倒れた盛治の頭に銃を突きつけ、もうひとりがしゃがんで手榴弾にゆっくりと手を伸ばす。慎重に拾い上げると、米兵は洞窟の奥に手榴弾を放り、瞬時にしゃがみ込んだ。お前も再び顔を地面につけたが、手榴弾は爆発しなかった。

やな腐り盛治ぐゎーが、人を驚ろかして《ちゅーうどぅるかち》……、誰にも聞こえないように言って体を起こすと、先に歩き出している隊長や二世の通訳のあとを追い、倒れている盛治の所へ行った。着古して色あせたつぎはぎだらけの上着が汗と泥にまみれて背中に張り付き、小刻みに上下している。米兵のひとりが軍靴の先を胸の下に入れ、蹴り上げるようにして仰向けにする。涙や汗や泥で汚れた盛治の顔は血の気が失せ、紫色の唇の間から血の混じった唾液があふれ落ちる。腫れた両瞼は赤黒く変色し、目尻から耳の方へ流れる涙が光っている。右肩のあたりから血が溢れ、上着を濡らしている。別の米兵が握りしめた指を一本一本開き、銛を取って地面に置くと、体を探って他に武器がないかを確かめた。二世の通訳が盛治に間違いないかを訊き、お前がうなずくと隊長に説明する。お前は二、三歩後ろに下がったが、振り返って部落の者達の視線に向き合う勇気はなかった。身の置き所がなく、少しでも視線から逃れようと脇の方にどいて隊長らを見ていると、ふたりの米兵が隊長の指示で道の方に走っていく。二世の通訳がマイクを手にし、この男は生きていますから、心配しないでください、と部落の者達に向かって言った。皆安堵の表情を浮かべたとお前は思ったが、実際に確かめたわけではなかった。

十分程してふたりの米兵は担架を持って戻ってきた。それに盛治を乗せると、米兵達は部落《しま》の者達の方へ歩いていく。脇に垂れた盛治の右手は手榴弾を握った形のまま揺れていて、裸足の生爪がいくつか剝げて足の裏に血の筋ができている。泣き喚きながら駆け寄ろうとするハツとそれを押さえている盛孝以外に部落の者達は声一つなく、運ばれてくる盛治と米兵達を見つめている。その沈黙がお前にはかえって恐ろしかった。ライフル銃に抑え込まれている彼らの怒りが噴き出すとき、その対象は自分ではないか、と思えてならなかった。

部落の者達に近づくにつれ米兵達の緊張が高まり、引き金に指をかけて担架の前後左右を固め、その圧力にハツの泣き声も小さくなっていく。洞窟の入口から五メートルほど離れてその様子を眺めていたお前は、米兵が姿を消すまでここにいたら部落の男達に殴り殺され、洞窟に投げ込まれかねないという気がして、最後尾を行く米兵の後を追った。それでも米兵達と二、三メートルの距離を置くのは忘れなかった。二重三重になって見守っている人垣が左右に割れ、その間を抜けて森の坂道を下っていく米兵達を、ハツと盛孝、親戚の者達が追っていく。道が詰まったので立ち止まったお前は、近くにいた幼なじみの新里文政に声をかけた。

ようやく捕まえられた《はちみらった》さや……。

新里はぎょっとした目でお前を見ると、返事をしないで離れていく。まわりに空間ができるのに気づき、お前は、悪《わっ》さしや盛治であるから、部落《しま》には何の咎めも無いと思うさ……、と聞こえよがしに言った。言葉の空々しさは自分でも分かった。非難がましい女達の目に、苦笑を浮かべてごまかそうとした。木の陰から見ていた文徳と目が合うと、慌てて姿を隠す。

区長よ。

背後から投げつけられた声にお前は思わず体が震えた。

どうして盛治がこの洞窟《がま》に隠れていると分かったが？

玉城一明という、お前より二回り下の青年が向かい合うように立っている。その挑戦的な目と声に不快感を覚えながら、青年の中心でもあるこの男を敵に回さないようにしなければ、とお前は計算していた。実際、玉城の声に励まされたかのように防衛隊から戻ってきた青年達が五、六名集まってきて、下手をすればこの場で吊し上げにされかねない、という不安にお前は表情が強ばった。

心配《しわー》せんでもいいさ。アメリカー達《たーん》も盛治の命までは取らんと言っておるさ……。

玉城が鼻で笑い、お前をねめつける。

我《わん》は何で御主《うんじゅ》がこの洞窟に盛治が隠れていたのを知ってたか、と訊いておるさ。

刺されたアメリカーも死ぬほどの怪我ではないというから、これ以上問題が大きくならんで捕まったのはかえって良いことやあらんな……。

訊いてることに答えれ。

声を張り上げたのは、玉城といつも行動をともにしている久田友行だった。小柄だが沖縄相撲をさせれば島でも五本の指に入る男で、叔父の久田友清から唐手《とぅーでぃー》も習っていた。こめかみに浮かぶ汗を拭こうとした手を止め、お前は洞窟の方を指さした。青年達の視線がそこにそれる。

あそこ以外に考えられんさ。お前達《いったー》でもそう考えるのではあらんな……？

そう考えても、アメリカー達《たー》に教えはせんさ。

玉城はお前の答えを予想していたかのように即座に追撃する。

アメリカー達《たー》に協力したのが悪いみたいに言うが、お前達《いったーん》も山狩りに参加しておったのではないか……。

誰も協力したとは言っておらんさ。

自分で言っておるあらんな。

玉城の言葉に久田が即応し、青年達の笑い声が上がる。笑っているのは青年達だけではなかった。まわりに残っている五十名ほどの女や老人、子ども、そしてお前と同じ年代の者達までがにやつき、目が合うと睨みつけてくる者もいる。

我は部落《わんやしま》のためにどうしたら一番良いかを考えておる……。

自分《どぅーぬたみ》のためやあらんな。

そう叫んだ女の声が誰のものかは分からなかった。お前はきびすを返すと森の坂道を下っていった。足早に進むお前の足下に落ちた石が前に転がっていく。続けて、二つ、三つと石が飛んできたが左右にそれて、脅すだけで自分を狙っているわけではない、と思った瞬間、背中に当たった石の痛みに、お前は声を漏らし、足を止めた。振り返る《とぅんけーらん》なけー……、と自分に言い聞かせ、顔を上げて道を進んだ。石はそれからいくつか飛んできたが、当たりはしなかった。ただ、背中に撃ち込まれた痛みと、それに対する屈辱と怒りが、お前から消えることはなかった。

担架で運ばれていったあと、盛治さんはどうなったのでしょうか。

さあ、それから先の詳しいことは、わしも分からんさ。まだ、裁判所も刑務所もない時分であるし、兵隊でもないから軍事裁判をかけるわけにもいかなかったはずだから、どんなになったのか……。

処刑されることはなかったのですね。

それは二世の通訳がそう言っておったから、なかったはずだと思うが……。

では、村に帰った可能性もあるのですね。

わしは終戦の翌年には島を出たから、帰ったかどうかは分からんさ……。

事実は違ったが、そのことを女に話す気にはなれなかった。盛治が米兵達に連れられて行ってから、部落の者達のお前に対する嫌がらせが続いた。道で挨拶をしなくなったり、話しかけても無視するのはどうということはなかった。夜中に畑を荒らされたり、屋敷の前に汚物をぶちまけられたりすることも、耐えれば耐えられた。青年達がやっているのだろうとは思ったが、咎めれば余計にやられるだけだと思い我慢した。区長として部落の者達のために頑張ることで、いずれ理解を得られると思い、米軍からの食糧配布の量を増やさせ、家の建て直しのための建築資材の割り当てや、学校の再建のためにお前は力を尽くした。実際、お前の努力は功を奏して嫌がらせは減っていった。戦闘が終わったと思ったら、島ではマラリアが大流行し、お前はそれで両親を相次いで亡くしていた。自分の家も大変なのに、区長の仕事を懸命にやっているお前のことを認めて、評価している者も多かった。

ただ、お前の代わりというように子ども達が殴られたり、仲間はずれにされるようになった。自分が嫌がらせを受けるより数倍も深く、お前は部落の者達への嫌悪と怒りを覚え、こいつらのためにこれ以上難儀をするか、と区長の職を辞した。もともと祖父母の時代に琉球の世が終わり、零落した士族として島に土地を求めてきたお前の一家は、士族のしきたりを捨て、言葉も島の言葉を使い、島に馴染もうと努力し続けてきた。一緒に島に移ってきた者達の中には、士族としての誇りを忘れるなと言いはり、島の者と交わろうとしない者もいたが、お前の父は違った。そうやって五十年以上島で生きてきても、陰では寄留民としか言われなかった。年が明け島外への移動が許されるようになるとお前は家族を引き連れ、親戚を頼って那覇に出た。

最初は親戚がやっている商売を手伝い、一年ほどして軍作業に出るようになった。そのまま米軍基地で働いて三人の子どもを育てた。毎日の生活に追われていたこともあったが、島のことは思い出さないようにしていた。時々新聞やテレビに島が出ても見ようとしなかった。子ども達が成人となって家を出て、ナエと二人暮らしをするようになっても、島に行くことはおろか、話題にさえしない生活は変わらなかった。ナエとの二人暮らしは十年以上続いたが、島のことに触れたがらないのはナエも一緒だった。

子ども達に加えられた暴力への怒りは、自分以上だったかもしれない……。

そう思いながら、お前は仏壇を見た。眼鏡をかけてなくて位牌の文字はぼやけていたが、自分で書いたナエの名ははっきりと目に浮かべることができた。

それから島にはお帰りになっていないのですか。

ああ、帰っておらないさ。もともとわしらは島の人間ではなかったから……。

一度、島に行ってみたいとは思いませんか？

思わんさ、この歳になってから今さら……。

そうですか。

女の言葉の響きにふと不安を覚え、お前は回り続けるテープレコーダーを見ていた顔を上げて言った。

あんた、島に行って今の話を確かめようと思っているか……？

え……。

もしそうだったら、やめた方がいいさ。昔のことを思い出したくない人もおるはずだから……。

女はしばらくお前を見つめたあと、そうですね、と呟いてテープを止めた。何度も礼を言う女を玄関まで見送り、引き戸を閉めてからお前は、女の名が眞喜屋めぐみといったのを思いだした。だが、すぐに本当にその名前だったか自信がなくなった。

座敷に戻って女が座っていた座布団を片付け、テーブルの上を見ると、透明なプラスチック窓の向こうで回っているテープが目に浮かんだ。我が死ん《わんがしじん》でも、我の声は残り《わんがくいやぬくてぃ》、あのときのことは《あぬとぅちぬくとぅや》伝えられて《らってぃ》いく《いちゅ》ん……。そう考えると、何か自分がもうこの世にはいないような感覚に襲われ、同時に、何も《ぬん》伝えることはできなかった《くとぅやならんたん》、我の《わんぬ》思い出は我とともに消えていく《やわんとぅまじゅんちぇーてぃいちゅ》さ……、という呟きが漏れる。ふいに寂しさが忍び寄り、お前は仏壇の黒い板御香《いたうこう》にライターで火をつけ、香炉に立てた。位牌に向かって手を合わせ、深く頭を垂れる。

顔を上げて位牌を見たお前は、後ろに逃げようとして足を取られ、テーブルの上に仰向けに倒れた。梅檀《せんだん》の一枚板のテーブルから縁側の方に転げ落ち、四つん這いになって逃げようとして右手が痺れ、体を支えきれずに前にのめって顎を打った。助けを求めようとしたが呂律《ろれつ》が回らず、仏壇の位牌の前に浮かんでいた盛治の顔のように、唇の端から涎が垂れ落ちる。異臭が漂い、ズボンが濡れていることに気づく。左手で体を起こし、麻痺した右半身を下にして横になると、女の泣き叫ぶ声が聞こえてくる。ハツであるのか《るやんなー》……。声はどんどん近づいてきて、庭の生け垣の上に、長い髪を振り乱して走っていく若い女の横顔が見えた。何かに追われるように喚きながら走り去った女の名が、すぐそこまで出かかっているのに、思い出せない。

ナエ……、ナエよ……。

呼びかける名は声にならず、頭の中に蟬の鳴き声が反響し、背中を激しい痛みが襲う。お前は振り返ろうとして仰向けに倒れた。次々に飛んで来る石に打たれ、お前は悲鳴を上げた。だが、蟬の群れの激しい鳴き声に、お前の言葉も呻き声もかき消された。

闇の奥から走ってくる足音が近づくと白い砂が敷かれた集落内の筋道を踏む女の足やふくらはぎが浮かび上がり、流れ落ちる血が砂にまみれた足の甲に白と赤の斑模様を作る。乱れた黒い髪が陽の光をはじき、女のはだけた胸が揺れ、滴る汗と涙が青い血管の透けて見える肌や白い道に飛び散る。蟬の声と波の音を女の叫び声が切り裂く。聞いている者の心を抉るその声に誰もが動けなくなり、女の見開かれた目と大きく空いた口を見つめ、走り去る後ろ姿を見やる。森の中に走って消えていく女の最後に発した叫び声が耳に残り、立ち尽くして見ている者達の目から熱いものが溢れる。

大丈夫か。体を揺する手に起こされ、開いた目から涙がこぼれ落ちる。耳の裏に接した枕の布地が濡れている。

またいつもの夢を見ていたのか。

夫の声はかすれているが柔らかくやさしい。その声音に慰められて肩に置かれた手を取ると、若い頃のように指を絡めて親指で手のひらをさすってくれる。窓に引いた白いレースのカーテンの向うに、夜明けの光が広がり始めている。

まだ早いから、もう少し寝たらいい。

ぼんやりとした光を受けた夫の影は輪郭もおぼろで、もうすぐ向うに行ってしまうのだと思い、重ねた手を逃がすまいと力を入れるが、指の間から柔らかな水がこぼれるように感触が消えていく。前の涙が乾かないうちに新しい涙が目尻から落ちる。仰向けに寝て目を閉じたまま、久子は遠ざかっていく者の気配をつなぎ止めようとしたが、かなわなかった。

また来てね。そう呟いて、胸の底に寂しさを沈めてから、大きく息をついてベッドを下りた。洗面をすませ、着替えを終えたときは、まだ六時二十分だった。朝食は七時からだった。食欲はなかったが、今日一日の日程を考えると、軽めでも朝食をとっておいた方がいいと思った。

一人で旅に出るのは何十年ぶりのことか、はっきり思い出せなかった。夫の孝介は旅行好きで、市役所を退職してからこの十年余り、年に二度は久子を連れて国内旅行をしていた。そのおかげで旅には慣れているつもりだったが、一人では勝手が違う。部屋を出る時に鍵を忘れないようにと何度も心の中で念を押し、そのこと一つをとっても、孝介に頼りっぱなしだったことに気づかされた。

一階のレストランで、お粥と梅干し、味噌汁だけの朝食をとり、部屋に戻った。荷物をまとめて、ベランダの前に置かれた椅子に座り、ガラス戸越しに外を眺める。硬質の空の青に入道雲が昇っていて、暑い一日になりそうだった。アルミ製の手すりの間から漁船や旅客船が出入りする港が見える。那覇空港から少し離れたホテルの八階の部屋。荷物が積み込まれている白いカーフェリーは、沖に見える慶良間諸島行きかと思った。

孝介がいれば訊けるのに。そう思いベッドの方に目を移す。叫びながら走る女の夢から覚め、不安と恐れに息が詰まりそうになっている自分を慰めてくれた孝介の声もまた、夢だったのだ、とあらためて思う。女の夢を見るようになったのはこの三カ月ばかりのことで、孝介が死んだのは一年以上も前のことだった。夢見の後に慰めてもらうことなどあり得なかったのだ。そう考えると、ふいに切なくなって、チェックアウトには二時間以上間があったが、荷物を手に部屋を出た。

ホテルの玄関を出ると、国道のバス停まで歩いてすぐだった。北部行きのバスは五分も待たないできた。高校生らしい少女が四人でおしゃべりをしながら自分の前に割り込み、ステップを上がっていくのを呆れながら見て、久子はバスの車内に入った。座っている人達の顔立ちや車内の雰囲気に、沖縄に来たことを実感し、そう感じている自分に少し後ろめたさを覚えた。

前から二列目のシルバーシートに腰を下ろすと、膝にバッグを乗せて窓の外を眺める。沖縄に来るのは三年ぶりだった。前に来た時は孝介も一緒で、両親の墓参りに行ったのに……。思い出すと気持ちがふさいでいくので、高いビルが増え街並みが変わっていく様子に驚くことで、心の向きを変えようとした。しかし、そういう無理は利かなかった。

あれが二人で沖縄に来る最後の機会になるのなら、島にも行けばよかった、という思いが込み上げてくる。ただ、それはどだい無理な話だった。久子自身が島に行くのは六十年ぶりで、戦争が終わった翌年に那覇に引き上げてから初めてのことだった。女の夢を見るようにならなかったら、島に行ってみようという気持ちにはならなかったかもしれない。それだけ島とは疎遠になっていた。

六十年前に久子が島にいたのは、父親が久子と一つ上の兄を沖縄戦が始まる前に疎開させたからだった。最初は九州に疎開する予定だったが、父親はどこかから、先に九州に向かった疎開船が米軍の魚雷攻撃でやられた、という話を聞いてきて、久子と兄を送り出すのを急遽取りやめた。その後、北部の離島にいた親戚を頼って母や祖母と一緒に疎開させたのだが、四人で暗い壕の中で怯える日が続いた。戦争が終わって数年経ち、そういう経緯をあとで理解できるようになって、久子は父親に感謝した。同級生の中には家族と一緒に戦禍に巻き込まれ、犠牲になった者も多かった。

バスが浦添市に入り米軍基地が道路沿いに見えだすと、久子はうつむいて窓の外を見ないようにした。迷彩色の軍服を着た米兵の姿を目にしたくなかった。叫びながら走る女が夢に出るようになって、暗い澱みの底から小さな泡が揺れながら昇ってくるように思い出される記憶の断片があった。海の向うから泳いでくる数名の米兵。何度も転んで海水を飲みながら浜に走る自分の手をつかんだのは誰だったのか。夕暮れにはまだ間があり、濡れた足にまといつく砂は熱かった。近づいてくる米兵は逆光を受けて黒い巨大な影になり、久子を抱きしめていた手を引きはがすと、笑い声をあげながら少女の体を運んでいく。鋭い刺を持ったアダンの葉の緑が鮮やかによみがえる。その緑の下に入っていく米兵達の姿が思い浮かぶ。息ができなくなって、久子は叫びだそうとする自分を押さえるのがやっとだった。そこから先は考えられなかった。

顔を上げると、窓の向うには青空の下に三本の有刺鉄線が水平に走り、金網に隔てられた芝生の緑が目に流れ込む。その緑を美しいとは思いたくなかった。そう思った瞬間に、この基地を造った者達の意図に自分が絡め取られてしまうような気がした。芝生の下に隠されているのは弾薬だけではない。その土地に生きていた人達の歴史や土地を追われた苦しみや悲しみの記憶が、何層にも埋もれているはずだった。

基地のゲート前をバスが過ぎる。基地名が書かれた鳥居形の看板の横にある警備ボックスのそばに、迷彩服を着た二人の米兵が立っている。すぐに顔を伏せると、目を閉じて動悸と呼吸を整えようと努める。肌寒く感じるくらいクーラーが利いているのに汗が流れる。自分はもうあの時の十歳の子どもではないのだ。今はもうあの時のように米兵が勝手にできる時代ではないのだ。そう自分に言い聞かせても、汗は止まなかった。

十年前に沖縄島の北部で起こった事件のことが思い出される。三名の米兵に小学生の少女が襲われたという事件は、沖縄で激しい抗議行動が起こったこともあって、全国紙でも大きく取り上げられた。

新聞を読んでいて急に呼吸が苦しくなり、夫や子ども達を心配させた。今だってあの時とどれだけ違うのか……。そう考えると、沖縄で過ごした頃の思い出や故郷の現実から目をそむけてきたことに、後ろめたさを覚えてしまう。

でも、そうするしかなかったんじゃないの。そうしなければ、今までこうして生活することはできなかったんじゃないの。

十年前は自分にそう言い聞かせてやり過ごすことができた。けれども、叫びながら走る女の夢を見るようになってから、後ろめたさを払拭することができなくなった。沖縄への旅を決めたのは、その後ろめたさをどうにかしたかったのと、夫の孝介の突然の死から一年余りが経って、やり残したことがあってはいけない、という思いが募ったからだった。

退職後、熱心に通っていた碁会所で、孝介は急に気分が悪くなって病院に救急車で運ばれた。連絡を受けて久子が病院に駆けつけたときには、孝介はすでに意識がなかった。脳内出血で緊急手術を受け、集中治療室で二日間過ごしただけで身罷《みまか》った。

四十九日までの慌ただしさが過ぎ、半年ほどが経ってどうにか落ち着いて自分のことを見つめることができたとき、久子を強く襲った感情の一つが、自分だっていつ倒れてもおかしくないという不安だった。独りになってふさぎ込まないように、三人の子どもが孫を連れて交替で訪ねてきてくれるので、ひどく落ち込むことはなかった。

それでも、毎日の生活で何十年も孝介と交わしてきた言葉を口にする機会が失われると、行き場を失った言葉は胸の中で縮こまり、枯れて砕けて積もっていく。その重みが自分の元気を少しずつ奪っていくのに気づいて、できるだけ外に出て人と話すように努めたが、何か薄い靄が自分のまわりにかかっているような感じで、しかもその靄は日増しに濃くなっていった。時々、積もった言葉の断片が埃のように舞い上がり、意味をなさないまま長らく心中に漂って不安な気持ちにさせる。

走る女の夢を見るようになったのは、しだいに外に出なくなり、家族以外の人と話すことも億劫に感じられるようになった頃だった。闇の奥から聞こえてくる足音が背後に迫る。体が震え、まだ少女と呼んだほうがいいかもしれない若い女が、長い髪を振り乱して久子のそばを走りすぎる。帯がほどけて着物の前が露わになり、固い乳房が揺れ、太股の内側から足首まで血で汚れている。女は広場の真ん中で立ち止まると、意味の分からない言葉を喚き、見えない敵と戦っているように手を振り回す。誰かが久子の手を握りしめる。女は強い日差しが映し出す自分の影を何度も踏みつけ、自分の胸を拳で打って、髪が逆立つような叫びを上げる。集落の北側にある御嶽《うたき》の森の方に走っていく女のあとを、四十歳前後の女と十歳くらいの少女が泣きながら追っていく。

初めてその夢を見たとき、目が覚めてもしばらく涙が止まらなかった。その夢が疎開した島と繋がっているのはすぐに分かった。もう六十年が経つというのに、島で目にしたらしい光景が、どうしてふいに蘇ったのか。その理由は分からない。ただ、あの島に行って、自分の夢の意味を確かめなければ、という思いが日に日に強まっていった。夢に現われる女の顔は大きく開かれた目と口だけが印象に残り、それ以外はぼんやりしていて、名前も忘れてしまっている。その名前を確かめたかった。

女の夢を見るようになってから、他にもいくつか蘇った記憶があった。森の中の洞窟《がま》を囲んで銃を手にした米兵が立っている。その外側には部落の住民が集まっていて、米兵と洞窟を見ている。その中に久子もいた。母親の腰に隠れるようにしてしがみつき、崖の下の洞窟を見つめていた。崖のまわりには焼け焦げた木の幹が何本も立っていて、砲弾で砕かれ、崖から崩れ落ちた岩や石が斜面を覆っている。濡れたように光る森の緑に比べて、ぼんやりとした日差しに照らされた米兵達の戦闘服が色褪せて見えた。やがて洞窟から一人の男が現れる。男が獣のような声で叫び、右手を挙げた瞬間、銃声が響く。男の体が弾かれたようにのけぞり、膝が崩れてうつぶせに倒れる。米兵達が喚きたて、母親が覆い被さるようにして久子を抑えつける。

記憶はそこでいったん途切れ、次に思い出したのは、担架に乗せられて運ばれていく男の様子だった。異様にむくんで歪んだ顔は、灰色や紫や赤が斑となり、皮膚がぬらぬらと光っている。腫れて塞がった目からは涙が流れていた。それから記憶は再び飛んで、母親が何かを叫びながら石を投げている姿が思い浮かんだ。穏やかな性格だった母親が、それほど激しい怒りを示した記憶は他にない。石を背中に受けた男は、振り返ることもなく森の道を下っていく。周りにいた女達も次々と石を投げ、久子も真似てごつごつとした石を投げた。

撃たれた男も、石を投げられた男も、女と同じで名前は思い出せなかった。ただ、島の男であることは間違いないと思った。それらの記憶が夢に出てくる女とどう繋がっているのかは分からない。いや、本当に分からないのか。そう自問すると、島での記憶は今でも薄い膜の下に生々しくあるのに、その膜を破ることを恐れている自分に気づく。

ただ、今までそのことを忘れてきたのも、それなりの理由があるはずだった。高校を卒業するのと同時に東京に出て働き、帰ってこい、と両親がどんなに言っても聞かずにこの地で家庭を設けた。沖縄からヤマトゥに行くには、まだパスポートが必要であり、島袋という苗字を珍しがられ、陰でいろいろ言われもした時代だった。

自分が沖縄を離れたのも、帰省してもけっして島には行かなかったのも、その記憶を断ち切って捨てたかったからではないのか。

そう考えればそうだとも思えたが、六十年も経てば全てはぼんやりとしていた。色彩も輪郭もかすんでいく記憶の中で、鮮やかに浮かんでくる断片を繋ぎ合わせ、もう一度見つめ直したいという気持ちがある一方で、過去を知ることへの不安もあった。今まで忘れて生きてこられたのなら、無理に思い出さなくてもいいはずだ。そう考えたあとですぐに、曖昧な状態のままにしておくと、そのうち自分の体が変調をきたし、島に行くことができなくなってしまったときに、きっと後悔する。そういう思いが湧いてくる。

那覇に住んでいる従兄弟の正雄に頼んで、島に松田フミという人がいるかどうか調べてもらったのは、一カ月ほど前だった。島の小学校の同級生で、一緒に薪拾いや貝拾いに行くといろいろ教えてくれ、久子に一番よくしてくれた生徒だった。結婚して苗字が変わっているだろうが、アサギのあった広場に面した家に住んでいて、近くにガジマルの大木があったはず、という記憶を付け足して調べてもらった。

一週間ほどして返事の電話があった。週末を利用して島に行って訊いて回ったら、今は結婚して当山という姓に変わり、島を出て北部の名護市に住んでいるらしい。正雄はそう言って、現在の住所と電話番号を伝えてくれた。

久子はすぐに電話をかけることはせず、最初に長い手紙を書いた。たんに礼節を守るというだけでなく、電話をして、相手が自分のことを全然憶えていないとしたら、と考えると慎重にしたかった。手紙には自分が憶えているフミとの交流をいくつか書き、私のことを憶えていたら返事が欲しいと頼んだ。六十年近くも無沙汰をしていながら、いきなり手紙を送ることの非礼を詫びて文章を結んだあと、封筒に入れて投函するまで二日間迷った。島にいたのは一年足らずであり、久子自身フミ以外の同級生の名はほとんど憶えていなかった。自分のことを憶えていないのが当然なのだ……、と期待せずに手紙を出して三日後の夜に、フミから電話があった。

この六十年間の間、ずっと付き合い続けてきたかのようにフミの話しぶりは気さくだった。声は年相応に変わっても、話し口調や時々混ざる島の言葉は、子どもの頃のフミを思い出させた。それから手紙や電話で何度かやりとりをしてから、久子は自分の夢と記憶について手紙に記し、もし知っていることがあったら、近日中に島を訪ねる予定なので、その時に教えてくれないかと頼んだ。返事は手紙で来た。筆無精だからと電話が多かったフミが送ってきた手紙には、久子の夢も記憶の場所も見当がつく、沖縄にきたときにその場所を案内するから、とあった。そして、夢の女のことも、洞窟の男のことも、会ったときに詳しく話すと書かれていた。

夏休み時期で飛行機もホテルも混雑しているし、もう少し涼しくなって行ったら、と子ども達は久子の一人旅を心配した。しかし、迷う時間はもういらない、と思い、久子は沖縄行きの切符を予約したのだった。

北部のバスターミナルに着いたのは九時四十分だった。落ち合う約束は十時だったが、フミは発着所のベンチに座って待っていた。バスが止まると窓越しに目が合い、互いにすぐに相手のことに気づいた。七十歳を過ぎても、子どもの頃の面影がどこかにあるのが不思議だった。黒目のくっきりした気の強そうな目が、笑うと途端にやさしくなる。その笑顔を見て、ああ、フミちゃんだ、と六十年の時が一気に縮まったような感慨を覚えた。

バスから降りると、いつの間にかフミの横に四十歳前後の男が立っていた。

久しぶりだね。

フミが久子の両腕をつかんで、満面の笑みを浮かべ言った。電話と違い、実際に顔を見ると言葉が出てこなくて、しばらく手を取り合い見つめ合った。

長男の洋一さ。

フミが紹介すると、洋一は大柄な体を縮めるようにして頭を下げ、車まで持ちましょう、と久子のバッグを受け取った。バスターミナルのブロック塀のそばに止めた車へと歩き、乗り込むとすぐに島に向かった。夕方まで島をまわり、夜はフミの家で食事会をして一泊させてもらう予定だった。以前の久子なら、そういう厚かましいことはできなかった。しかし、これが最初で最後だろうと思い、フミの言葉に甘えることにした。

島に向かう車内で互いの近況を話し合った。フミは当時は琉球政府立だった大学を出て、小学校の教員生活を三十年余送っていた。最後は母校の島の小学校で定年退職を迎えたということや、同じく小学校の教員だった昭栄と結婚し、今は長男の洋一の家族と一緒に暮らしているということは電話で聞いていた。久子が家族のことを訊ねるとフミは、洋一には三人の子どもがいて、二世帯住宅に七人で住んでいるという。毎日にぎやかで楽しいさ、と言ってから、独り暮らしの久子のことを気遣ったのか口ごもった。

運転をしている洋一が言葉を継いだ。自分も教員で、中学校で社会科を教えているが、夏休みに入っても研修や部活動の指導で忙しい日々を送っているという。わざわざ時間を取ってくれたことを久子が感謝すると、自分も母親の戦争体験を一度はきちんと聞いておかなければと思っていましたから、と言って、今まで聞いたことありませんでしたから、と付け足した。洋一を見ているフミの表情が少し曇ったように見えた。叫びながら走っていく女の顔と髪を振り乱した姿が脳裏をよぎり、久子は緊張した。たんに遊びに来たのではないことをあらためて認識し、自分の目と耳ではっきりと確かめることを、自分に言い聞かせた。

コンクリート製の橋は長さが二百メートルほどあった。きれいね、と海の色に久子が声を漏らすと、昔はもっときれいかったんだけどね、とフミが呟く。昔の海の色は思い出せなかったが、家族と一緒に那覇に戻るときに、小さな船に乗ってこの海を渡ったことを思い出した。風が強くて船が揺れ、母親にしがみついて泣きたくなるのをこらえていた。その母親も父親ももういないのだ、と思うと寂寥感が襲ってきて、涙が滲みそうになるのを外を見てごまかした。

橋を下りてしばらく行き、道沿いの商店で飲み水のペットボトルと黒砂糖の袋を買い、島の中央部の小高い森に向かった。久子が記憶している男が隠れていた洞窟は、その森の中にあるという。途中、目にする島の風景が大きく変わっていて久子を驚かせた。道路は小さな農道まで舗装され、整理された農地が広がっている。鬱蒼と木が茂っている島という記憶とはあまりに違っていて、赤土の畑に植えられたサトウキビやパインを眺めながら、どこかに思い出と重なる風景はないか探したが、見つけられなかった。

だいぶ変わったでしょう。

ほんとに、一人で来たら、この島だと信じられなかったかもしれない……。

私が見ても、変わりすぎて戸惑うくらいだからね……。

フミの声は寂しげだった。ほとんど畑の間を通り、森の入口前まで来て車を降りた。森に入る道は木の枝が頭上を覆い、前日、洋一が草を刈ってくれたということだったが、そうでなければ通れないほど、いつもは草木が生い茂っているのが分かった。

洋一が木の枝を折り取ると葉をむしり取って鞭を作り、ハブよけです、と笑いながら小径の左右を叩き、森に入っていく。フミが後に続き、久子はしんがりになって、ひんやりとした森の陰に入った。そういえば、ハブは一番目の人で警戒し、二番目の人を狙うんだった。子どもの頃に父が話していたことを思い出し、だからフミが自分の先になったのだろう、と心の中で感謝した。森の植物の名は一つも分からなかったが、いつも見慣れている杉やケヤキ、銀杏などとは違う亜熱帯の草木の色や匂いは新鮮で、その密度と勢いに気圧《けお》される。森全体に反響する蟬の声が飛沫となって体にかかるようだった。

六十年前、集落の人達の後を追って、母親と一緒にこの道を早足で登っていった。みんな息を切らしながら先を急いでいた。今はもうあの時の半分の早さでも登れない……、そう胸の中でつぶやく。

いったいどうしてあんなに急いでいたのか。歩きながら考えていると、振り向いたフミが、大丈夫ね、と声をかけた。笑いながらうなずき、足元を見た。草の汁と露の残りに靴が濡れている。あの時は何を履いていたのか、と思ったが、思い出せなかった。

十分近く歩いても洞窟は見えてこなかった。記憶の中ではすぐに着いたように思っていて、こんなに森の奥にあったのか、と驚いた。同時に、これだけの距離の草を刈って、道を通れるようにした洋一の労を思った。

とても難儀をさせましたね。

後ろから声をかけると、振り向いたフミは聞こえなかったらしく、え？　と言った。

いいえ、こんな長い距離だと思わなくて、これだけの道のりの草を刈ってもらって、洋一さんに難儀をさせてしまって。

草刈り機がありますから、そうでもないですよ。

話が聞こえたらしく、フミより先に洋一の方が答えた。

お疲れじゃないですか。少し休みますか。

疎開をしていたときは、いつもここで薪拾いをしていましたから、大丈夫です。

はっさ、あの頃とは違うさ。あの頃は子どもだったのに。

洋一に答えた久子の言葉に、フミが合いの手を入れる。三人とも笑って立ち止まり、ハンカチやタオルで汗を拭いた。ペットボトルの水を飲み、黒砂糖のかけらを口に含んだ。洋一が森の奥の方を木の枝で指した。

もうあそこに洞窟《がま》も見えてきました。あと少しですから頑張ってくださいね。

枝で示された方を見ると、一抱えもある樹木が林立する間から崖の下に洞窟が見える。六十年前の光景がよみがえった。あの時は洞窟周辺の木々は艦砲射撃で吹き飛ばされていて、青空が見えるくらいに開けていた。今、洞窟はまわりに茂る木々や崖にへばりつくように生えて枝を広げる木に半ば隠され、暗い口を開いている。蟬や鳥の声が絶え間なく聞こえるのに、洞窟の周辺にはひっそりとした印象があった。六十年というのは、木がこれほど生長する年月なのだ。久子はしみじみとそう思った。

再び歩き出すと、きつくなった登り道を久子は木の枝をつかまえて進んでいった。来てよかった。もう少し時が経ったら、この道を登れなかったかもしれない……。いったん窪地に下りてから崖に向かって斜面を登っていく。窪地には田芋に似た大きな葉の植物が茂っている。観葉植物としてビルの中に飾られているのを見たことがあるが、野生の葉は緑も濃く、今にも動き出しそうなくらいの生命力を感じさせる。

クワズイモさ。毒があって食べられないよ。

久子が目をやっているのを見て、フミが言った。うなずいてさらに登っていくと、洞窟の前の岩場に洋一が手を引いて引き上げてくれた。

洞窟は人の背丈ほどの岩が入口の左右にあり、表面が苔むして所々にシダが生えている。座頭虫が数匹ゆらゆら揺れながら岩の表面を逃げていく。その姿は気味悪かったが、苔の緑は美しかった。洞窟の中をのぞくと、数メートル斜面を下ってから奥に空間が広がっているようだった。

昨日入ってみたんですけどね。十メートルくらい奥に行って、コウモリが飛んできたもんだから、驚いて引き返しました。

洋一が照れくさそうに笑う。洞窟から流れてくる冷気には、泥の臭いに混じって何か植物質の香りがしている。斜面の岩陰に菓子の袋やビール缶が転がっていて、まだ新しい様子から、時々は人が来るのだと思った。

ここでしょう。思い出した洞窟というのは。

フミの言葉に久子は戸惑った。

そうだと思うんだけど、木が茂ってるものだから……。

戦争中は、艦砲射撃で木も何もかも吹き飛ばされていたからね。この洞窟のまわりも、木が焼けて開けていたさ。

フミはあたりを見回し、木々を見上げた。

ここなんだよ、あんたが言っていた洞窟というのは。

声の調子がふいに変わったのに驚いて、洞窟の奥に視線を移すフミの表情を久子はうかがった。ひそめた眉ときつく結んだ唇がフミの緊張を表し、記憶を探りだそうとしているようにも、湧き出してくる記憶を押しとどめようとしているようにも見える。

あの時、私はあんたより先にここに来ていて、あんたと同じで私も母親と一緒に来たんだけど、あんたが道を登ってくるのを見て、ああヒサちゃんも来た、と思ったけど、洞窟《がま》の方が気になったから手も振らなかったさ。だから、あんたが私に気づいたかどうかは分からんけど……。

気づいていたよ、フミちゃんがいたのは。

いつの間にか、フミの口調にあわせて子どもの頃の話し方に近づいていると思ったが、そのままにした。

盛治って言いよったさ。

え？

あんたが話していた男の名前さ。この洞窟《がま》の中に隠れていた男さ。

フミが見つめている洞窟の奥の暗がりに目をやると、異様に顔がむくんで土偶のように腫れ上がった目の男が、今にも姿を現しそうで髪がざわざわと根元から震えるようだった。

どうして、その盛治っていう男の人は、この洞窟に隠れていたの？

フミは強ばった顔で久子を見た。

米兵達がこの洞窟《がま》を囲んでいたのを覚えていると言ってたよね。

ええ。

どうして、米兵達がいたのかは覚えていないね？

ええ。

刺したからさ。銛でアメリカーを刺して、それで追われてこの洞窟《がま》に隠れていたわけさ。

刺したって、でもどうして。

フミはそばで聞いている洋一の方を見た。洋一は平静な様子でフミを見ている。飛んできた藪蚊を手で払い、フミは洞窟の底に視線を移す。暗闇の奥でかすかに風の鳴る音がした。森全体が大きな生き物で、深い呼吸をしているような感じがした。

盛治は、小夜子姉さんのことを思っていたから。

小夜子？

あんたの夢に出てくる女の人というのは、小夜子姉さんだと思う。

かすかに記憶がある。靄がかかってはっきりしないけど、確かにその名を知っている、と久子は思った。

髪が腰のあたりまであって、黒くて艶々して、とてもきれいな人だった。盛治とは家が隣どうしで、私の家も近くだったから、私の母親は盛治が小夜子姉さんのことを思っているのを気づいていたらしいけど、話にもならんって考えてたらしいさ。あの盛治ごときが、嫁を取ろうとするかって。でも、盛治は村の男達の誰よりも勇気があったさ。銛一本でアメリカーに向かっていったんだから。

盛治という男が洞窟の前で、倒れまいと銛にすがっている姿を久子は思い出した。

フミは洞窟《がま》の奥に目をやったまま、久子や洋一の方は見ないで話し続けた。

小夜子姉さんがアメリカー達《たー》に乱暴されても部落《しま》の《ぬ》男達《いきがたー》は何もしーきれなかった。アメリカー達《たー》がいない前では叩《たっ》き殺《くる》してやると言っていても、アメリカー達《たー》が来ると、叩《たっ》き殺《くる》すどころか何も言いきれもしないで、あの《あぬ》輩《ひゃー》達《たー》に言われるままに盛治を捕まえると言って山狩りの手伝いまでやっていた。あの時代は抵抗したら殺されたんだから、仕方がないと言えばそれまでだけどね。だけど私は、棒切れを持って部落の男達と一緒《まじゅん》に森に向かう父親を見て、イヤでイヤでたまらなかったさ。父親だけでなく村の《ぬ》男達《いきがたー》みんながイヤでイヤでたまらなかった。たった一人でアメリカー達《たー》に向かっていった盛治のことを、部落《しま》の《ぬ》男達《いきがたー》はどう思っていたのかね。盛治のために自分達が勇気がないのがはっきりさせられて、恥をかかされたと思って腹が立っていたのかね。でも、私はそういう部落《しま》の《ぬ》男《いきが》達《たー》に腹が立ってならなかった。盛治がアメリカーを銛で刺したと聞いて、私は嬉しくてならなかったさ。本当に嬉しかった。小夜子姉さんをあんな酷い目に遭わせたアメリカーは死ねばいいと思って、あとで生き延びたと聞いて悔しかったくらいさ。

フミの言葉はしだいに早くなり、島の言葉が混じるようになって意味を追うのがやっとだった。小夜子姉さんがアメリカー達《たー》に乱暴されて……という言葉を耳にした瞬間、一抱えもある赤木の樹陰にいるのに肌が灼かれたように熱くなり、輝く白い砂と鋭い刺を持ったアダンの葉の群れが目交《まなかい》に浮かんだ。頭上で発せられたヒヨドリの鋭い声に体の奥で何かが裏返り、見上げる喉を通る呼吸が乱れる。何重にも重なる赤木の葉が海の波となってざわめき出す。アダンの茂みで起こったことの意味を久子に話してきかせたのは誰だったのか。大人達が話すのを傍で聞いていたのか。具体的な行為は分からなくても、自分が目にしたことが恐ろしいことであるのは理解できた。その後しばらくは、浜に出ることを禁じられていたのも思い出した。洞窟に向かって話し続けるフミの横顔を見つめ、話し始める前とは一変した表情の険しさに、久子は不安を覚えた。絶え間なく動き続ける唇から発せられた声が洞窟に反響している。ふと、洞窟の奥から這い出てきた目には見えない何かが、斜面の岩に腰掛けたり、フミのすぐ足下まで来て話を聞いているような気がして、久子はフミを守るというように手を取ろうとしたが、思いとは裏腹に手を伸ばすことができなかった。

この洞窟《がま》にガス弾が投げ込まれたときに、部落《しま》の者達《ぬむんたー》はみな毒ガスと思って慌ててね、私も盛治は殺されたと思ったけど、しばらくして盛治は洞窟《がま》から出てきて、あんたが手紙で書いてたみたいに、銛にすがってよろよろしながらね。そうして、持っていた手榴弾を投げようとして、私は母親に上から押さえ込まれて地面に伏せさせられたから、その先は見えなかったけど、アメリカー達《たー》が鉄砲を撃つ音がバンバン聞こえて、母親の手を払いのけて体を起こして洞窟《がま》の方を見たら、盛治は仰向けに倒れていて、肩や腹や足が血べったり《ちーぶったー》していて、それでも銛は放さないで、顔を上げてアメリカー達《たー》の方を見ようとするけど、顔も目も腫れていてねー、ガス弾にやられたんだってあとで父親が言ってたけど、そのときにはもう何も見えてなかったと思うさ。私は大声で、アメリカー達は前に居るよ《たーやめーにうんど》、と叫ぼうとしたけど声を出しきれないで、必死で体を起こそうとしている盛治を見つめていることしかできなかったさ。あの時に盛治が持っていた手榴弾が不発でなくして爆発していたら、アメリカー達《たー》も何十人と死んで、たとえアメリカー達《たー》に殺されても、盛治は満足だったはずだのに、日本というのは兵隊も手榴弾もいざというときには役に立たないもんだから……。

唇の端に泡を溜めて話し続けるフミを洋一も不安そうに見つめている。しかし、話を止めることはせず、止めてはならないと久子も思った。今フミの話を遮ったら、溢れ出してくる言葉が制御できないまま暴れ出して、フミがおかしくなってしまうような気がした。

森の上を過ぎる風が、樹間を抜ける光をフミや洋一や久子の上で斑に踊らせ、苔の緑を輝かせる。何かに反射している光が洞窟の岩壁に揺れている。目に見えない者達の気配がさらに強くなり、その輪郭が浮き出てきそうな気がして、久子はフミの横顔に視線を移した。いつも自分はフミに頼っていた、という思いが浮かんだ。フミが久子の方を向く。久子は反射的に体を引き、自分の動作に戸惑った。

そこさ、そう、そこやさ。あんたが立っている所に盛治は倒れていて、起きようとしても起ききれんでいる盛治に、若いアメリカ兵が近づいてきて、鉄砲を突きつけて、銛を持った手を編み上げ靴で踏みつけて、別のアメリカ兵が落ちてる手榴弾を拾って洞窟《がま》の奥に投げ捨てよった。手を踏んでいたアメリカ兵が銛を取り上げて、集まってきたアメリカ兵の一人に銛を渡してから、革靴の先で盛治の頭を蹴りよったさ。盛治の頭が大きく揺れて、手榴弾を捨てたアメリカ兵が止めたけど、その腐れ《くさり》アメリカ兵は盛治の腹を強く蹴って、わざわざ体をかがめて盛治の顔に唾を吐きかけよった。それを見て私は、そのアメリカ兵が浜で小夜子姉さんを乱暴した連中の一人だと思ったさ。それからどれくらい盛治はそこに倒れていたかね……。二人のアメリカ兵が担架を取ってくる間も、それに盛治を乗せる間も、アメリカ兵達は並んで私達に鉄砲を向けていて、部落の者達《しまぬむんたー》は近づくこともできないで、ただ黙って様子を見ているだけだったさ。区長と通訳の二世の兵隊と隊長らしい背の高い白人のアメリカーが話している声が聞こえるだけで、あとは蟬の声だけが聞こえていて、私はもう盛治は鉄砲で撃たれて死んでいると思って悲しくてね、担架に乗せられて森を出ていくところは見きれなかった。母親の後ろに隠れて泣いていたさ。だから運ばれていくときの様子は、あんたの手紙を読んで初めて分かったさ。でもね、あんたの手紙を読んだら、ああ、そんなだったんだはずって、運ばれていく盛治の顔が自分で見たように目に浮かんださ。瞼が腫れて目が塞がって、色の《いるん》抜けた顔の《ぎたちらぬ》あちこち《あまくま》に紫色の痣《あざ》ができて、汗と血でぬらぬら濡れて、そうやって運ばれていったんだね……。

あんたは部落《しま》の者に石を投げられた男のことも書いてあったね。それが誰かということだったけど、おそらくね、区長だと思うさ、あの当時のね。私は部落の人達《しまぬちゅーたー》が石を投げていたというのはまったく憶えてないんだけどね、泣いていたから気づかなかったのかもしれんね。でもね、あんたが手紙に書いてあったとおりだとしたら、あの時の状況からして区長に間違いないと思うさ。アメリカー達《たー》に協力して、いろいろいい目を見ていたみたいだけど、その分、部落の人達《しまぬちゅーたー》には反発されてもいたみたいだからね。私の父親がね、あとあとまでそういう話をしていたさ。でもね、部落の人達《しまぬちゅーたー》に石を投げる資格があったのかね……、自分達もね、アメリカーから物をもらって、いろいろ協力もして、小夜子姉さんが酷い目にあってもね、何もしーきれなかったんだから、区長とどれだけ違っていたのかね、私はそう思うさ。

フミの声が止んだ。と思う間もなく、膝の力が抜けて座りこもうとするフミの体を、洋一が慌てて支えた。

大丈夫ね。

フミの手を取った久子に力のない笑みを返し、何でもないさ、話が終わったと思ったら、急に気が抜けてね、ありり、何でもないからもう離して、と言ってフミは二人の手をのけて立ち上がった。久子がペットボトルを渡すと礼を言って水を飲み、キャップを締めて返しながらフミは言った。

私がこの洞窟《がま》のことで憶えているのはそれだけさ。少しは役に立ったかね。

うん、有り難うね。

そう答えてから、久子は訊かなければいけないことが沢山あるような気がしたが、具体的に何を訊いていいか思いつかなかった。フミの体調を気遣って、この場で時間を取らせることに気後れするところもあり黙っていた。そういう久子の気持ちを察したのか、フミは小さくうなずいて改めて洞窟の方に目をやった。

私もここに来るのは何年ぶりかなんだよ。さっきね、話しながら洞窟《がま》の奥を見ていたら、目には見えない何かがね、洞窟《がま》のあちこちに座っていてね、私の話を聞いているような気がしてならなかったさ。私は別に霊力高生《さーだか》まれでもないんだけどね、戦争中にこの洞窟《がま》で亡くなった人もいるという話だからね、艦砲の直撃は受けなかったみたいだけど食糧も十分にないし、こんな所に何十日もいたらね、体の弱いお年寄りとか、病気がちの人は持たなくて、何名か死んだみたいさ、この洞窟《がま》でね。その人達の死霊《しにまぶい》がまだ残っているのかと思ったら、胸が痛くてならんさ。

そういうとフミは洋一が持っていた紙袋から黒い板御香《いたうこう》を取り出し、洋一にライターで火を着けさせた。紙袋には泡盛の一合瓶とプラスチックのコップも入っていて、洞窟の下り口の前に泡盛を注いだコップを置くと、フミは御香を拳ほどの石に立てかけ、しゃがんで祈り始めた。久子と洋一もフミの後ろにしゃがみ、洞窟に向かって手を合わせた。フミは小声で祈りの言葉を言っていたが、久子には意味が聞き取れなかった。戦争中、久子が隠れていたのはもっと部落に近い別の洞窟だった。そこで亡くなった人がいたかどうかは記憶がなかった。六十年も経つのにこんな森の中の洞窟で彷徨っている死霊《しにまぶい》がいるのかと思うと、取り残されていることの怖さに肌寒くなり、早く後生《ぐそー》に行けるように祈った。

帰りも洋一が先頭に立ち、久子が一番最後だった。二人とも間にいるフミに何かあったらすぐに手を差し伸べられるように注意しながら森の道を下った。

車に乗り込んで発進してからしばらく、フミは座席にもたれて目を閉じていた。酷く疲れているような様子に、久子はそのあとの日程を変更してもらおうかと思った。次は公民館周辺を歩きながら説明を聞き、さらに車で移動して浜に向かう予定だった。外の日差しは強く、日傘を差しても真昼の暑さを歩くのはきつそうだった。

洋一さん。

久子が声をかけると、洋一はバックミラーで久子を見て、サトウキビ畑の間を抜ける農道を走らせていた車のスピードを落とした。

何か？

フミさん、だいぶ疲れているみたいですから、あとは車の中から島を回って見学するだけにして、早めに戻りましょう。

はっさ、何を言うね。私は大丈夫さ。

フミが久子の手を軽く叩いて言った。

せっかくヤマトゥから来たのに、島に来るのも簡単にはできんでしょう。今日見ておかないと、次はいつ見られるか分からんさ。

でも、体がきついんじゃないね。

さっきはね、何か、自分でもよく分からんけど、次から次に言葉が出てきてね、気持ちが高ぶって夢中で話したもんだから、それで少し疲れただけさ。一息入れたからもう何ともないし、私は毎日ウォーキングをしてるからね、ほんとは足もとても適うんだよ。それに話しておきたいさ、あんたにも、洋一にも。今ちゃんと話しておかないとね、私の方が後悔する気がしてね。だから逆にね、あんたを難儀させるかもしれないけど、私に付き合ってね。

話をしているフミは、しだいに声も表情も活気を帯びてきた。ただ、それを見て久子は余計に心配になった。そうやって話に夢中になると、また気力と体力を消耗して、あとで反動が来るのではないかと思った。

でも、無理しないでも……。

何も無理じゃないよ。

久子の言葉を遮るようにフミは笑いながら言った。

さっきも言ったみたいにね、あんたを案内して話しておかないと、私が後悔するような気がするんだよ。この島は小さい島だからね、そんなに大して歩くわけでもなければ、時間もかからないさ。

そこまで言ってから、フミは久子が座っている側の窓を指さした。

あれ、あそこ。見てごらん。私たちが通った学校だよ。憶えてるね？

久子が振り向いて窓の外を見ると、車は農道から集落の近くにさしかかっていて、走っている車と用水路を隔てて平行している道のそばに小さな学校があった。木麻黄《もくまおう》が校庭を囲むように並んでいる。夏休みで生徒の姿はなかったが、ジャングルジムや小さな鉄棒などから小学校だと分かった。鉄筋コンクリートの校舎は白塗りのペンキが青空に映え、運動場の奥に立つ三本の銀色のポールが日差しを反射している。

ここだったの？

憶えてないね？　あの頃は木造校舎で、それも戦争で半分は焼かれて、戦後しばらくは米軍のテント屋《かばーやー》で勉強したからね。あれ、あのガジマルの木は憶えてないね？　あの木は戦前からあったけど。

そうね……。

言われてみれば、校舎の脇にあるガジマルの大木の下で遊んだような気がした。かばーやーという懐かしい言葉を聞いて、テントの屋根をバラバラと打つ雨の音やキク先生という若い教師に甘えたこと、戦争が始まる前に校庭に並んで、男の先生のかけ声に合わせて竹槍訓練をしたことが思い浮かんだ。ただ、脳裏に浮かぶ風景はぼやけたモノクロ写真のようで、真昼の光を受けた外の景色と重ねるのは難しかった。

寄ってみますか?

洋一がちらっと後ろを見て言った。

いえ、いいです。

久子は答えてから、少し気まずい思いがした。学校への思い入れの少なさに、自分は一年ちょっと疎開しただけであり、この島にとってはしょせん余所者でしかなかったことを自覚させられた。

集落の中に入ると、福木の屋敷森が濃い緑の葉を茂らせ、白砂の敷かれた筋道に陰を作っていたという記憶があったが、たいていの家はブロック塀に変わり、道のアスファルトに陽が照りつけている。公民館前の広場に洋一が車を止めると、久子が気遣いする間を与えないというようにフミはさっさと車を降りた。鉄筋コンクリート平屋造りの公民館はまだ造られて間がないらしく、立派な施設だ、と車を降りた久子は思った。フミは砂利の敷かれた広場を少し離れたガジマルの方に歩いていく。その木には確かな記憶があった。洋一と一緒にフミのあとを追うと、横に枝を広げたガジマルの木陰で二人を迎えたフミは、ここに不発弾を利用した鐘が下がっていたのを憶えてるね、と久子に聞いた。森で草刈りをしていたとき、アメリカ兵達が来たことを知らせるために打ち鳴らされていた鐘の音がよみがえる。

ああそうだったね、憶えてるよ。

久子の言葉にフミは嬉しそうだった。

あの鐘はどうなったの？

今は市の博物館に寄贈されて、展示されてるさ。展示と言っても、戦後使った生活用品と一緒に、説明もなく置かれてるだけだけどね。

そうね。

フミの不満そうな表情がおかしくて久子はつい笑ってしまった。フミもつられたように笑い、ガジマルの幹を手のひらで叩いて言った。

歳を取ってね、昔から一番変わらないで思い出を呼び起こすのは、木じゃないかと思うさ。人はどんどん亡くなってね、建物も道も変わって、部落《しま》の様子もね、もう昔のことを思い出させるのはほとんどないけど、こういう木だけはね、何十年も何百年も変わらずに同じ所に生えているさ。私はね、このガジマルの木の下に立ったときに、一番昔のことを思い出すさ。

ほんとだね……。

フミの言葉にうなずきながら、久子はガジマルの木を見上げた。子どもの頃に上った枝は同じようにあり、木の下で遊んでいた子どもらの歓声がよみがえるようだった。

あそこの家。

フミの言葉に久子は指さす方を見た。広場に面してそこだけ昔のままのように福木の屋敷森が濃い緑の葉を繁らせ、古びたコンクリートのヒンプンの向こうに赤瓦の屋根が見える。

あそこが盛治の家さ。

え、盛治って人、生きてるの？

久子は驚いて訊ねた。アメリカ兵に撃たれ、担架で運ばれていった記憶や、洞窟《がま》の前のフミの話で、てっきり死んだものと思っていた。

ああ、そこまでは話してなかったね。盛治は戻ってきたんだよ。アメリカー達《たー》に撃たれて、捕まってどれくらい経ってからだったかね、死刑にされると部落の人はみな話してたみたいだけど、どういう事情で助かったかは知らないけどね。ある時、このガジマルの下に座っている男を見つけて、どこか見覚えがあると思いながら見ていると、私は魂抜《まぶいぬ》けたさ。見間違えるくらい顔が変わっていてね、頭は丸刈りで同じだったけど、すぐには分からなかった。だけど、それが盛治だったんだよ。何か怒っているような顔をして、独り言をぶつぶつ言ってるもんだから怖くてね、私はすぐに家に入ったんだけど、あとで父親から聞いた話では、四、五日前に帰ってきたらしくて、アメリカーの車で連れられてきたという話だった。それからしょっちゅう見かけるようになったんだけどね、やがて気づいたのは、いや、二回目に見たときには気づいたんだけど、盛治の目が見えなくなっていることだったさ。洞窟《がま》に催涙ガスを投げ込まれたときに目をやられて見えなくなったんだはず、とみんな言ってたさ。それからずっとあの家に住んでるんだけどね。盛治の弟が家は継いで、弟は優秀で大学も出て公務員になったものだから、ああやって家も建て直して、屋敷内に小屋を建てて盛治を住まわせてるんだけどね……。

その小屋というのは見えなかったが、青空の下の福木の濃い緑と赤瓦の屋根は、絵葉書のように長閑に見える。しかし、フミが数分で話したことの中に数十年の時間が込められていて、それが決して穏やかな時間でなかったろうということは容易に察せられた。目の見えない兄を養うということが弟にとってどれだけ負担であり、夫婦の葛藤を生んだか。盛治にしても肩身の狭い思いをしながら生きてきたのだろう。そう思ったあとに、それが都会で生きてきた自分の思い込みであり、島にはまだ家族の温かい繋がりがあるかもしれないと思ったが、それが自分の願望にすぎないことも自覚していた。同時に、自分の中に部落に帰ってきたという盛治の記憶が全く欠落していることに戸惑った。フミの言う通りなら、久子も島を出るまでの間に何度も盛治の姿を目にしていたはずだった。

だから、さっきは盛治の家と言ったけど、本当は盛治の弟の家なんだけどね。その横に雑草の生えた所があるでしょう。あそこが小夜子姉さんが住んでいた屋敷の跡さ。

福木の大木が周囲に部分的に残っている屋敷跡には、五十センチほどの雑草が生い茂り、蜜柑の木らしいものが二本植えられ、人の背丈ほどの高さに育っている。

小夜子姉さんはずっと家に籠っていたからね。盛治は帰ってきてもなかなか小夜子姉さんには会えなかったさ。仮に会えてもね、姿を見ることはできなかったんだけどね。でも、その方がよかったのかもしれない……。小夜子姉さんの弟が家を継いで、今もね、土地は手放してなくて、タンカンを屋敷に植えたみたいだけど、那覇に住んでて手入れもしないから、実がなるかどうかは分からんさ。別にならなくてもいいんだろうけどね……。

島を出ても屋敷跡を手放すことができない気持ちは、久子にも理解できた。疎開したときに住んでいた叔父の家も今は空き家になり、跡を継いだ従兄弟は那覇に住んでいる。買いたいと申し込む人はけっこういるようだったが、従兄弟は手放そうとしない。

三人とも黙ってしばらく屋敷跡を見つめ、フミが再び話し始めたとき、声の調子が低くなったことに久子は気づいた。

あんたは走ってくる女のことを手紙で書いてたでしょう。大声で叫んでたとか、足に血が流れていたとか。その女の人が小夜子姉さんだというのは分かるでしょう?

おそらくそうだろうとは思っていて、久子はうなずいた。フミは久子の目を見てうなずき返し、屋敷跡に視線を戻した。

今でもね、この砂利敷きの広場は歩いただけで白い粉が靴につくんだけどね、昔は石灰岩が敷かれていたからね、もっと足が白く汚れたさ。あんたが走ってくる小夜子姉さんを見たとき、私もあんたと一緒にいたのを覚えてるかね？　小夜子姉さんが家から飛び出して、この広場を走って、はだしの足を白く汚してね、胸をはだけて、大声で叫ぶのを、あんたの横で私も見ていた。小夜子姉さんは目に見えない何かと戦っているみたいに両腕を振り回して、目を見開いて、その目が赤くて、早口で何か言って、それから森の方に走っていった。小夜子姉さんの母親が追っていくのを見て、私は急に怖くなって、あんたも泣きそうな顔になっていたさ。あんたが島を出ていってからも、私はこのアサギの庭を走り回る小夜子姉さんを見たさ。泣いたり、笑ったりしてね。アメリカーに乱暴されて、それから小夜子姉さんは家に閉じ籠って、物も食べんで、眠りもしないで、とうとう狂者《ぷりむん》になった、と大人達は言ってた。小夜子姉さんがいる奥の座敷には、鍵が掛けられているという話もあったけど、時々何があったのか、小夜子姉さんは家を飛び出して、家族が騒いでいた。それを見ると、私は悲しくてね、しだいに分かってきたから。あんたが見たのはまだ初めの頃だったけど、だんだんね、酷くなってくると、丸裸で出てくるときもあって、部落《しまぬ》の男達《いきがたー》が笑いながら指笛を吹いて囃し立ててね、ヒューイ、ヒューイって指笛を吹いて、小夜子姉さんの父親は怒るんだけど、青年達《たー》は余計に面白がって指笛を吹いてね、母親が着物を手にして小夜子姉さんを追っかけて、なかなか捕まえきれないものだから、青年達《たー》が手助けする振りをして小夜子姉さんを捕まえて触ろうとして、そうすると小夜子姉さんは泣き喚いて暴れてね、その様子を見るのがどんなにつらかったか。島の青年達《たー》もアメリカー達《たー》とまったく同じだと思ったさ。そうして騒ぎが起こるとあの家から盛治が棒を手に出てきてね、大声で青年達《たー》をののしって殴ろうとするんだけど、目が見えないから当たるはずもなくて、青年達《たー》に悪戯《がんまり》されて、最後は棒を取り上げられて、いつも叩き伏せられていたさ。そのうちね、小夜子姉さんのおなかが大きくなってるという噂が立ってね、島の男の誰かが孕ませたんだって噂が立って、家を飛び出したまま朝まで帰らないこともあったみたいだから、島の男達に弄ばれてね、孕まされたんだって噂が立って、それからしばらくして小夜子姉さんの姿が見えなくなって、中南部《べーかた》の病院に入院させられたっていう話だったんだけどね、私も子どもだから親達《うやたー》が話をしているのを聞いているだけだったんだけど、つらくてならなかったさ。何でね、小夜子姉さんみたいな人がそんなに苦しまなければいけないのって思ったら悔しくてね。そのまま、小夜子姉さんは島からいなくなったさ。小夜子姉さんの家族もみんな島を出ていった。私達の同級生でタミコというのがいたのを憶えているね。小夜子姉さんの妹で、島に新しくできた小学校に一緒に通ってたんだけど、彼女が転校するといって学級で挨拶していたのを憶えてるさ。彼女とももうずっと会ってないね……。あれから六十年近くも経ったのが、信じられんさ。

風はないのに陽に照らされた雑草と二本のタンカンの木が揺れているのは、久子の目に滲むもののせいだった。

あそこにあった家から、この広場を走って、あの道に行ったんだよ。

フミが指さした道は、今ではアスファルトが敷かれて左右に住宅が並んでいる。かつて森に続いていたその道の先に、今何があるのか分からない。ただ、その道に走っていく裸の少女の後ろ姿が一瞬見えたような気がした。

行ってみるね。

フミに促されて、ガジマルの木陰を出て屋敷跡に向かった。全身に降り注ぐ日差しでむき出しの二の腕や首筋が痛い。日傘を差してフミを中に入れ、雑草の前に立った。タンカンの木は近くで見ると葉が虫食いだらけで、かなり弱っているように見える。雑草の勢いに押され、このままでは枯れてしまうだろうと思った。屋敷跡は百坪くらいで、左手の一角にコンクリートの蓋がされた井戸が残っている。その前で洗い物をしている少女の姿が久子の目に浮かんだが、顔はぼんやりとして分からない。ただ、ヒサちゃん、と呼ぶ声の響きがかすかに記憶に残っていて、今は跡形もない家の裏座に閉じ込められ、暗がりの中で怯えていた少女のことを思うと居たたまれなかった。

私もね、ほんとはずっと忘れていたんだよ。

フミの声は力がなかった。疲れていないか気になりながらも、久子はその先を聞かなければ、と思った。

忘れていたというより、思い出したくなかったと言った方がいいのかもしれんけどね。高校は寮に入ったから島を出たんだけど、そのとき何かほっとする気持ちがあったさ。大学に行けたのもね、この島の同級生で女では私一人だったけど、島から遠く離れることに寂しさよりも嬉しさの方が大きかった。小学校の教員になってからも、島の外の小学校ばかり異動して、母校に来たのはね、定年前だった。私も若い頃は、復帰運動とか一生懸命やったけど、ただ、平和教育はね、慰霊の日に形だけやるだけで、避けていたさ。戦争のことを話したら、小夜子姉さんのことが思い出されてならないからね。そうやって定年退職したんだけど、その少しあとに、三名のアメリカ兵に小学生の女の子が乱暴される事件が起こってね、私はすぐに小夜子姉さんのことを思い出したさ。新聞やテレビで事件のことを読んだり見たりするたびに、女の子のことと小夜子姉さんのことが重なって、ああ、何も変わらない、沖縄は五十年経っても何も変わっていない、そう思わずにいられなかった。同時にね、小夜子姉さんのことを忘れたふりして、戦争のことを忘れようとして生きてきたことが、何か、とても後ろめたくなってね。教師として、子ども達にもっときちんと沖縄戦のことや基地のことを話すべきだったと思ったんだけど、もう退職してしまってどうしようもないさ。そうやって悔やみながら、この十年を過ごしてきたんだけどね……。

そこまで話すとフミは、大きく息をついて振り向き、二人の後ろで話を聞いていた洋一に、車を持ってきて、と頼んだ。足早に歩いていく洋一の後ろ姿を見ながら久子は、フミの話の後半は洋一に聞かせるためだったように思った。

有り難うね、つらいことを話してくれて。

私が何をつらいって言うの。つらい思いをしたのは小夜子姉さんさ。私は何もしなかった。私もね、あの時の部落《しま》の大人達《うぷちゅたー》と同じだったさ。

久子は安易に礼を言った自分の言葉を恥じた。

車に乗って次の場所に移動する五分ほどの間、三人ともそれぞれの物思いにふけっていた。目を閉じてシートにもたれているフミの様子を時折見ながら、久子は窓の外を流れる風景を眺めた。記憶の中のモノクロに近い風景と比べて、木々の緑やブーゲンビリアやハイビスカスの花の色は生命力に満ち、自分が今まで反芻していた島は抜け殻のようなものでしかなかったのかという思いに駆られる。フミから話を聞けてよかった、とは思ったが、小夜子姉さんという女性の記憶と、これからどう向かい合っていけばいいのか。そのことを考えると気持ちが落ちつかなかった。

対岸に港が見える海沿いの道を走り、洋一は廃車が数台捨てられている海岸近くの空き地に車を止めた。フミが目を開けて久子にうなずくと先に降りる。またあとを追う形になってフミについていくと、草むらを四、五メートル歩いてすぐに海岸に出た。幅一メートルほどのコンクリートの階段が波打ち際まで続き、緩やかに弧を描いて百メートルほど延びている。砂浜は姿を消していた。

ここがそうなの？

久子の問いにフミは自嘲するような笑みを浮かべた。

ここに来るとね、沖縄人《うちなんちゅー》はほんとにダメだなって思うさ。小さくてもね、きれいな砂浜だったのに。米軍基地の建設を受け入れた見返りに、振興策といってあちこち自然破壊して公共工事をやってるけどね、それより十年も前にこの浜は潰されたさ。ウミガメの産卵場が失われるって反対した人もいたみたいだけどね、運動にはならなかった。私もね、工事が始まってから知ったんだよ。それくらいの意識しかなかったわけさ。浜だけじゃなくアダンの茂みも消えてしまって、もう昔の面影は残ってないさ。ほんとにね、何でこんな馬鹿なことを止めきれなかったのかと思うさ。ここにこうやって立ってね、六十年前のことを思い出したら、あそこの港からアメリカー達《たー》が泳いできて、浜に上がって小夜子姉さんを連れて行った様子が目に浮かぶんだけど……。あそこがアダンの茂みがあった所だと思いはするんだけどね、ただ、もう余りにも変わりすぎて……。思い出せるね、あんたは?

そう言ってフミが視線を送った先を見た久子は、階段式の護岸に覆われた場所にアダンの茂みを見ようとし、数名のアメリカ兵と彼らに抱えられた少女の姿を想像しようとした。だが、変わりはてたコンクリートの風景は、そこで起こった出来事まで封じ込めてしまおうとするかのようで、久子はぼんやりとした記憶を手さぐりするだけだった。

護岸に座って、海を見ている一人の老人がいた。短く刈り上げた白髪頭の横顔と肌シャツからのぞく首筋や二の腕は、何十年もの日焼けが重なったような色をしている。護岸に出たときから、久子はその老人が気になってならなかった。フミが久子の後ろに立って言った。

盛治さ。ああやって、天気がいいときはここに来て、もう浜もなくなってしまったけど、座って海を見てるんだよ、もう何十年も。もちろん、海を見ることはできないんだけどね。波の音を聞きながら昔の海を思い出しているのかね……。盛治が一人でアメリカーに向かっていったことを知っている島《しま》の人《んちゅ》の中には、敬うくらいの気持ちで盛治に接した人もいたんだけどね、心のどこかに疚《やま》しさも感じていたはずだから。だけど戦後もね、二十年も三十年も経つと、何も知らない青年達や子ども達は盛治をからかって、馬鹿にして悪戯《がんまり》していたというさ。それでもね、盛治は怒りもしなければ何も言い返しもしないで、公民館のガジマルの下でサンシンを弾いたり、ラジオを聴いたりしていて、それから浜に来て海の方を向いて座っているわけさ、もう何十年も。浜がこんな護岸に変わり果てても、ここに来て海に向かってるさ、台風や大雨でもない限りはね……。

フミの声が波の音と風の音にかき消される。久子は階段式の護岸を盛治の方に歩いていった。近づく気配に気づいたのか、日に照らされた顔が向けられる。久子は足を止めた。太い眉が閉じた瞼に陰を作り、鼻孔がひくつき、嗅覚や聴覚を働かせて久子の気配を伺っているのがわかる。むくんだ顔は健康が思わしくないのを感じさせる。血色の悪い唇が動き茶色の歯がのぞいた口から、小夜子れんな？　という声が漏れる。嗄《しゃが》れたその声の力に体の芯から震えが走り、久子はそれ以上近づくことができなかった。

我《わん》が声《くい》が聞こえる《ちかりん》な？　小夜子よ……、風《かじ》に乗《ぬ》てぃ、波に乗《ぬ》てぃ、流れ《ながり》て行きよる《いちゅぬ》我《わん》が声《くい》が聞こえるな？　太陽《てぃだ》は《や》西《いり》に下がてぃ、風《かじ》も《ん》柔らかくなてぃ、しのぎ《しぬじ》やすくなてぃおる《うい》しが、お前《いやー》が今《なま》居る《ういぬ》所《とぅくる》はどんなか《やちゃんち》？　お前《いやー》も《ん》海に向かてぃ、この《くぬ》風《かじ》受け《うき》てぃ、波の《なみぬ》音《うとぅ》聞きおるな《ちちうんな》……、アダン葉の《ぬ》揺れ《り》てぃおるのも《ういしん》、砂の《しなぬ》上《うい》を蟹の《がいぬ》走《ば》てぃ行った《いじゃ》のも《しん》、ガーラに追われた《うわったぬ》小魚《ぐないう》の《ぬ》波の《ぬ》上《うい》を跳ね《ばに》てぃ逃げた《びんぎた》のも《しん》、我は《わんや》この《くぬ》耳《みみ》で分かる《わかい》しが、だけど《やしが》やー小夜子よ、我《わん》が一番聞きたいのは《ちちぶさしゃ》お前《いやー》が声《くい》るやる……、我はもう《わんやなー》物も《むぬん》見えなく《みーらん》なてぃおる《うい》しが、お前《いやー》が姿は《しがたや》今でも《なまん》はっきり見《みー》ゆさ……、お前《いやー》が部落の《しまぬ》道の《ぬ》白砂を踏でぃ、頭《ちぶる》に籠《かぐ》を載せ《ぬし》てぃ歩いて来よる《あっちちゅーぬ》姿《しがた》が見《みー》ゆさ……、福木の陰《かぎ》から辻《ちじ》に出ると《いじりば》、お前は《いやーや》顔《ちら》しかめてぃ我《わん》に、光が眩しい《みーびちゃらさぬ》、と言って笑いたん……、我は何も《わんやぬーん》言いきれ《ゆさ》んで、うつむいて居り《うい》たん……、盛治、魚は《いうや》捕れたな？　と訊《ち》かってぃん、うなずくことしか出来《なら》んたさ……、自分でも《どぅなーじん》やー、情けないと思《うむ》ゆたしが、お前《いやー》が前《めー》に出れば《いじり》恥《はじ》ずかさぬよ……、他の人とも《ふかぬちゅーとぅん》話は《や》なかなか出来《なら》んたしが、お前《いやー》が前《めー》に出ると余計《いじりねー》にやー、舌の動《ぬえー》かぬ……、そんな我であっても《うんねーぬわんやてぃん》、お前は《いゃーや》嫌がりもしないで親切《んさんぐとぅ》にしてとらしよった《ちとぅらすたん》……、だから我は《やぐとぅわんや》……、だからどうした……？　何か……？　だからどうしたかと訊いておるさ……、誰《たー》やがお前は《いゃーや》……？　小夜子はもう居《なーう》らんさ、ずっと昔に島を出ていった……、誰《たー》やがお前は《いゃーや》……？　お前の《いゃーが》ことも《くとぅん》忘れておるし、この《くぬ》島のことも《ぬくとぅん》忘れておるさ……、嘘物言い《ゆくしむぬい》すなけー、小夜子が我《わん》のことを忘れる《わしりぬ》はずはない《はじやねん》、我《わん》を騙そうとして《だまさーりしち》、誰《たー》やがお前は《いゃーや》……？　小夜子が島を出てからもう何十年になると思うか、お前《いゃー》のことを憶えているはずがないさ《はじがねんさ》……、お前《いゃー》が何分か《ぬーわか》るか《いが》、この《くぬ》島で何があったか《じぬーぬあいたが》、我《わん》が小夜子のために、どれだけのこと《ちゃっさーぬ》をやったか、何も《ぬーん》分かりもせん《んさん》者《むん》が……、お前がやったことを忘れて、小夜子は幸せに生きておるさ、それがお前は不満か……？　不満やあらんしが……、だったら喜んだらいいさ、この島で起こったことも、お前のことも忘れているなら、その方が小夜子のためさ……、お前は誰やが《いゃーやたー》……？　我《わん》が誰か分からんな、お前の《いゃーが》味方さ……、我《わん》が味方……？　一番の味方さ、あれ、盛治、気をつけれよ《きーちきりよ》、アメリカーがお前の側《いゃーがすば》までぃ来ておる《ちょんどー》よ……、何処《だー》に……？　撃ち殺されんように気をつけれよ《きーちきりよ》……、ははー、お前は《いゃーや》あの二世やさや、お前《いゃー》には騙されんさ……、お前を騙しても仕様がないさ、あれ、油断したらやられるよ……、お前の《いゃーぬ》やり方は分かっておる……、言っても分からん、狂者は《ぷりむんや》……、お前も親は《いゃーんうやや》ウチナンチューやあらんな？　アメリカーの味方をして恥ずかしくはない《やねん》な？　ワタシノシツモンニ、コタエナサイ……、答えてはならんど、盛治よ、だまされてはならんど……、黙れ、お前も《いゃーん》、お前も《いゃーん》、黙れ……、アナタハウミデ、ヨンメイノアメリカノヘイタイヲオソイ、ヒトリヲモリデサシタ、マチガイアリマセンネ……、盛治よ、本当のことを言った方がいいよ、アメリカーもみな悪者ばかりやあらんど、本当のことを言えば、お前のことを赦してとらすさ……、お前は誰《いやーやたー》やが？　何で我《わん》が名前を知っておるか……、あらんど盛治、騙されてはならんど……、そうさ、黙っておけ、物言《むぬ》いねーアメリカーに騙されて、死刑になる《ん》ぞ《ど》……、お前《いやー》も《ん》誰《たー》やが？　黙れ、黙れ、我《わん》がこと何も《くとぅぬーん》分かりもせん者《んさんむん》が……、ショウジキニコタエナサイ、アナタガサシタヘイタイハ、オオケガハシマシタガ、シニハシマセンデシタ……、死にはしなかった、我《わん》やよー小夜子よ、この言葉《くぬくとぅば》を聞き《ちち》、悔しくてならんたん……、アリノママヲハナシテアヤマレバ、ツミモカルクナリマス……、誰《たー》が謝る《いが》かひゃー、お前達《いったー》こそ小夜子に謝れ……、ショウジキニ、ワタシノシツモンニ、コタエテクダサイ……、銛《むい》の《ぬ》当たり様《いよう》から分かりはしたさ《わかいやすー》、腹《わた》の《ぬ》急所には当たらなかったと《んたんでぃ》いうのは《しゃ》……、アナタハ、モリデサシマシタネ……、心臓は難し《やむちかさ》いから《ぐとぅ》肝臓《ちむー》狙ったしが、もう少し《なーよー》泳いで《びうぃじ》距離を縮めてればよかったしが……、ドウヤッテ、サシマシタカ……、思《うむ》いの如く《ぬぐとぅ》ならん、お前の《いやーが》敵は取《とぅ》らんたん……、ナンデダマッテイル？　アナタハ、ジブンガオカレテイルタチバガ、ワカリマスカ？　もう一回《なーちゅけー》やれたら、今度は《くんどや》絶対にはずさん《ばん》しが……、イマハセンソウチユウナノデス、アナタヲシャサツシテ、センシシタトカタヅケテモ、カマワナイノデスヨ……、お前に情けをかけてやってると言ってるよ、盛治、正直に話した方がいいさ……、こんな二世が言うのを信じたら、殺されるよ、盛治……、そうさ、偽《にせ》の《ぬ》二世《にせい》の《ぬ》青年《にーせー》るやさ……、デモ、ワタシハソウシタクナイカラ、アナタニハナシテ、ホシイノデス……、殺されるのは《くるさりしゃ》何も恐ろしくない《ぬーんうとぅるくねん》さ、小夜子よ、お前の《いやーが》苦しみに比べれ《びり》ば、我如き者が《わんぐとーるむん》アメリカーに殺されても《くるさってぃん》知れておるさ……、キチントハナシタラ、テキセツナバツガ、クダサレマス、ソノホウガ、アナタノタメナノデス……、我は《わんや》命は《ぬちゃ》惜しくな《ね》い《ん》よ《ど》……、臆病者《しかーむん》が笑わすなよ盛治、本当は恐ろしくて物も言いきれなかったくせに……、お前は誰《いやーやたー》やが？　お前に何分かるか《いやーがぬーわかいが》……、分かるさ、我はお前《わんやいやー》が撃たれて担架で運ばれて、アメリカーの軍医に治療されて、将校と二世に尋問されるところも、ずっと見ておったのに……、嘘《ゆくし》やさ、嘘《ゆくし》るやる、お前は誰《いやーやたー》やが？　お前《いやー》が我《わん》がことを見られるはずはない《みらりーぬはじゃねん》……、ダマッテイテモ、アナタニトクニナルコトハ、ナニモアリマセン……、話しても得になることは、何もありません……、あんたよー、こんな時に冗談言って……、ショウジキニコタエレバ、アメリカハ、ミンシュシュギノクニデス、ヒツヨウナバツハアタエテモ、ソレイジョウノキガイハ、アナタニクワエマセン……、民主主義と言われても、学校に行ったこともない薄馬鹿《とっとろー》のお前に意味が分かるはずもないのになー、盛治、我《わん》は聞いておって可笑しくてならなかったさ……、喧《かしま》さぬ、黙れ、何時《ちゃー》も人《ちゅー》を馬鹿にして《うしぇーてぃ》……、アナタハリョウシヲ、シテイルノデスネ、オヨギガウマイノデ、ソレデウミデネラッタノデスネ……？　ほら答えれよ盛治、お前は漁師かって、正直に言わんと、アメリカーに今度は本当に撃ち殺されるぞ……、誰《たー》が答《いれー》えるが、我は《わんや》死ぬのは何も恐ろしくない《しゃぬーんうとぅるくゃねん》……、死んだら《しにねー》小夜子と二度と出会えないよ《いちゃららんど》、盛治……、答えれば射殺はしないと言ってる《いちょーせー》さ……、薄馬鹿《とっとろー》のくせに、強情《がーじゅー》やさや……、ウミナラカテルト、オモッタノデスネ……？　小夜子よ、お前の《いやーが》姿《しがた》を見られ《らん》なくなるのは《いしゃ》辛くて《さぬ》ならんたしが、我《わんや》はアメリカーには負けたくなかった《やきぶくねんたん》……、お前如きの《いやーぐてーぬ》男《いきが》がアメリカーに勝ちきれる《ゆしぬ》わけがあるか、痴れ《ぷり》物《むぬ》言いして……、みんな《むる》アメリカーが恐ろしくて《うとぅるさぬ》何もやりきれん《ぬーんしーゆさん》、だけど《やしが》我《わんや》はやった……、あれ、また盛治の自慢話が始またんど……、アナタガヤッタノデスネ……？　刺し殺してやりたかった《さちくるちとぅらしぶさたん》……、ナゼ、ヨニンヲネラッタノデスカ……？　小夜子よ、お前《いやー》苦しめた、あの四人《あぬゆったい》を我《わんや》は絶対に赦さんど……、ニホングンノシジガ、アッタノデスカ、ドウデスカ……？　日本軍が何出来る《ぬーないが》、口だけ《びけー》やさ……、赦さんて、生き延びた兵隊はもうアメリカに戻ってるのにな？　アメリカまで敵討ちに行くか……、愛する小夜子のためにな……、笑いすぎて、苦しいさ……、ニホングンニ、ヤレトイワレタノデスカ……、あんな連中の指示を誰が受けるか、我《わん》が自分一人で《どぅーちゅいじ》やったことさ……、本当に盛治一人で出来たのかね……、陸では薄馬鹿《とっとろー》でも、海では人並み以上ではあったがな……、親に鍛えられてたからや……、あそこの親のやり方見たら《あまーぬうやぬしーようみーねー》、我なら《わんやれー》糸満売りされた方《さーりし》がまし、と思《うむ》ゆたさ……、コノモリハ、アナタノデスネ……？　我は誰も出来んかったことを《わんやたーんならたーぬくとぅ》やった《しちゃん》……、コノモリデサシタラ、ドウナルカワカルデショウ……？　腐れ《くさり》アメリカーが死にやがれ《くわれ》……、アナタハコレデ、コロソウトオモッタノデスネ……？　ああ、殺そうと思った、殺してとらしたかった《くるちとぅらしぶさたん》……、お前に殺すだけの度胸があるか……、あるさ《あい》、お前《いやー》が何《ぬー》分かるか《いが》、泳いでいる《ういじゅぬ》アメリカーの下《しちゃ》に潜《むぐ》てぃ、腹狙《わたにら》てぃ突《ち》き上げ《ぎ》てぃ……、ダレカ、キョウリョクシタヒトハ、イマシタカ……？　本気だったらどうして急所をはずしたか……？

光のゆらゆらして、アメリカーの体は手足の《てぃーぴさぬ》気持ち悪いくらい長かった《さたん》……、ダマッテナイデコタエナサイ……、光で目測を誤らんね……、答えるなよ、盛治、やったと認めたら殺されるよ……、答えきれないのはやってないからだろう、盛治……、何を言ってるか、盛治がやったのは島の者みなが知ってる……、それで島の者みなが迷惑したさ……、何が迷惑ね、卑怯者、自分が何も出来なかったからと言って……、お前は《いやーや》盛治をかばうか……、部落《しま》の女《いなぐ》はみな、盛治のことを見直したさ、盛治だけが勇気《いじ》があったと言って……、そうだよ、うちもそう思うよ、あんたは立派だったよ、盛治……、アナタハナニカ、カクシテイマスネ……、アメリカーに言われるままに山狩りの手伝いまでして、あんたなんかは恥ずかしくないね……、言うことを聞《ち》かんねー、何されるか《ぬーさーりが》分からんたん……、コタエナサイ、ダマッテイルト、カゾクニモメイワクガ、カカリマスヨ……、何《ぬー》も《ん》心配するな《しわーすなよ》、盛治、我達は《わったーや》大丈夫やさ……、兄《にー》にー、お母は《あんまーや》我が《わん》守る《まむい》さ……、お母《あんまー》、赦《ゆる》し《ち》てとら《とぅら》せ《し》よ……、この島の男《いきが》はみな腰《し》抜けばかり《びたいぴけー》やさ……、ヤマトゥの兵隊《ぴーたい》が、自決もしないで捕虜になったと文句を言うけど、あんたなんかも大して違わないさ……、友軍でさえも敵わんものを、我達《わったー》がアメリカーに逆らえるか……、だから女が何をされても、見て見ぬふりね……、我達も《わったーん》腑《わた》が煮えくり返ってる《むげーてぃういし》が……、だったら、盛治みたいに戦ってごらん……、あんたなんかに、盛治に何も言う資格はないさ……、盛治、あんたの家族は大丈夫さ、うちらが何とかするさ……、ナニモイワナイナラ、シカタアリマセン、ツレテイキナサイ……、あの輩《ぁぬひゃー》は死刑になればいいさ……、そんな《あんし》言いたもうな《みそらんけー》……、お父《ちゃーちゃー》、赦《ゆる》し《ち》てとぅらせ《し》……、あ《ぁ》の輩のため《ぬひゃーぬたみ》に、我《わん》までぃ疑われて《ってぃ》、船も《ぷにん》、漁の道具も《ん》、アメリカーに持って《むっち》行かれた《った》せー、これ《なま》からどうやって《ちゃんち》暮らして《ち》いくが……、盛治のことを誉めてる《ぷみとーぬ》人達もいる《ちゅーたーんうんど》よ……、ナグリコロサレテモ、シカタナイデショウ……、アメリカーは腕力《ぐてーぬ》があるから《あいとぅ》よ、本気殴りされたら《そーすぐいさーりねー》死ぬんど……、日本兵でも敵わないのに、一人でアメリカーに向かっていって、あの狂者《ぷりむん》は……、ショクジハ、サイテイゲンデイイデス……、犬の糞でも食わせてやりますよ……、盛治兄にーは何をやったの《やぬーしちゃーが》？　お母《あんまー》……、盛治は勇気の満てる男ぞ《やいじぬまんどぅぬいきがど》、兄さんのことを誇《ふく》りに思え《うむい》よーやー……、シタヲカミキラナイヨウニ、チュウイシテクダサイ……、猿ぐつわを噛ませておきますよ……、お母《あんまー》、赦して《ち》とぅらせ《し》よ……、我は何時もお前のことを心配してるよ《わんやいちんいやーぬくとぅるしわーそんどー》、盛治……、がたーがたー震えて、寒いのか、早く白状しれ、そしたら出られるさ……、小夜子姉さんは何をされたの……？　アメリカー達《たー》に酷い目にあわされたってさ……、酷い目……？　アメリカーには敵わんさ、我を張らんで、謝って、早く家に帰れ……、毎日、裏座敷で泣いてるってさ……、何も食べないで、時々暴れてるんだって……、アナタハ、オロカモノデス……、さかりの付いた犬みたいに変な声を出して、騒いでるのを聞いたさ……、あんたなんか、どうしてそんなことを言うの……、ワタシタチハ、コノシマノミナサンニ、ショクリョウヲテイキョウシ、ケガニンヲチリョウシテキマシタ……、アメリカーにやられたんでしょう……？　やられたって、何を……？　アメリカーのは大きいらしいけど、よく入ったね……、あんた、そんな言い方して、恥ずかしくないの？　同じ部落《ゆぬしま》の同級生なのに……、ワタシタチノ、シジニシタガイ、キョウリョクシテクダサイ……、別にいいさ、話くらい……、そうさ、みんな知ってることさ……、あんたは小夜子を妬んでいたから、そんなことを言ってるんでしょう……、妬んでなんかいないさ、何言ってるね……、ソウスレバ、ミナサンノタメニ、ワタシタチモ、チカラヲツクシマス……、小夜子は美人だったからね……、子どもの頃から、男達はほとんど小夜子のことを好いていたし……、あの盛治までもがね……、まともに相手にされてると思ってたのかね……、小夜子は優しかったからね、盛治みたいな人には余計に親切にしたから……、だから盛治も勘違いしたんだはずね……、トモニキョウリョクシテ、コノウツクシイシマヲ、フッコウシマショウ……、いくら薄馬鹿《とっとろー》でも、自分みたいな男を好きになる女がいないことくらい、分からないかね……、分からないから、薄馬鹿《とっとろー》なんではないね……、そんな話は聞きたくないさ、もう止めて……、でも、薄馬鹿《とっとろー》だから、アメリカーを銛で刺せたかもしれないさ……、確かに、普通の男だったら出来なかったはずね……、アメリカ軍も、盛治が薄馬鹿《とっとろー》だったから、死刑にまではしなかったんじゃないね……、アメリカハ、ミンシュシュギノ、クニデス……、あんたなんか、そんな酷いことを言って、小夜子や盛治の気持ちを考えきれないの……？　あんたは考えきれるの……？　真面目ぶって、分かったふりして……、アメリカハ、オキナワニ、ジユウト、ヘイワヲ、アタエマス……、苦しかったか？《くちさたんなー》　小夜子……、顔を歪めて、口を大きく開けて、涙を流しながら、走っているわけ……、痛かったか、《やみたんな》　小夜子……、血で股の内側が汚れていたさ……、丸裸になってアサギの前の道を走って行ったって……、何で森に向かっていたのかね……、ここに来い《くまにくーば》、この洞窟に隠れよ《くぬがまにかんくれー》、小夜子、……、乳房《ちーぶく》を出して、あそこも見せて……ここに来《くまにくー》い《ば》、我《わん》が所に来い《くーば》、小夜子……、狂者《ぷりむん》は足が速いと言うからね、歳をとった親が走って敵うわけないさ……、泣くなよ、恐《うとぅる》ろさてぃな? もう《なー》アメリカーは追ってこない《やうーてぃくらん》さ、小夜子……、どこに行く気だったのかね……、案外、アメリカーの所だったりして……、初めての男は、一生忘れられないって言うからね……、あんた達は、最低さ、小夜子姉さんのことを、そんなふうに言うなんて……、小夜子、これから先《なまからさちゃ》はずっと、我《わん》が守《まむ》てぃとらすさ……、最低って、私達に言ってるわけ……? 私達にそんな物の言い方して、ただですむと思ってるわけ……、えー、女同士で《いなぐどーさーじ》喧嘩するな《おーえいさんけー》、みっともない《ふーじんねん》……、あんたも丸裸にされて、走らされたいね……、恐《うとぅる》ろさよ、えー、もう止めれ《なーやみれー》……、謝りなさいよ……、何ね、その目は? 本当に走らされたいね……、ごめんなさい……、その小夜子っていうのは誰か……? 昔、この島にいた女さ……、アメリカーにやられて、頭がおかしくなった女さ……、お前も《いやーん》、もう少し早く《なーよーびぺーく》この《くぬ》島に来ていたら《ちょーきねー》、あの《ぬ》女が《いなぐぬ》丸裸《まるばい》になてぃ走るところ《ばいぬとぅくま》見られ《り》たのにな《むんや》……、もう島にいないのか……? 家族そろって島から出ていったさ……、隣部落の《しまぬ》男達《いきがたー》に孕まされて《はらまさってぃ》、家人衆そろって《やーにんじゅするてぃ》島を出ていった《いじてぃいじゃん》……、丸裸で走り回ってるからさ……、隣部落《しま》って、本当はあんたなんかがやったんじゃないの……? まさかや、いくら何でも《いかなぬーやらばん》、あんな女を相手にするか……、お前達《いったー》や、言い欲《ぶ》さ勝手言ってると《かってぃいいちゃっきねー》、叩き殺され《たっくるさり》んどー……、何か盛治、もう一回言ってみ……、お前は我《いやーやわっ》達《たーが》の話を盗み聞きしていたのか《ちょーてぃな》……? 盲人《みっくわ》の耳は、よく聞こえると言うが、本当だった《ふんとーやてー》さや……、盲人《みっくわ》だからといって、手を出さんと思ってるのか……、腐れ者達《くさりむんたー》が、小夜子のことを笑い者にしたら《しーねー》、我《わん》が赦さんどーやー……、えー、盛治が赦さんてよ……、どんな風に赦さんか、教えてとぅらせ……、おい、盛治、どこ殴ってるか《だーすぐとーが》……、ここだよ《くまどー》、盛治……、小夜子よ、目が見えたら《みーぬみーりねー》、こんな連中は《くんねーぬむんたーや》、銛《むい》で《じ》刺し殺して《くるち》とらしたのに《とぅらすたむん》……、見てみー、狂者《ぷりむん》が涙《なだ》流してるぞ《ちょんど》……、我は《わんや》悔しくてならんたん……、汚《ばご》さぬ、そばに来るなけー《すばにくらんけ》、臭くて《くささぬ》ならん……、盛治、我達《わったー》を怒《わじ》らすなよ……、これぐらいで倒れるな《とーりらん》けー、おい、お前《いやー》から喧嘩《おーえー》を仕掛けてきたくせに……、もう止めなさいよ、余り殴って死んだらどうするの……、こんな奴が死んでも、家族も厄介払いが出来て、有り難がるさ……、小夜子のことを笑い者にしたら、我《わん》がゆるさん……、口だけはまだ一人前やさや……、物言う元気があったら、死にはしないさ……、腹は蹴るなよ、頭もな……、盛治よ、アメリカーと戦ったんだろう……、アメリカーを刺したみたいに、我達《わったー》もやってみー……、目の見えたら《みーぬみーりねー》、お前達如き者《いったーぐてーぬむん》に負けはせん《きらんし》が……、もういいよ、行こう、これ以上やったら、本当に大変するかも分からんよ……、盛治、今度強者風にしたら《ちゅーばーふーなーしーねー》、叩き殺して《たっくるち》、海に捨《し》てぃらりんどーやー……、もういいよ、こんな奴はほっといて、早く遊びに行こう……、倒れて起きれん《とーりてぃうきゆさぬ》、地面が背中に冷たくてよ《ぢーぬながにかいびじゅるさぬよ》、小夜子……、見てみー、車にひかれた蛙《あたびち》みたいやさ……、顔が腫れて《ちらぬぶっきてぃ》口が開けにくくて《ぬあきぐるさぬ》……、唇がぴくぴく動いてる……、血《ちー》を吐き出そう《ださー》とするけど《りすーしが》、吐き出しきれん《ゆさ》……、赤い涎が垂れよった、気持ち悪い……、近寄ったらダメだよ、知らんふりしていなさい……、体を起こそうとしても《どぅーうくさーりしちん》、手も足も動かなくて《てぃんぴさんえーかさらん》、ああ、アメリカーに撃たれた時みたいやっさー、と我は《わんや》思《うむ》ゆたさ……、遊び人《あしばー》の青年達《たー》に向かっていくからやさ、馬鹿小《ぐわー》が……、小夜子、我はもう疲れて《わんやなーうたてぃ》、眠り欲《にんびぶ》さぬ……、こんな所で寝るな、みんなの迷惑ど……、お前は《いやーや》誰《たー》やが……、誰であってもいいさ、起《う》きれー、酒を飲んでサンシンを弾け、それだけがお前の楽しみだろう……、有り難う……、勘違い《かんちげー》するなよ、お前がここに眠っていたら邪魔だから、起こしただけさ……、小夜子、目は見えんでも《みーやみーらんてぃん》、サンシンは弾けるからよ《やひかりーとぅよ》、お前に出会ったら《いやーにいちゃりば》、我《わん》が歌を聴かせて《ちかち》とぅらすくとぅよ……、おじさん、ここで何してるの……? サンシンを弾いておるさ……、おじさん、上手だね……、童は《わらびや》可愛いもの《むん》やさや、小夜子、我如き者《わんぐとーるむん》にも《ん》、嬉しそう《うっさぎさー》に話しかけてくる《きてぃすん》……、おじさん、目が見えないの……? おじさん、何で顔に傷があるの……? 我《わん》にもー《ん》、こんな《くんね》風な《ーぬ》童がいたら《わらびぬういねー》……、おじさん、臭いよ、お酒飲んでるの……? おじさん、顔の傷、痛くないの……? 小夜子、お前は《いやーや》童は《わらびや》出来《でぃき》たんな……? おじさん、この虫は何ていう名前ね……? おじさん、なんで裸足なの……? 童というのは《わらびりいうしゃ》柔らかさぬ、いい匂い《かばー》するもんやさや、小夜子よ……、おじさん、このガジマルに精魔《せいま》が棲んでるって本当ね……? 本当さ……、精魔って何……? お前たちぐらいの身長で、あかがんたーで……、あかがんたーって何……? 髪が赤いことさ……、じゃあ、サーチみたいな髪だね……、おじさんは目が見えないから、サーチの髪がどんなか分からんけどね……、精魔は人を食べるの……? 食べんさ、魚の目は食べるけどね……、変なの……、なんで、魚の目っておいしいよ……、食べたら頭が良くなるってよ……、ホントに……? 精魔って、子どもを海に連れていって捨てるって、ホント……？　精魔って怖いの……？　精魔は屁をひったら逃げるから、精魔が怖かったら屁をひりなさい……、いつでもプーできないよ……、だったら、精魔を見たらおじさんを呼びなさい、あり、こうやって屁をひるよ……、おじさんよー、臭いよー……、我《わんや》は笑ったさ、小夜子、我《わん》が笑うのは《いしゃ》、童達《わらばーたー》を相手にしてるときだけだったさ……、おじさん、昔、アメリカーに鉄砲で撃たれたの……？　あれ、ここに弾が入ってるさ……、ホントだ、ぐりぐりしてる……、私にも触らせて……、痛くないね？　おじさん……、もう痛くないさ……、顔の傷もアメリカーにやられたの……？　ああ、アメリカーにも殴られたさ……、なんで殴られたの……？　どうして撃たれたの……？　なんでかねー、もう忘れたさ……、おじさん、何か悪いことしたの……？　何も悪いことはしないさ……、悪いことをしないのに、殴られたの……？　撃たれたの……？　そうさ、おじさんは何も悪いことはしなかった……、嘘だよ、悪いことをしたから殴られたんでしょう……、撃たれたんでしょう……、何も悪いことはやってないさ……、兄さん、童達《わらばーたー》と話をするのは止めれ《やみり》よ……、あのおじさんに何をされたか、言ってごらん……、いろいろ苦情がきて、区長からも注意されてるわけよ……、変なことをされたんでしょう、何をされたの、言いなさい……、何もされてないよ……、嘘を言わないで正直に言いなさい……、ホントだよ……、部落《しま》の人達が兄さんのことを見てるわけよ……、泣いてたら分からないさ、何をされたの、言いなさい……、兄さんは見えないから分からんかもしれんけど、みんなが見てるわけよ……、怖いさ、やりそうだと前から思っていたけどね……、金城さんの子も触られたっていうさ……、あなたの兄さんでしょう、何とかしてくださいよ……、今度やったら、警察に訴えますよ……、兄さん、女の子の体を触ったっていうのは本当な……？　我《わん》は目が見えないから、手で触らんと、顔形も分からんし、背丈がどれだけあるかも分からんし……、子どもが泣いても離さなかったっていうのは本当な……？　泣いてはおらんさ……、兄さん、触ったというのは、事実なわけな……？　どこを触られたの……？　子どもだからね、泣いて言いきれなかったみたいさ……、指を入れられたって聞いたさ、血が出ていたって……、あっさ、大変さ……、その女の子は、怖がって外にも出ないというさ……、我は《わんや》何も《ぬーん》悪いことはやってお《やしちう》らん……、今度やったら兄さん、警察に捕まれる《かちみらり》んどーやー……、何も《ぬーん》悪いことはやってお《やしちう》らん……、区長さん、アサギの広場は子ども達の遊び場だのに、なんであんな人を追っ払わないの……、だー、何十年も前からあそこが指定席みたいになっておるもんだから……、朝からラジオを鳴らしてうるさいさ……、余り大きな音を出さないように、注意しますから……、障害者だからかわいそうですし、私たちも余り小言は言いたくないですけどね、子ども達の件もあって……、目が不自由だからって、甘えさせないでくださいよ……、区長、この女達に、余り勝手なことを言わすな……、言いたい放題言ってると、我達《わったー》が赦さんどーやー……、盛治がそんな悪いことをやるわけがあるか……、私達は、子ども達を守ってるだけです……、大きな事件が起こってからでは遅いんです……、盛治、好きなだけサンシン弾いて歌え、ラジオも聴け……、えー盛治、今度女童《いなぐわらび》に悪戯したら、その腕を叩き折ってとぅらすんどーやー……、我《わん》は《や》何《ぬーん》もやって《しちゅう》おらん……、お前みたいな奴は、アメリカーに撃ち殺されておけばよかったのによ……、盛治、どこに指入れたって……？　腕だけでなく、指も全部叩き折ってやれ……、サンシンも弾けなくなるさ……、盛治、我《わん》がロープを用意するから、この枝に引っかけて首吊れ……、我《わん》は《や》何《ぬーん》も悪いことは《や》やって《しちゅう》おらん、本当《ふんとー》ど、小夜子……、何を薄笑いしてるか……、お前ふざけてるのか、叩き殺されるよ……、前から変だったんだよ……、雑誌に載って、みんなが持ち上げるから、調子に乗って、勝手なことをしてるさ……、写真も大きく扱われてな……、あのヤマトゥの記者も、有ること無いこと書き飛ばして……、沖縄戦の悲劇を歌い続ける老人って……、笑わすさ……、あのおじー、本当は、日本軍のスパイだったたって……、ホントに……？　うちのおじーから聞いたよ、防衛隊というのをやってて、日本軍と親しかったたって……、そうなの？　うちはアメリカ軍のスパイだったたって聞いたけど……、それだったら、どうしてアメリカ軍に撃たれたの……？　だからよ、変さ……、スパイは最後は消されるんでしょう……、日本軍に撃たれたたって言う人もいるよ……、作り話でしょう、撃たれてなんかいないって、うちはそう聞いたよ……、うちもそう聞いた、あのおじーは惚けてるから、嘘かホントか、自分が言ってることが、分からないんだって……、うちのおばーは撃たれるのを見たって言ってたよ、肩とかあちこち撃たれて、血塗れになって、担架で運ばれていったって……、森の中での話でしょう、洞窟に隠れていたんだって……、何で撃たれたの……？　アメリカ兵を刺したんだって、恋人の敵をとるために……、あのおじーが？　笑わす……、盛治、みんなが笑ってる声が聞こえるか……、お前に島から出ていってほしいわけさ……、お前が怖いって……、目障りなわけさ……、新しい橋が出来て、観光客も来るようになるしな……、施設に入ったらどうか……？　お前達、何を言ってるか、このおじーがどれだけ立派な人かも分からんで……、我《わん》はここに座っておられるだけでいいさ……、おじー寒くないね、肉まん食べるね……？　有り難う……、桜が咲いて、とてもきれいだよ、……、あいるやんな……、ごめんね、おじー、うち方言は知らないさ……、ソーミナーが鳴いてる……、ソーミナー？　あ、あの緑色の小鳥、目白のことでしょう、うちのおじーが飼ってたから、その言葉は知ってるよ……、小夜子よ、お前にも聞こえるか《いやーにんちかりんな》、ソーミナーの《ぬ》鳴いておるのが《なちうぃし》……、子どもの頃、盛治はいつもソーミナーを飼っていたな……、盛治のソーミナーはよく高鳴きしよった《やゆーたかぶきすーたん》……、グシク森《むい》にソーミナーを捕りに行く《とぅいが》途中の道に、ツワブキの《すばんぶぬ》花がたく《ちゃっ》さん《さん》咲いておった《さちうぃたん》……、ああ、黄色い花が《ぬ》目《みー》に浮かぶさや……、おじー、こんなに満開なのに、見られないなんて、かわいそうだね……、森《むい》には《や》ツツジの《ぬ》赤い花も《ん》咲きよった《さちょーたん》……、崖に上って、ツツジの花を取ってきて、小夜子にくれようとしたこともあったな……、渡そうとして《わたさーりしち》、手の《てぃーぬ》がたがたーし《すー》たさ……、おじーは昔、好きな女の人のためにアメリカーと戦ったんだってね……、戦った、我は《わんや》一《ちゅ》人で《いじ》戦った……、カッコいいね、おじー……、海に潜って、銛で刺してやった……、アメリカーは死んだの……、死にはしなかったが、海に血が流れて、もがいておった……、でも、どうして、そのアメリカーを刺したの……、小夜子、雨戸の《ぱしるぬ》向こうから《あまー》聞こえる《ちかりーぬ》お前の《いやーが》泣き声《なちぐぃ》聞いて《ちち》、我は《わんや》おかしくな《いふーなーな》りそうだった《いぎさーやたん》……、アメリカーが何かしたの……？　悪事《やなくとぅ》をやったのは《しちゃーしゃ》、アメリカーだけではなか《びけーやぁらん》った《たん》……、手を押さえろ《てぃーうさせー》……、暴れるな、アメリカーにはさせて、我達《わったー》にはさせんのか……、その話を聞いたときから、我の頭は《わんがちぶるや》本当《ふんとー》におかしく《いふーなー》なったままやさ……、あの時から？　笑わすな、盛治、お前の頭は生まれたときからおかしいさ……、脚《ぴさ》を開け、いくら喚いても《ちゃっさあびてぃん》、誰も助けに来ないよ《たーんたしきがくらんど》……、おかしい《いふなー》、我の頭は《わんがちぶるや》おかしい《いふなー》、いったい、どんなになってるのか《ちゃんちなっとーが》……、早く交代しれ……、殺して《くるち》とぅらすん、殺して《くるち》とぅらすん、殺して《くるち》とぅらすん、小夜子を苦しめた者達《むんたーや》は、絶対に生かしてお《いかちゃう》かん……、元もとおかしい頭が、歳をとって惚けてもいるから、このおじーに何を言っても分からないよ……、そんなことないよね、おじー……、殺して《くるち》とぅらすん、殺して《くるち》とぅらすん、殺して《くるち》とぅらすん……、痛っ《あがい》、今度噛んだら、前歯《めーば》を全部《むる》叩き折《う》てぃとぅらすんど……、おじーの好きだった人は、今どうしてるの……、小夜子、お前は今《いやーやなま》どうしてるのか……、女の《いなぐぬ》くせに、臭さぬ、たまには風呂に入れよ……、殺して《くるち》とぅらすん、殺して《くるち》とぅらすん、殺して《くるち》とぅらすん……、会ったことないの……、会い欲《ぶ》さしが……、また相手してとらすからよ……、どこにいるか分からないの……、小夜子、お前《いやー》は今《やなま》、どこにいるか《だーにうぃが》……、殺して《くるち》とぅらすん、心《ちむ》ワサワサーして、殺して《くるち》とぅらすん、頭が痛くて《ちぶるぬやでぃ》、殺して《くるち》とぅらすん、頭の《ちぶるぬ》中も《ん》、体の《どぅーぬ》中も《ん》、言葉が小さな《くとぅばぬぐな》虫がいっぱい飛んでるみたいに《ぬちゃっさんとぅどーぬぐとぅ》ワサワサーして《ち》、殺して《くるち》とぅらすん、もう《なー》、みんな《むる》、グチャーグチャーして《ち》、殺して《くるち》とぅらすん、あちこち《あまくま》から声が聞こえてきて《くぃぬちかってぃちー》、殺して《くるち》とぅらすん……、小夜子、あんたのお腹よ……、殺して《くるち》とぅらすん、小夜子、お前《いやー》は今《やなま》、どこにいるか《だーにうぃが》、殺して《くるち》とぅらすん……、森の中で《むいぬじ》、泣いておった《なちょーたん》、何時《いち》までも《までぃん》、泣いておった《なちょーたん》……、もう遅いさ、堕ろすのは危ないよ……森《むい》の闇に、夕日みたいに赤いアダンの実が浮かんでいた……、それでも、お願いします……、殺して《くるち》とぅらすん、小夜子、お前《いやー》を苦しめた者達《むんたー》を、殺して《くるち》とぅらすん、我は《わんや》赦さんど、殺して《くるち》とぅらすん……、倒れた草の上に座って、その赤い色を見つめていたさ……、殺しては《くるちゃ》ならんど、そんなことをしても小夜子は喜ばんよ……、そうだよ、盛治、小夜子はこれ以上、あんたに不幸になって欲しくないと思ってるさ……、小夜子はど《やだ》こにいるか《ーにうぃが》、教えて《ならち》とぅらせ、我《わん》がそこに行くから……、うちも知らないんだよ、盛治、ごめんね……、何時まで小夜子のことばかり考えてるか、あれ、盛治、お前のそばに女が一人立ってるぞ……、分かってる、お前《いやー》に言われんでも、女《いなぐ》が二人《たい》に男が《いきが》一人《ちゅい》……、お前のことをずっと見てるさ……、しかし、小夜子じゃない……、一人の女はお前のことを見て、涙を流しているさ……、この女は、小夜子じゃない……、お前みたいな男のために涙を流す女もいるか、珍《みじら》しいもの《むん》やさや……、小夜子、お前は《いやーや》何時《いち》になったら《ないねー》、島に戻ってくるか《むどぅてぃすーが》……、小夜子でなくても、いいではないか、お前と話したくしてるぞ……、我《わん》が話したいのは《ぶさしゃ》、小夜子だけ《びけー》るやる……、そうやって見えない目でにらむような顔をするな、怖がっているのが分からんな……、波の音が《うとぅぬ》鈍くなった《たん》……、お前がそういう顔をするから、女は諦めたみたいやさ……、風が《かじぬ》重く《うむ》なってきた《なてぃちゃん》……、ハンカチで涙を拭いて、お前に頭を下げてるぞ、盛治……、潮の《うすぬ》匂いが《かばーぬ》濃《くゆ》くなった《たん》……、もう一人の女も頭を下げて、二人並んでお前を見つめているよ……、明日は《あちゃーや》雨《あみ》やさ、小夜子よ……、男と一緒になって、帰っていくぞ、声をかけれ、盛治……、雨《あみ》が降《ぶ》っても《てぃん》、明日も《あちゃーん》海に来るからよ、小夜子……、二度と会えないぞ、声をかけれ……、お《い》前もこの《やーんくぬ》海を見て、波《ぬ》の音《うとぅ》を聞《ちち》いてるか《うんな》……、行ってしまったせ……、この《くぬ》風《かじ》の音《ぬうとぅ》を聞《ちち》いてるか《うんな》……、狂者《ぶりむん》が、どうにも《ちゃーん》ならんさ……、波に乗《ぬ》てぃ、風《かじ》に乗《ぬ》てぃ、我《わん》が声《くいぬ》が届《とぅどぅ》いておるか《ちうんな》……、届くわけがあるか……、届くさ、盛治、きっと……、我は今も《わんやなまん》、お前《いやーが》のことを思《うむ》っておるよ《てぃうんど》……、明日は雨か……、我《わん》が声《くい》が、聞《ちかりんな》こえるか、小夜子……。

驚いたろう、いきなりこんなビデオを送りつけたりして。それに、まあ、何ていうかな、見ての通りで、十年前とはずいぶん変わっちまったからな……、ちょっと、悪い病気になっちまって、ま、それについてはあとで話すけど、今日は折り入って頼みがあってね。沖縄に住んでいる知り合いはきみしかいなくて、すまないけど、ぜひ最後までこのビデオを見て、話を聞いてほしいんだ。

送られてきた小包みの差出人の名前を見たとき、たしかに少し驚いた。Mとは東京の大学を卒業してから二、三年はときどき電話で話をしたり、上京したときに会って居酒屋で飲んだりしていた。ただ、それもしだいに回数が減って、最後に会ったのは十年前の夏だった。仕事の都合で上京したときに電話をして、新宿駅近くの喫茶店で半時間ほど話をした。そのときMはとても急いでいる様子で、次の約束があるから、と店を出ていく後ろ姿を見ながら、迷惑をかけてしまったな、という思いが湧いて、以来私から連絡をすることはなかった。そのままMの方からも連絡はなく、そうなってしまえばそうなったで、取り立てて残念にも思わない関係になっていたのだということに気づいた。

ほんとは、こうやってビデオに向かって話すのは、気恥ずかしいし、手紙を書いた方がいいんだろうけどね。きつくてね、パソコンの画面を見続けるのが。だからビデオで話させてほしいんだけど、これもね、一度では無理なんで、何日かに分けて話をさせてほしい。よろしく頼む。

Mが力のない笑みを浮かべてうなずいたあと、画面はいったん途切れた。すぐに画面が出て、服装が一緒だったので、しばらく休んでから再開したのだろうと思った。Mが座っているソファの後ろには、本やCDが並んでいる本棚があった。自分の部屋のようだったが、断定はできない。学生時代に読書好きだったMが、今はどんな本を読んでいるのだろうと思い、静止画面にして書棚の本の背文字を読もうとしたが、判読できたのは少なかった。

高校まで沖縄で生まれ育って、卒業後東京の私立大学に進学したとき、それまでとの生活環境の差が大きすぎて、ここで四年間やっていけるか、という不安が大きかった。電車に乗ったのは入試で上京したときが初めてで、山手線以外の電車に一人で乗るのも簡単ではなかった。自分がいかに田舎者かを自覚させられて、少し引きこもり気味になっていたときに声をかけてくれたのが、同じ学科のMだった。

かけてくれた、と今でも自然にそう思うくらい、そのときの私にとってMの存在は有り難かった。

ワールドミュージックがはやっていた頃で、喜納昌吉やりんけんバンドといった沖縄の音楽がヤマトゥでも聴かれ始めた頃だった。Mも沖縄音楽に関心を持ったことで私に話しかけてきた。Mに訊かれるままに、音楽だけでなく基地のことや沖縄の生活のことなどを話しているうちに親しくなり、一緒に飯を食ったり、都内を歩き回るようになった。東京で生まれ育ったMは私にとって良い案内人だったし、Mも何かにつけ驚く私の反応を楽しんでいるようだった。

文芸サークルに入ったのも、Mに誘われたからだった。Mは高校時代から映画や演劇をかなり見ていて、読んでいる本の数やジャンルの広さに私は圧倒された。初めて短い小説を書いてサークルの合評会に参加したとき、彼が書いてきた、年上の女性との付き合いを描いた私小説風の作品にずいぶん大人びた印象を受けて、自分が書いた作品を読まれるのが恥ずかしくてならなかった。

私が発表したのは、沖縄戦が終わったあと、米兵が島の少女を襲ったという祖母から聞いた話をもとに書いた原稿用紙四十枚ほどの小説だった。ヤマトゥの学生達はどう評していいか分からずに戸惑っているようで、感想や意見を口にした人は少なかった。そういう中でMは、こういう作品は俺たちには書けない、と言って誉めてくれた。

あの頃書いた小説は、自分の作品にしろMの作品にしろ、恥ずかしくて今では読めたものではないだろう。しかし、若い時期には思いがけず絶賛されたことが書き続ける力になることもある。あの最初の合評会のときにMに誉められず、他の人がやられたみたいに細部の矛盾をつかれたり、手厳しい感想を浴びせられていたら、それっきり私は次の作品を書かなかったかもしれない。ビデオの中のM

は、その頃のことに少しだけ触れた。

きみが書いてる小説も全部読んでるよ。はっきり言って、俺の趣味とは違うけどね。でも、それでも面白く読んでる。やっぱりな、沖縄の人にしか書けない、風土というかな、言葉も含めて、その地で生まれた人にしか書けないものはあるんだろうな……。きみを文芸サークルに誘って、最初の合評会のときのことを思い出すな。正直言ってあの時、俺の書いたのは一見うまく見えても、どこにでもある話にすぎなくて、それに対してお前が書いたやつは、文章は拙くてもな、他の誰にも書けない、お前だけの世界だというのが分かって、内心嫌になったんだけどな。ただ、この話はこれくらいにしておく。過去を思い出し始めると切りがないんでね。

小包を開封したときに、このビデオと一緒に入っていた封筒の中味はもう見ただろうか。まだなら見てほしいんだけどね、その鉐の矢尻というのかな、矢ではないからな、鉐尻という言葉はないと思うけど、まあ、その鉐の切っ先をペンダントにしたやつの話をしたいんだけどね。きみの手元に着くまでに錆び付いてることはないだろうから、黒光りした、滑らかな手触りが残っているだろうと思う。けっこう古い物でね、ペンダントになってからも六十年が経っている。そのペンダントは、あるアメリカ人の男が持っていた物なんだけど、もとはきみが住んでいる沖縄の、ある島の男が使っていた鉐の一部らしい。そのペンダントの件でお願いがあって、こんなビデオテープを送ってしまったんだけどね。ずいぶん回りくどい話になってすまない。

そのペンダントの持ち主だった男の話からしようか。大学を卒業して、ちょっとは名の知られた出版社に入社したのは、きみも知ってのことだけど、きみと最後に会って半年ほどしてからかな、会社を辞めたんだ。自分が小説を書く才能がないというのは、学生時代に分かったからね。それで編集者として作者を支えて、良い作品を世に送り出せれば……、何か話していてうんざりするきれい事だよな。まあ、今さら入社したときの動機なんて、どうでもいいことだ。もう我慢ができなかった、というのが正直なところだ。つまらない原稿をとって、つまらない書き手を相手にするのがな。やりたいことをやれるのはこれからなのに。そう言って止めてくれる人も何人かいたけど、聞く耳を持てなかったな。すまない、つまらない愚痴をこぼしてしまって……。

そこでMは激しく咳き込んで言葉を続けられなくなった。画面がいったん切られて、すぐに再開された。無論、それは編集されたからで、実際にはかなりの時間が経っていたのだろう。同じ服装でソファに座っているが、Mが疲れきっているのは明らかだった。咳払いをして呼吸を整えてからMが話し出そうとする直前に、私はビデオを止めた。

仕事を終えて午後十一時過ぎに帰宅し、郵便受けから取り出した小包を手に部屋に入ると、すぐに開封してビデオデッキに入れた。まだ着替えも食事もすませていなかった。長い話になりそうな気配だったので、食事をすませてからちゃんと聞こうと思った。一人暮らしなので、時間は自由に使えた。大学を卒業して沖縄にもどり、地元の専門学校や予備校で掛け持ちの講師をしながら、小説を書き続けてきた。四年前に文芸雑誌の新人賞を取ることができて、以来、年に二、三作は作品を発表してきた。どれも百枚以下の短編小説で、仕事をしながら睡眠時間を削って書く環境では、長編小説の構想を持ってはいても、きちんと形にするだけの時間が取れなかった。そういう悩みがある分、短くはあっても内容の濃い物にしようという思いがあった。それらの作品をMが読んでいてくれたのは嬉しかった。

シャワーを浴びて着替えをし、アパートの近くにある二十四時間営業の喫茶店で食事をしてから部屋にもどった。途中、コンビニで買ってきた缶ビールを開けてソファに座り、ビデオテープを再生した。

すまない。最近は咳がひどいもんだから。まあ、出版社をやめてから色々あって、一年ほどニューヨークで生活したんだけどね。大した目的もなく、ただ日本から出たかった、というだけのことなんだけど。以前から住んでいる知り合いに、アパート探しを手伝ってもらって、大学に入ったばかりのきみが、俺に案内されて東京を見て回ったように、俺も何人かの知り合いを頼って、ニューヨークを見て回ったんだけど、もうお互いに学生じゃないからね、ずいぶん迷惑をかけてしまった、あ、もちろん、学生時代の俺は、ぜんぜん迷惑じゃあなかったけどね。

そう言って笑ったMの顔は、皮膚が乾燥しているらしく細かい皺が寄った。部屋の照明やビデオの性能にもよるのだろうが、青みがかった黄色というか、顔色の悪さが目についた。再び咳が始まろうとしたらしく、Mは横に手を伸ばしてペットボトルを取ると水を飲んだ。

話があちこちに飛ばないようにしないとな。俺が住んでいたアパートの二つ上の階に、Jという白人の男が住んでいた。年は二十代半ばで、俺とは差があったんだけどね。いつも行くバーでよく顔を見かけてたんだけど、ある日、向こうから話しかけてきてね、けっこう親しく付き合うようになった。部屋にも何度か招いてもらって、Kというきれいな連れ合いがいてね、二人にはまだ子どもがなかったんで、三人で食事に行ったり、演劇を観に行ったこともあった。Jと知り合えたおかげでね、少なくとも、後半の半年間は、いい思い出を持つことができたな。

その銛の先で作ったペンダントは、実はそのJが、いつも首に掛けていたものなんだ。ある日、バーのカウンターに並んで腰掛けて飲んでいるときに、Jが突然、オキナワという島を知ってるか、と訊いてきたんだ。テレビや雑誌から得た知識や、学生時代にきみから聞いた話などを思い出して、俺なりに知ってることを話したんだけどね。Jは真面目な顔で話を聞いていて、その島に行ったことはあるのか、と訊ねるんで、観光で二度行ったことがある、米軍基地がたくさんあって、町の通りを歩いていても米兵の姿をよく見かける、そう答えると、Jはうなずいて、襟元からそのペンダントを取り出して見せたんだ。

そして、これは俺の祖父がオキナワで戦ったときに、銛一本で祖父達に向かってきた島の若者が使った、その銛の切っ先で作ったものなんだ、と言って首からはずし、俺の手のひらに載せたんだ。

意外と重くてね、いかにも手作りという感じで、鎖と銛の切っ先のつなぎ方も雑なんだけど、オキナワの戦場での記念品と聞くと、その雑さがかえって存在感を増すようでね。それを眺めていると、祖父は二十一歳の時に海兵隊の兵士としてオキナワで戦ったんだ、とJが話し出した。

Jの話によると、Jの祖父が所属していた部隊は、オキナワの北部にある半島を制圧したあと、しばらくその半島の村に駐留して、山中に逃げ込んだ日本兵の掃討戦をやっていたらしい。そういうある日、村と狭い海峡をはさんだ小さな島に、Jの祖父は仲間と泳いで渡ろうとしたらしい。島の若者に銛で刺されたのはそのときのことで、泳いでいる最中だったということだ。オキナワでの戦闘が始まって、まだひと月ばかりの頃で、その怪我で野戦病院に入れられたおかげで、Jの祖父は命拾いをしたそうだ。同じ部隊の仲間達は、そのあとオキナワの別の地域に移動になって、日本軍との戦闘でかなりの犠牲者が出たらしい。

そのペンダントは、仲間の一人が作ってくれたものらしくてね、前線に移動になる前に、記念品だ、と野戦病院のベッドで寝ていたJの祖父に、持ってきてくれたんだそうだ。自分の体に入り込んだ銃弾や砲弾の破片で記念品を作る奴はいるが、自分を刺した銛を記念品にするのは、お前が初めてだろう、と笑っていたらしいけどね。その仲間も戦死したんだそうだ。その死を知ってから、Jの祖父はずっと、そのペンダントを身につけてきたとJは話していた。

Jの祖父を刺した若者は、森の洞窟に隠れていたのを捕まって、厳しい取り調べを受けたらしいが、そのあとどうなったかは分からないということだ。その若い男がどうしてJの祖父を刺したのか、その理由も分からないらしい。まあ、個人的な恨みはないだろうから、一人で米軍に向かっていったクレイジーでカミカゼな若者がいて、運悪くそのターゲットになったのが、Jの祖父だったんだろう。これは俺の解釈じゃなくて、Jの父親の解釈なんだそうだけどね。Jがそのペンダントにまつわる話を聞いたのは、父親からペンダントを譲られたときで、祖父から直接聞いたわけではないと話していた。

Jの父親が祖父からペンダントを渡されたのは、兵役に就く直前のことだったそうだ。ベトナム戦争のさなかで、Jの父は志願して海兵隊に入ったそうなんだけど、自分の命を救った戦場の記念品として、Jの祖父からそのペンダントを渡されたらしい。お守りとしての意味があったんだろうな。そのときにオキナワで体験したことも話してくれたそうだけど、あの若者は勇敢だった、と自分を刺した相手のことを称えていたのが、Jの父には強く印象に残ったらしい。

そのペンダントの御利益があったのか、Jの父はベトナムから無事に帰還することができた。そのあとJが生まれて、故郷の大学を卒業してニューヨークに出てくるときに、そのペンダントを父から譲られたと言うんだな。そのときはもう祖父は亡くなっていて、Jの父はペンダントを渡すときに、祖父から聞いたことを伝えてくれたんだそうだ。

Jから聞いた話をもう少し付け加えておくと、Jの祖父はJが七歳の時に亡くなったそうなんだけど、いつも酒の臭いがして、不機嫌に黙り込んで居間のテレビを見ているか、部屋にこもっていることが多かったらしい。亡くなったときはまだ五十代で、運転していた車が崖から転落する事故で亡くなったそうだ。

今になってみると、あれは本当に事故だったんだろうか、と思うこともあるとJは話していた。そのことについて、帰省した折に父と話したこともあったらしいけどね。オキナワで何かあったんだろうか、とJが心に引っ掛かっていたことを訊くと、戦場に行った者にしか分からないことがあったんだろう、とJの父は不機嫌そうに答えたそうだ。

Jの父はベトナム戦争の体験をJにいっさい語らなかったそうだけど、ただJがその質問をしてから一カ月ほどして、夜遅く電話がかかってきて、こんなことを言ったらしい。

お前にそのペンダントを渡すときに、実はとても迷った。人間というのは追いつめられると、何かにすがりたくなるもので、俺もベトナムで何度か、そのペンダントを握りしめて祈ったことがある。だが、それはしょせん気休めにすぎない。気休めにもそれなりの効力があるのは事実だが、苦境を脱することができるか否かは、結局、その人の力と運次第だ。そんなことはお前もとっくに分かっているんだろうが、それよりも本当は……、いろいろ考えたんだけどな、俺は親父の死が、そのペンダントとどこかで結びついているように思えてならない。お前が訊いたように、オキナワの戦場で何かあったのかもしれない。いつも不機嫌だったのも、酒に溺れたのも、それと関係があるのかもしれない。ただ、俺は親父からはそのペンダントに関することしか聞かされてはいない。だから、これ以上憶測するのはやめようと思う。

そのペンダントを渡されたとき、お前に子どもができたら、いつかそいつにこれを受け継がせてほしい、親父は口にはしなかったが、そう無言の意思を感じた。だからお前に渡したんだがな。しかし、渡す前にも迷ったし、渡したあとも迷いは続いた。お前に親父の死について訊かれてから、その迷いが余計に大きくなった。それでこんな電話をしてるんだが……。

すまない、ほんとは自分の中に迷いを封じ込めて、お前に余計な気遣いをさせない方がよかったのは分かっている。ただな、機会があったらいつかオキナワという島に行って、親父が戦った場所にその銛の切っ先を返すのが、一番いいことではないかと俺は思っている。だからお前に子どもができても、それをゆずるのはやめてほしい。そして、いつかお前の手でオキナワの海に沈めてくれたら、と思う。

そういう内容の電話だったらしいけどね。父親の話を聞いて思ったらしいんだけど、Jも心のどこかでね、同じように感じていたらしい。祖父がオキナワという戦場で、どういう体験をしたのか、今となっては調べようがない。しかし、自分を傷つけた若い男が手にしていた武器で作られたペンダントを、大切に持ち続けたこと。それをお守りとして孫にまで持たせようとした心理には、仲間は死んで自分は生き残ったこと以上に、何か特別なものがあったんじゃないかとね。

ただ、そう考えたからといって、具体的に行動を起こすわけでもなく、Ｊはいつもペンダントを首に掛けてはいたけど、毎日の仕事に追われて、祖父やオキナワのことを考えるのも、しだいに少なくなっていたらしい。

それが改めて考えるようになったのは、ほら、十年前にきみと会った少しあとに、沖縄で小学生の少女が、三人の米兵にレイプされた事件があっただろう。ニューヨークに住んでいて、オキナワという地名を耳にしたり、目にしたりする機会はそうはないんだけど、さすがにあの事件は、Ｊの目にも触れたらしい。そのときＪが驚いたのは、今でもオキナワに広大な米軍基地があって、二万人以上の米兵が駐留していることだったそうだ。まさか今でもそれだけの米軍が、オキナワにいるとは思わなかったらしい。

それからＪは図書館でオキナワのことを調べたり、日本人の知り合いにオキナワのことを訊いたりしたみたいなんだけどね。俺もその一人なんだけど、俺も含めてオキナワについてろくな知識がないからね。Ｊの質問に答えられないことが多くて、俺よりもむしろＪの方が、オキナワについて詳しいんじゃないかと思ったくらいだけど、Ｊはいつかオキナワに行ってみたいと話していた。オキナワがどういう島なのか、祖父が戦った場所を自分の目で確かめて、祖父と戦った男がもし生きていたら、ぜひ会ってみたい、と話していた。

長い話になったけどね、無論、これはいっぺんに聞いた話じゃなくて、Ｊと親しくなってから、何度かバーやJの部屋で聞いた話を、つなぎ合わせたんだけどね。もし日本に来る機会があって、オキナワに行くときは誘ってくれ、と俺は答えたんだけどね……。けれども、Jがオキナワに行く機会はなかった……。それについては次に話そうと思う。すまない、今日は疲れてしまって……、またな。

Mの顔に浮かんだ笑いは、苦笑いと表現した方が一番近いだろうか。軽く右手を振ったあとにいったん途切れた画面は、すぐにMの姿に戻った。同じ場所に座っていたが、服装はクリーム色のポロシャツに替わっていた。左側の窓から差し込むらしい自然光が、Mの顔色をそれまでより健康そうに見せ、表情や声の力もあった。

前に録画したものを見たんだけど、難しいね、やはり、こうやってビデオで伝えるのは。面と向かって話すと違うんだろうけどね。きみの質問に答えながら話ができたらいいんだけど。ただ、今はこの方法しかないものだから……。

Jのことだけどね、東京に戻ってから交流は途絶えてしまった。国際電話でも、メールでも、やろうと思えばできたんだけど、まあ、そこまでの関係ではなかったということだ。毎日の生活に追われて、思い出すこともほとんどなかった。そうやって五年ほど経ってたんだけどね。突然、Jの連れ合いのKから小さな小包が届いた。中に入っていたのはそのペンダントで、手紙が添えられていた。

四年前の九月十一日に倒壊したビルの中にJもいました。仕事の打ち合わせのために、ビルにオフィスを持つ会社を訪ねていたのです。遺体は見つかりませんでした。お送りしたペンダントは、あなたもご存じのものです。いつかオキナワに行って、Jの祖父が戦った島の海に沈めたい。そうあなたにも話したと言っていました。いつも身につけていたのに、なぜかその日は、部屋の机の上に置かれたままになっていたのです。忘れたよ、笑いながらそう言って、Jが戻ってくるような気がして、ずっとその場所に置いておきました。

ただ、いつまでもそのままではいけない、と思うようになりました。彼が肌身離さずに大事にしていたもので、私にとっても大切な形見です。しかし、Jの願いをかなえた方がいいと思い、Jのご両親とも相談して納得していただきました。できれば私がオキナワに行き、Jが望んだように島の海に沈めてあげたいのですが、いつそれが実現できるか分かりません。それであなたに代わりをお願いしたいのです。長い間交流も絶えていたのに、こういうお願いをするのは失礼だと思います。でも、私には日本に住む知り合いが、あなたしかいません。あなたの都合のいい時でよろしいです。オキナワに行く機会がありましたら、Jの願いをかなえていただけないでしょうか。どうかよろしくお願いします。

俺なりに訳したんだけどね、手紙の内容は今読んだとおりだ。何度もテレビで見て、飛行機が突っ込んでツインタワーが崩落する場面が、きみの脳裏にも焼き付いてるんじゃないかと思うけどね。あのビルの中にJがいたというのは、まったく考えなかった訳じゃないけど、それは物のついでみたいにちらっと思っただけで、まさか本当にいたとはね……。

この手紙を読んだときは、けっこう落ち込んだよ。Jに対しては、いい思い出しか持ってないからね。それはお互いに、悪いところまで見せるほどの関係ではなかった、ということでもあるんだけど、自分の知り合いが一人でもいるとなると、あの事件が違ったふうに思えてきたのも事実だ。死んだ人たちは気の毒でもね、どこかでアメリカという国に対して、ざまあみろ、という気持ちがあったんだけど、さすがにそういう気持ちはなくなった。

けれども正直言って、今言ったことと矛盾するかもしれないけど、Jの死がそんなにショックだったというわけでもない。JやKには悪いけどね。むしろ落ち込んだのは、俺自身の健康が思わしくなくて、そういう中でJの死を知ったもんだから、死がやけに生々しく感じられてね。そうやってあっけなく消えていくんだな、そして、しだいに忘れられていくんだな、とかね。いろいろ考えすぎてしまって……。

一年と二カ月前か……、肺に悪性腫瘍が見つかってね、すぐに手術したんだけど、まあ、結果はよくなかった。何カ所かに転移していて、今は家に戻って抗ガン剤を中心に治療を受けている。まあ、前向きな姿勢で日々を過ごしていますと。そういうわけなんで、Jの願いにも、Kの願いにも応えたいんだけどね、飛行機に乗って沖縄まで行くのは、しんどいんだ。そうでなければ、いい口実が見つかったって、沖縄旅行を楽しむんだけどね。それで、きみに俺の代わりをお願いしたくて、こういうビデオを送ってるというわけだ。何人か沖縄に住んでいる知り合いはいるけど、こういうお願いを頼めるのは、きみしか思い浮かばなくてね……。本当なら、きみの承諾の返事を受けてからペンダントを送るべきなんだけど、一緒に送るのは、承諾を強制しているのと同じなのも分かるんだけど、ぜひ引き受けてほしいんだ。

それと、ニューヨークのバーでＪからこのペンダントの話を聞いたときに、きみのことを思いだしたんだ。オキナワ北部の半島というのを聞いて、たしかきみの故郷もそこじゃあなかったか、と思いだしてね。学生時代に初めて読んだきみの小説の記憶もあった。あの頃、俺たちの世代で戦争のことを書いてくる奴がいるなんて思わなかったからね。きみなら、Ｊの気持ちを分かってくれるだろうとも思った。かなり強引なお願いだけどね、帰省するときでいいから、その銛の切っ先で作ったペンダントを、島の海に沈めてもらえないかな。その半島から泳いで渡れる島というのが、きみなら分かるんじゃないか。俺の最後の頼みって、何か脅しみたいだな。まあ、実際に最後になると思うから、よろしくね。

Ｍはそう言うと、笑おうとして咳き込んだ。手に持っていたＫの手紙を訳した紙をテーブルに置いて、ペットボトルの水を飲んだ。一仕事終えたというように小さくうなずいて微笑むその姿が、ずいぶん年寄りじみて見え、そう感じている自分に嫌悪感を覚えた。Ｍはもう一口飲んでペットボトルをテーブルに置くと、自嘲するような笑みを浮かべて言った。

お願いなんだけどね、このビデオへの返事は、しないでほしいんだ。手紙でも、電話でも。いきなり俺の方からビデオとJの遺品を送っておいて、とても失礼なことを言ってるのは分かってるんだけど、返事はしないでほしい。ちょっと持ちきれそうにないんだ、肯定でも、否定でも、きみの返事に対して、俺の心に生じる感情がね。嬉しさでも、残念だな、という気持ちでも、けっこうエネルギーを使うものだから。何か、こう付け足すのも、嫌みなプレッシャーだけどね。でもそうお願いしたい。すまないけど、今日はここまでにさせてくれ。

一、二秒画面が暗くなって、再びMの姿が映ったが、ビデオを止めて、冷蔵庫から新しい缶ビールを取ってきた。テーブルの上のペンダントを手に取り、じっくりと眺めた。Jという男の祖父を突き刺した切っ先は、六十年の年月のせいか、あるいはヤスリをかけたのか、皮膚を傷つけないほどに丸くなっている。それでも左右に突き出た戻しの部分は、指の腹をあてると痛みを感じるほどの鋭さがあった。この銛の切っ先が、Jという男の祖父のどこに刺さったのかは、Mの話からは分からなかった。ただ、泳いでいるときに刺された、という話を思い出して、海底のサンゴの茂みに隠れて、泳いで来る米兵を待っている若い男の姿が思い浮かんだ。

想像の中で男は、銛を手にして何時間も待ち続けているように見えた。銀色の水面を揺らめかせて手足の長い米兵の影が進んでいく。つかんでいたサンゴの根本の岩を離し、銛を手に若い男が上昇していく。水生生物のように滑らかで素早い若い男の動きはそのまま銛に伝わり、突き上げられた銛の切っ先が米兵の腹部に突き刺さる。揺らめく光に血が広がっていく。

戦争中、男も女も、年寄りから子どもまで、竹槍訓練を行なっていたという話を祖母から聞いたことがあった。島の若い男が銛で向かっていったのは、それと同じような無謀な行為だったのだろう。それでも男は一人の米兵を負傷させていた。それが沖縄島北部の戦局に影響を与えることはなかっただろうし、報復として島の住民に危害が加えられたことだって考えられる。しかし、銛一本で米軍に向かっていき、刺された米兵にも勇敢と言われた島の男がいたことは、何か胸に迫ってくるものがあった。

ビデオを再開すると、別の日に撮ったらしく、Mは紺のTシャツに着替えていて、顔の色艶や表情も明るかった。ただ、話しているうちに疲れから表情も口調も鈍く重くなっていくのは、これまで見てきて承知していた。今回もそうなるのではないかと思っていると、Mの表情と口調は最後まではっきりしていて、言わずにいられないという切迫感が感じられた。

最後に少しだけ付け加えておきたいことがあって、Jの死は残念だけど、俺には9・11のあの事件が、やはり完全には否定できないんだな。無差別テロはいけないとか、暴力の連鎖は許されないとか、そんなきれい事を言ってもしょうがないだろうという気がしてね。日本という豊かな国に住んでいて、アメリカさんに頼って平和を享受している俺たちが何を言ったって、世界中のあちこちで第二、第三の9・11を起こそうと狙っている連中には何の意味もないだろう。

もし意味のあることを言える奴が日本にいるとすれば、六十年前に米兵を刺した島の男じゃないか……。まあ、その男が今も生きているとしてだけど、そんな気がしてね。俺の勝手な思いこみなんだけど、そう思いながらペンダントを眺めていて、ふと銛の切っ先の形が、ビルに突っ込んでいく飛行機の形に重なってね。バカな妄想と笑われると思うけど、しかし、そう見えたんだよ、一瞬、俺にはね。

だからJやK、Jの父、祖父のためだけじゃあなくて、島の男のためにも、その銛の切っ先を、Jの祖父と男が戦った海に沈めてほしい。俺の頼みは感傷的すぎるかもしれない。ただ、どうか不愉快に思わないでほしい。きみの都合のいいときでいいから、島に行ってほしい。俺には体力もないし、時間もどれだけあるか分からない。だから一方的だけど、頼みっぱなしで、ここで話を終えるのを許してほしい。よろしく……。

小さくうなずいたあと、Mは画面の向こうからこちらを見つめていた。そのまま画面は消えた。ビデオテープを巻き戻し、残った缶ビールを飲み干した。Mの頼みに応えようとは思ったが、聞いたばかりの話とそれに対する自分の感情をうまく整理できなかった。テーブルに置いたペンダントの鎖を指先に掛け、目の前に銛の切っ先を下げた。V字型の戻しの部分を主翼に見立てれば、機影に見えないこともなかった。けれども、それはこじつけの想像という印象を免れなかった。Mにはそう見えたのだとしても。

ペンダントを封筒に戻すと、ビデオデッキからテープを取り出し、封筒と並べてテーブルに置いた。

壁のカレンダーを眺め、島に行けそうな日を確かめる。週が明ければ六月だった。六十年前の今頃、沖縄は戦場だった。何気なくそうつぶやくと、胸の奥が急にざわめいた。封筒に赤黒い染みが広がっている。ペンダントを取り出すと、黒光りする銛の銀色の切っ先から血のにおいが漂う。遠くで波の音が鳴っているような気がして、思わず部屋の中を見回した。蛍光灯に照らされた家具や小物は、無機的なただの物としていつもの場所にあった。その中で銛の切っ先は、生き物の体から取り出されたばかりの内臓のように濡れて光り、生々しいにおいを放っていた。

帰りたかったのだ。

ふいにそういう思いが起こり、胸の内をかすめる痛みに戸惑った。波の音が寄せてくる。その音が確かに聞こえた。

闇の中に浮かんでいる赤い塊が蠢《うごめ》き細胞分裂をくり返す。この島の浜に茂る椰子に似た植物の実だ。空に向かって幹を伸ばすのではなく、地を這うように絡まりあい刺のある細長い葉を繁茂させている。その葉陰の砂の上に仰向けにされた少女は、赤い実を見つめていた。べたべたと濡れた下半身が気持ち悪い。植物質の体液の臭いと汗と血の臭い。うるさい、泣くな。背後で怒鳴り散らす仲間の声。怯えた女の子達の泣き声はよけいに高くなる。赤い実は闇の中で光を放つ巨大な蛇の片目のようだ。

その実を初めて見たのは上陸の時だった。上陸用舟艇から飛び降り、打ち寄せる波に足を取られ、前のめりに倒れながらも銃を濡らさないように差し上げる。潮水にむせながら立ち上がり、砂浜を駆け上がる。一時でも同じ場所にとどまっていると頭蓋や胸を打ち抜かれそうで、走れ、走れ、糞ったれ、と叫びながらたどり着いた浜辺の茂みにその実はなっていた。毒々しい色が自分を狙っている巨大な蛇の目に見えた。

少女の両頬は殴られて腫れ、唇が切れて血が流れている。うつろな眼差しが俺の頬をかすめて頭上の赤い実に向けられている。まるで俺の存在など目の前にないかのように。顎をつかんで、俺を見ろ、と怒鳴りつけ、激しく腰を動かすと、手榴弾のように刻み目のついた赤い実から小さな塊が弾け飛び、俺の脇腹をえぐる。焼けた鉄の切っ先が体を貫く。傷口から血が噴き出し、俺は両手で脇腹を押さえようとして本物の痛みで目がさめた。

全身汗まみれで、簡易ベッドのマットにまで汗が染みこんでいる。窓から差し込む月明かりで、二列に並んだベッドの上の傷病兵達の姿が見える。暑さと傷の痛みで眠れないのは他にもいて、呻き声と罵りの言葉が短く発せられる。腕時計を見ると午後十時を回ったばかりだった。朝までの時間の長さにうんざりする。昼間寝た分、夜になると寝られず、傷口の痛みと次々に湧く想念に苦しまなければならない。

夜間当番の衛生兵は気に入らない奴だった。痛みに耐えかねて睡眠薬を求めたとき、戦闘での負傷者が優先だと言い、見下すように俺を見た。普通なら即座に殴り倒していたが、体を起こそうとしただけで、息を止めてこらえなければならないほどの痛みが起こり、文句を言うこともできなかった。天井の梁にヤモリが張り付いている。ちょうど顔の真上で、落ちてこないか気になった。接収した学校の教室の一つに負傷者を収容していて、俺は廊下側の列のベッドに寝かされていた。暗がりで響くヤモリの鳴き声が、横たわっている傷病兵達を嘲笑っているようだった。手を伸ばして包帯を巻かれた脇腹をそっと触ると、まだ思ったよりも熱がある。

ジャップめ、胸の中で吐き捨てたあとにマクローリーの言葉を思い出した。この島は以前は日本ではなくて、だから住民も元は日本人ではなかったんだ、とマクローリーは言った。じゃあチャイニーズだったのか、とキンザーが訊いた。それとも違って、元はリューキューという独立した国だったらしい。マクローリーは答えたが、キンザーは小さくうなずいただけで、それ以上の関心を示さなかった。俺も興味はなかった。何日もベッドに寝ていると、そうやって聞き流していた言葉やこの島に来てからの出来事がふいによみがえる。

西日を受けた、べた凪の湾の向こうに島が見えた。輸送船からの荷揚げ作業を終え、俺達は倉庫の横に積み上げた木箱の陰で西日を避けて休んでいた。三時頃まで半島の山岳部に逃げ込んだ日本兵の掃討作戦をやったのだが、発見することができなかった。山を下りたと思ったら休む間もなく荷下ろし作業の支援で港に回された。作業自体は大した量ではなかった。だが、予定外の作業を命令されて、俺も三人の仲間も不機嫌になっていた。一通り作業が終わったあと、部隊の他の連中から離れて、俺達は海を見ながら雑談をしていた。

あの島まで往復の競争をしないか。キンザーがそう言ったとき、即座に皆が応じたのは、ちょっと反抗的な気分になっていたせいもあった。すでに自軍が制圧しているとはいえ、武器を持たずに泳いで島に渡ることが危険を伴うのは分かっていた。ただ、その時は上官に咎められてもかまわないというような気分で、汗で気持ち悪くなった戦闘服と軍靴を脱ぐと、仮設桟橋を走って海に飛び込んだ。

島までの距離は三百メートルほどだった。凪いではいても、湾内から外へ潮の流れがあった。ただ、泳ぐのに苦になるほどではなかった。競争といってもそれほど真剣ではなくて、とにかく海に浸かる口実さえあればよかった。先頭を泳いでいるのはヘンリーだった。無口で何を考えているか分からない男で、同じ小隊になってからも腹を割って話したことはなかった。泳ぎがうまいのは、その時初めて知った。

島は外洋に面している海岸にはリーフが発達していたが、湾内の小さな砂浜にはなんの障害もなく近づくことができた。到達点を確認していなくても、四人とも自然とその砂浜を目指していた。途中までは最後尾について様子を眺め、残り百メートルほどになってから本気で泳いだ。マクローリーとキンザーはすぐに抜いたが、ヘンリーには俺の様子を見ながら泳ぐだけの余裕があって、二十メートルほどの差をつけられて浅瀬に着いた。砂浜に向かって歩いていくヘンリーの少し前を十歳ほどの女の子が走っていた。

女の子達が海で貝を拾っているらしいのは、対岸からも見えていた。ヘンリーは別に追っかけているわけではないはずだったが、女の子は怯えているようで、浜に立っている少女を目指して懸命に走っていた。同じぐらいの女の子を三名抱くようにして待っている少女は十五、六歳ぐらいだった。走る女の子と俺達を交互に見る少女の顔にも不安と怯えが表れていた。敵兵である俺達を恐れるのは当然だと分かっていても、その表情を見ると嫌な気持ちになった。

逃げる女の子は腰のあたりで揺れていた竹籠を両手で抱え、波打ち際まで来ると何か声をあげた。その女の子を大股で追い越し、ヘンリーが少女に手を伸ばして衣服をつかんだ。少女は女の子達をかばいながら逃げようとする。ヘンリーは背後から少女を抱きかかえ、口を押さえた。呆気にとられている俺の横をキンザーが走り抜け、少女にすがりつく女の子達を引きはがして砂浜に突き飛ばし、暴れる少女の足をつかむ。二人がかりで少女を持ち上げ、浜の奥の茂みに向かうのを見て、おい、馬鹿なことはやめろ、と叫んだ。だが、その声はキンザーの奇声と女の子達の泣き声でかき消された。

すがりついてくる女の子達を振り払って、慌てて浜を駆け上がると、刺のある細長い葉を茂らせた椰子のような植物の茂みで、仰向けに倒された少女の両腕をヘンリーが押さえ、キンザーがトランクスを下ろそうとしていた。少女が声をあげた瞬間、キンザーが拳で顔を殴りつけた。少女の頭が大きく揺れ、しばらく静かになったが、脚を広げられたとき、少女は再び叫んだ。左右の拳で殴っても声をあげて激しく抵抗するのを見て、少女の腹を殴り、喉を絞める。これ以上騒ぐと殺すぞ、そう怒鳴っているキンザーが、本当に少女の喉を潰してしまうかもしれないと思い、止めなければと思った。しかし、声をかけることができなかった。キンザーが喉から手を離すと、少女は喘ぎながら体をひねって逃れようとする。キンザーがもう一度腹を殴り、少女は動かなくなった。少女の上着を破り取ると、キンザーは小柄な体にのしかかった。

糞ったれが、吐き捨てるように言ってマクローリーがそばに立った。キンザーが指で何か行なっているのを見ていられず、俺は背後に目をやった。砂浜に寄り添って立ち、女の子達がこちらを見て泣いている。思わずそこに向かおうとしたとき、マクローリーに腕をつかまれた。逃げるな、という言葉に、一瞬むっときた。しかしすぐに、この場を離れたらあとで何を言われるか分かったものではない、いや、それだけではなく、何をされるか分かったものではない、という思いがよぎった。キンザーが荒い息をついて体をどけると、すぐにヘンリーが代わった。ヘンリーは一分もしないで終わった。二人がこちらを見た。即座にマクローリーが歩み出た。キンザーが手を押さえ、砂に膝をついてトランクスを上げているヘンリーが、マクローリーに笑いかける。もはや少女には抵抗の意志も力もないようだった。

マクローリーはなんのためらいも見せずに、自分の半分くらいしかない少女の体に覆い被さった。その様子を見て、奴と同じように振る舞わなければ、と思った。だが、抵抗感を消すことはできなかった。少女に対する哀れみよりも、それをやってしまえば自分の中で何かが壊れてしまい、元には戻らないという不安があった。マクローリーが体を動かしている間、ヘンリーとキンザーは何度も俺を見て笑みを浮かべた。お前は俺たちの本当の仲間か？　そう言われているような気がして、やるんだ、と自分に言い聞かせたが、できる自信はなかった。

マクローリーが大きな息をついて体を起こし、立ち上がると俺を見て小さくうなずいた。機械仕掛けのように前に進み、三人の視線にさらされながらトランクスを下ろし、膝をそろえて右に倒れた少女の両脚を開いた。見てはいけないと思っていたのに視線が行ってしまった。血と白濁した液が性器だけでなく内腿を汚し、ねっとりとした臭いが立ち上がる。欲望など起こりようがなかった。反応しない体を重ねると、少女の体の熱さとぬるぬると触れる体液の冷たさに拒絶反応が起こる。それをこらえてやっている真似をした。俺達が広げておいてやったからな、お前のでかい奴をぶち込んでやれ。キンザーが大声で言い、ヘンリーと一緒にわざとらしい笑い声をあげる。見抜かれているかもしれなかったが、ここまでやったことで仲間だと認めてくれるはずだと思った。

砂に両肘を付いて体を動かし続け、そろそろいいかと思って上半身を起こしたとき、半開きになった少女の目と視線が合った。いや合ったのではない。少女の視線は俺の頬をかすめて背後に向けられていた。振り向くと、真っ赤に熟れた実があった。細かく割れた実は、今まで見たことがない毒々しい赤色をしていて、血の塊のようだった。その実を見た瞬間、俺の中で何かが弾けた。薄い膜が破れてどろりと卵黄が流れ出すように、残忍な気持ちが体の奥から全身に広がっていった。血が生乾きになっている少女の唇が歪み、俺を嘲笑しているように見える。思わず右の拳で腫れた頬を殴りつけた。ヒューと口笛を吹いたのは誰か分からなかった。淫売の息子が、声には出さずに胸の中で吐き捨てると、急速に血が集まって固くなった性器を、血と体液の気持ち悪さも忘れて突き入れた。呻き声を漏らす少女の口を押さえ、目尻から涙が流れ落ちるのを見て、より高まる感情が仲間や少女への怒りなのか自己嫌悪なのか、あるいはその両方なのか、はっきりしないまま激しく腰を動かした。おい、やっと本気になったな、とキンザーが言い、三人の笑い声が重なる。拳銃で三人を撃ち殺す様を想像した直後、射精した。

息を整え、汗まみれになった体についた砂を落とし、平静を装って立ち上がる。もはや閉じる力もないのか、開かれたままの少女の脚の奥から溢れ出してくる白濁した液を見て、胃が裏返しになって苦い液が喉を駆け上る。膝に両手をついて吐瀉する俺の背中に笑い声が浴びせかけられる。大丈夫か、そう言って肩に手を置いたのはマクローリーだった。その手を払いのけて海に向かって歩いた。何度も唾を吐き捨てるのを、一塊りになって女の子達が見ている。目をそらし、波打ち際まで歩いていくと、やめろ、と叫ぶマクローリーの声が聞こえた。背後を見ると、ヘンリーが女の子達の方に歩いていこうとするのを止めている。熱を孕んだ砂を踏んでいる爪先を波が洗い、足首を包む。西日が海面に反射して対岸を正視できなかった。海に入って体を洗いながら波の抵抗を押し返し、俺は対岸に向かって泳ぎだした。

汗は絶え間なく流れ、濡れた背中が気持ち悪い。冷たい渓流の水で全身を洗いたかった。夜になっても生ぬるいこの島の海ではなく、故郷の森を流れる川で泳ぎたかった。右の脇腹の傷口を中心に腹部全体が熱い。あの赤い実が腹に詰め込まれ、焼けた鉄のように内臓を焼いているようだった。

あと二センチずれていたら肝臓をやられていたな。軍医はそう言った。銛の切っ先は腸まで達していた。男が引き抜くときに銛の返しの部分が腸を引っかけ、引き裂いた。そう説明したあと、大した傷じゃない、と言った軍医の声に嘲笑が隠されているのを感じた。いや、そう感じ取らせるようにわざと言ったのだ。戦闘による傷ではなく、無防備で島に行って住民にやられた傷だと、軍医も衛生兵達も俺のことを軽蔑しているに違いなかった。

怒りが込み上げて握り拳を固めても、何もできはしない。ベッドの上の梁でヤモリが鳴く。呼応するかのように別の場所でも鳴き始める。その鳴き声までもが俺を嘲笑っているように聞こえる。薄気味悪い生き物だと、キンザーは見つけると片っ端から殺していた。マクローリーがたしなめると、俺達はこれよりもっとでかい生き物を毎日殺してるんだぜ、と声をあげて笑った。自分を大物に見せるような作り物めいた笑い声。

ジープで村に行った時も、奴は始終その笑い声をあげていた。村の広場の巨木の下に立っている男達に銃口を向け、ひるみ、怯え、怒りを抑え込んでいる男達の様子を見ては笑い声をあげ、粗末な家の戸を蹴破っては笑い声をあげ、隠れていた女を引きずり出しては笑い声をあげ、体を震わせている女を見つめる男の腹をいきなり殴りつけては笑い声をあげていた。

あいつらは俺達が来ると鐘を鳴らすんだ、歓迎の鐘だよ。ジープの上で揺られながらキンザーは笑い続ける。運転しているのは別の小隊の男でキンザーの友人だった。島の男達は犬みたいに従順だ。自分の女がやられている時のあの男の顔を見たか？　ガムやチョコレートをほしがって群がってくるガキどもはハエみたいだ。今日の女は歳が行き過ぎていたな。次はもっと若い女を見つけろよ。自分達の悪口雑言を楽しむように、エンジン音に負けない声で二人は喚いていた。

その犬にやられたんだよ、あいつは。今頃俺のことをそう笑っているだろう。糞ったれどもが。何が仲間だ。木の下に立って俺達を見ていた村の男達。痩せて薄汚れたあの男達の中に俺を刺した奴もいたのだろう。あの時に全員撃ち殺してやればよかったのだ。拳を握りしめると脇腹の傷の痛みが酷くなる。こめかみの汗が髪の上を滑って耳の裏側に流れ落ちる。学校のまわりには髭のような根を枝から垂らした巨木が数本あり、そこからフクロウの鳴く声が聞こえてくる。その声を聴いていると、ここが戦場だとは思えなくなってくる。

半島の中央部の山岳地帯に陣地を構築していた日本軍は、二週間足らずで陣地を放棄し、敗走していった。時折、夜間襲撃や小規模な銃撃戦はあっても、組織的に反攻してくる力はもはやなかった。自軍の主力部隊も前線の中南部に移動し、俺達の役割は山間部に潜んでいる日本兵を掃討することだった。村はすでに制圧してあり、腑抜けの村の男達に何もできはしないと高をくくっていた。最初は怯えて警戒していたのに、食糧をやり、傷の手当てをしてやると、村人は手のひらを返したように馴れ馴れしくなり、協力的になった。その様子を見て油断をしていたのは確かだった。もっと警戒すべきだったと悔やまれた。

行くぞ、と声をかけたのはキンザーだった。いつもの四人で歩いて仮設桟橋に行った。その日は山間部への出撃はなく、午前中は銃や装備品の手入れをして、午後は休養にあてられていた。トランクスだけになると積荷の陰から海に入った。陽光が深く差し込む海の色は素晴らしかった。光が弾ける海面はやわらかく皮膚にたわむれ、背中や首筋にあたる日差しは痛いくらい強い。競争や賭をしようとする者もなく、ゆっくりと島に向かって泳いだ。

ここで価値があるのは、この海だけだな。そう考えながら最後尾を泳いでいると、先頭にいたヘンリーが右の方を指さして合図を送った。こちらに向かって泳いでくる人影が見える。いつの間に近づいたのか、その男との距離は五十メートルほどしかなく、敵兵かと思って緊張した。四人の視線を浴びた男は笑顔を浮かべて両手を振り、向きを変えて仮設桟橋の方に泳いでいく。島の漁師か？　マクローリーが訊いたが、誰も答えようがなかった。ただ、男は一人だけで武器を持っているようには見えなかったので、俺達は緊張を解いて島に向かって泳いだ。

二、三分後だった。いきなり下から突き上げられ、何が起こったのか分からないうちに周りが赤茶色に染まり、反射的に手で押さえた脇腹から血が噴き出しているのだと気づいて、俺はパニックに陥った。すぐにキンザーが体を支えてくれた。男の方に泳いでいくマクローリーとヘンリーに男が銛を投げつける。銛の柄には黒い紐が付いていて西日に飛沫が光る。マクローリーがかわすと銛は肩をかすめ、男は海に潜って姿を消した。片手で脇腹を押さえ、仰向けに浮いていると、キンザーと戻ってきたマクローリーが左右から支えてくれる。肩から血が流れていたが、それは気にもせず、俺を励ます。マクローリーの指示でヘンリーが仮設桟橋に向かって泳ぎ出す。両手で傷口をふさいでも、血は指の間から流れ出してくる。二人に励まされてどうにか落ち着きを取り戻したが、こんなところで死ぬのか、と恐怖が込み上げ、歯を食いしばっても全身が震えるのを押さえきれなかった。陽光を正面から受けて顔も胸もひりひりと痛いのに、寒くてたまらなかった。

あとで聞いた話では、ヘンリーが泳ぎ着く前に、倉庫を管理する部隊員が異変に気づいて、小型ボートを発進させていた。それに乗せられたところまでは覚えているが、傷口を押さえていた手のひらを両脇に下ろされ、布を当てられて痛みに呻いたところで意識が途切れた。

気づいたときは簡易ベッドの上だった。マクローリー、キンザー、ヘンリーが一人ひとり交互に見舞いに来て、状況を説明してくれた。銛で襲ったのは島の若者で、山狩りをして森の洞窟に隠れているのを捕まえ、取り調べを行なっているということだった。抵抗したので銃で撃たれ、傷の治療をしながら調べているのでなかなか進んでいないようだったが、日本軍とは関係なく、一人で向かってきたらしいということだった。

あの場で撃ち殺してやればよかったんだ。無口なヘンリーが憎々しげにそう言ったのは意外だったが、嬉しかった。出血が酷く、仮設桟橋に引き上げられたときは全身真っ青で、手術の際には血液型が一緒のキンザーやマクローリーが輸血してくれたのだという。三人にはいくら感謝しても、し足りなかった。故郷は皆ばらばらで、この島で同じ小隊にならなければ、知り合うこともなかったはずだった。最後まで一緒に戦いたかったのに、自分一人だけ小隊から離れなければならないのが、悔しくてたまらなかった。

闇の中でヤモリが鳴く。姿を確かめることはできなかったが、静まりかえった深夜の病室で、その声はハッとするほど大きく聞こえた。あとどれくらいベッドに縛りつけられているのか。訊ねても軍医は明確に答えてくれなかった。ただ、傷の状態を見れば、この島での戦闘に参加できないのは自分でも判断できた。術後の経過が思わしくなく、もっとちゃんとした治療ができる場所に移す考えを軍医は示唆していた。それを知っても少しも嬉しくなかった。

キンザーとヘンリーの二人がそろって見舞いに来たのは昨日の夕方だった。明日、移動することになったよ。キンザーが笑いながら言い、差し出した俺の手を固く握った。日本軍は沖縄島の南部に敗走していて、それを追撃する部隊に加わるという。傷の具合はどうなんだ？　キンザーが訊いたので、少し化膿しているみたいだが痛みはない、と答えた。ボートから降ろしたときは意識もなくて、本当にどうなるかと思ったからな、あれだけの傷を負って、大した快復力だよ。からかいとも励ましとも取れるキンザーの言葉に笑いかけて激痛が走り、思わず顔が歪んだ。大丈夫か？　と心配そうに顔を近づけたキンザーに、芝居だよ、と言って笑みを作る。キンザーは軽くうなずいて笑みを返した。

もう少しでこの島も陥落する。戦争もじきに終わるさ。一足先に国に帰って、俺達を待っていてくれ。キンザーがそう言ったのに、言葉を返せなかった。俺が落ち込んでると思ったのか、キンザーは大きな声で、ジャップを皆殺しにしてやるさ、穴蔵に隠れているネズミ野郎どもを焼き殺してやる、と言って火炎放射器を構える真似をして見せた。ベッドのそばを離れるとき、それまでほとんど黙っていたヘンリーが、また会おうな、と言った。国で会おう、そう返事をしたら胸が詰まった。部屋を出る二人がぼやけて見えた。

二人が去ったあと、つまらない傷を負って一緒に行けない自分が許せなくて、天井をにらみつけ、胸の中で自分を罵り続けた。海面から男の姿が見えなくなったとき、どうして狙われていると気づかなかったのか。いや、俺達に向かって泳いできたときから、どうしてもっと警戒しなかったのか。今さらどうしようもないと分かっていても、自分自身への怒りは収まらなかった。

怒りは体をほてらせ、傷口をうずかせる。ベッドから降りることもできない自分の体を眺めると、怒りは自嘲に変わっていく。傷病兵として国に送還されるだろう自分が情けなくてならなかった。何も知らない家族や故郷の人々は、名誉の負傷として誉め讃えるかもしれない。そのことを考えると憂鬱になった。だからといって事実を知られるのは嫌だった。島の女を狙って内海を泳いで渡っているときに銛で刺された。しかも刺した相手は兵士ではなく、民間人の若者だった。そのことが知られたら、外を歩けたものではない。家族も酷いショックを受けるだろう。

身動きできない簡易ベッドの上で、そういう不安から逃れるためには寝るしかなかった。暑さと傷の痛みに耐え、軟体動物のようにゆっくりと這ってくる眠りが全身を包むのを待つしかなかった。

そうやって眠りの中に逃げ込んでいたのか、いつの間にか窓から差し込む淡い曙光が壁を照らしている。夢の中でも、起きているときでも、島に来てからの記憶が細切れによみがえり、目が覚めてもしばらくは現実感覚が戻らないことが多くなっていた。ただ、今目にしている光は瑞々しくて、夜明け前の冷気とともに、一日が始まろうとしているという実感を持つことができた。

ヘンリー達はすでに起きて出発の準備をしているだろうと思った。情けなさと怒りがまたぶり返す。せっかくの清々しい感覚を失いたくなかったのに、陰鬱な気分に落ち込むのは一瞬だった。このまま国に戻されたくない。部隊の中には俺のことを陰で卑怯者と言ってる奴もいるだろう。ヘンリーやキンザーだって、他の奴らには俺のことをどう言っているか分かりはしない。あいつ最初はなかなか勃たなかったんだぜ。最後までやってる真似をしてたんじゃないのか。仲間との輪でそう言って笑ってるヘンリーとキンザーの姿が浮かび、血が上って顔の皮膚がちりちりと痛くなる。すぐに二人を勘ぐっている自分に嫌悪感を覚え、顔から血が引いていく。逃げるな、砂浜でそう言ったマクローリーの表情が思い浮かぶ。このまま島を去れば、逃げるのと一緒ではないのか。いつもの堂々巡りが始まろうとしているのは分かっていた。それでも湧き起こる想念を押さえられず、目を閉じて深呼吸をくり返し、気持ちを鎮めようとしていると、優しくいたわる声が聞こえた。

容態はどうだ？　戦闘服を着てヘルメットを右の小脇に抱えたマクローリーが、穏やかな笑みを浮かべてベッドの横に立っていた。すまない。そう返事をすると、少し戸惑った表情を見せて、運が悪かっただけさ、と言った。他の奴に言われたら反撥したかもしれないが、マクローリーの言葉だと素直にうなずくことができた。昨日は用事があって皆と一緒に来られなかったものだから、出発前に会っておきたくて……。ありがとう……。礼を言うとマクローリーは照れくさそうに笑った。

しばらく黙って見つめ合った。こんな物を作ったんだけど……、マクローリーは胸ポケットから鎖の付いた黒い塊を取り出した。目の前にぶら下がっているのは、銛の切っ先を切断して作ったペンダントだった。これはまさか……。驚いている俺にマクローリーはうなずいた。親父に言われたんだ。自分の体を傷つけた銃弾や砲弾の破片はお守りになるから取っておけってな。お前と会う前にサイパンで戦った時も、自分の体から取り出した銃弾でペンダントを作ってる奴が何人かいたよ。まあ、さすがに自分を刺した銛で作った奴はいなかったけどな。細工が下手で申し訳ないけど、記念だと思って受け取ってくれないか。マクローリーはそう言うと、俺の手にペンダントを渡した。

銛の空洞部分に鉛を流し込んで小さな鉄の輪を固定し鎖を通したペンダントは、見た目よりも重かった。どうやってこれを？　俺の問いにマクローリーは得意げに答えた。海で襲ってきた時、あの男は銛に紐をつけて自分の足首に結んであったらしい。洞窟に立てこもったときもその銛を持っていて、捕まったあとに証拠として押収されていたんだが……、ま、それをどうやって手に入れたかは秘密にさせといてくれ。実は昨日キンザー達と一緒に来られなかったのも、この件で動いてたんだけどな。そう言って悪戯っぽく笑うと、マクローリーは腕時計を見た。じゃあ、行くよ。引き締まった表情に変わったマクローリーと握手し、再会を約束した。

マクローリーが去ったあと、手製のペンダントを眺め、明るくなった室内で軽傷の負傷兵や衛生兵が動き出す物音を聞きながら、込み上げてくる感傷を押さえた。右の手のひらに包んで軽く握ると、銛の切っ先と両側の返しが肉に食い込む。自分のだらしなさを攻めるように力を入れ、目を閉じて痛みを味わった。

どれだけの間そうしていたのか、ふいに周りの物音が聞こえないのに気づき、目を開けると室内は暗くなっていて、窓から差し込むのは青白い月の光に変わっていた。昨日の夜から時間が経っていなくて、今し方マクローリーと別れたと思ったのに、それも夢のような気がした。そんなことはなかった。右の手のひらには、もらった銛の感触があった。確かめようと右手を目の前に持ってこようとしたが、動かすことができなかった。金縛りか、と思い体の緊張をゆるめようと大きく息をついたとき、ベッドの真上の梁にあの赤い実が下がっているのに気づいた。全身から汗が噴き出し緊張が高まる。実はざわざわと細かく蠢めいていて、よく見ると赤い大きなハチが全体を覆っている。スズメバチだ。助けを求めようとしたが声が出ず、逃げようと体をひねった瞬間、脇腹から背中に激痛が走り、全身が硬直する。声を出そうと焦れば焦るほど呼吸が苦しくなるだけだった。小指の半分はありそうな大型のハチは、互いに押しのけあうように動き回っていて、最下部の一匹が落ちて垂直に飛んでくる。叫び声は喉で凍りつき、胸に小石があたったような感触があった。ねっとりと何かが肌を這う。胸毛を濡らして肌に広がっているのは血だった。実はいつの間にかドロドロとした血の塊になっていて、大きな滴が絶え間なく胸に落ちてくる。首筋や脇の下、脇腹、下腹部に流れていく血が、赤い蛇のように肌を這い、俺をベッドに縛りつける。

足元に髪の長い少女が立っている。あの少女だ、とすぐに分かった。俺を見ている少女の目が天井に向けられる。血の塊は暗がりの中で毒々しく輝き、天井から離れて落下する。胸に落ちた衝撃で息が詰まる。顔中に血を浴び、目をしばたたいて胸の上を見ると、血にまみれた塊がうねうねと動いている。小さな口を開け、丸まった手足を動かしているのは、へその緒が付いた赤ん坊だった。赤ん坊の重みとぬるぬるした感触に気がおかしくなりそうになる。少女は赤ん坊に手を差し伸べて胸に抱くと、うつろな眼差しを俺に向けた。眼の奥に深い悲しみが凍りついている。この赤ん坊は少女の……、と考えたとき、頭を揺らしていた赤ん坊が俺の方を向いた。次の瞬間、全てをさとった。これから何が起ころうとしているのかを……。握りしめる銛の切っ先が深く肉に食い込み血が滴る。赤ん坊が絞り出すような声で泣き始め、少女は手のひらを濡れた小さな頭に添えて何かささやいた。しばらくして少女と赤ん坊の姿は消えたが、そのか細い泣き声とささやき声が俺の中から消えることはなかった。

視聴覚室から出ると教室には戻らずに、すぐに給食センターに向かった。

四時間目のロングホームルームは視聴覚室で沖縄戦の話を聴いた。六月二十三日の慰霊の日が近いので、クラス担任が大学時代の友人の母親という七十歳前後の女の人を呼んできて、隣のクラスと合同で戦争体験を聞く会を催した。＊＊が一番前で真面目に聞いてるふりをしろと言ったので、言われた通りに演壇のすぐ前に座って、ずっと女の人の顔を見つめて話を聴いていた。別にふりではなく、女の人の話は興味深かったから、一番前で聴けたのはよかったと思ったけど、後ろのことが気になってなかなか話に集中することができなかった。＊＊のグループ以外の同級生は、また真面目ぶってる、と思うかもしれないし、＊＊がわざとそう言いふらすかもしれない。そう考えると気になって、あとでまた何かされるかもしれない、と不安になり息が苦しくなってくる。過呼吸にならないように注意しながら四十分ほどの話に集中した。

女の人が話を終えると、すぐに終了のチャイムが鳴り、予定通りにクラス代表がお礼の言葉をメモを見ながら述べ始める。クラスのみんなの不満と苛立ちが募るのを背中に感じた。それがあとで自分に向かうかもしれないと考えると汗が滲んできて、クラス担任が融通を利かして早く終わってくれることを願った。小さな花束を渡された女の人がお礼の言葉を口にし、それが終わると同時に、隣のクラスのホームルーム長の男子が、正座、礼、と大きな声で言った。後ろの席にいた男子達が出口のドアを開けてどんどん出ていくのが分かった。女の人は驚いた顔でその様子を見ていたが、用意されていたイスに戻るとみんなが出ていくのを目を伏せて待った。担任が女の人に礼を言い、感動したとか、生徒も勉強になったと思います、とか話しているのが聞こえた。席に座ったままうつむいて、その話し声とみんなの騒ぐ声を聞いていて、半分以上は出ただろうと思い席を立ち、出入り口の方にいる十数名の一番後ろについていった。

視聴覚室は二階にあった。一階に降り、職員室の前を通って裏門の方に伸びる渡り廊下を歩いた。裏門のそばにある給食センターに生徒の姿はまだ少なかった。網戸を開けて中に入ると、クラスごとに分けられたパンのケースやおかずの容器、食器の入った籠などが並んでいる。自分のクラスの牛乳パックのケースを両手で持った。一人で持てる？　マスクをしたセンターの女の人が訊く。うなずいて外に出た。給食を取りに来る生徒達とすれ違い、渡り廊下を戻って教室に向かっている途中、職員室を過ぎたあたりで後ろから声をかけられた。振り向くと講演をしてくれた女の人が立っていた。

さっきは熱心に話を聴いてくれて、ありがとうね。笑いかける女の人に、あ、はい、と答えて目を伏せた。人前で話をするのは初めてだったから、とても緊張したけど、あなたが一番前の席で熱心に聴いてくれたから、とても助かったさ。何か返事をしなければ、と思ったけど何も言えない。うつむいていると、戦争の話は難しかったかもしれないね、私の話が下手でごめんね、女の人がそう言って頭を下げたのが、足下の影の動きで分かった。そんなことないです、とても分かりやすかったです……、心の中でそうつぶやいたけど声に出すことはできなかった。黙ったまま立っているのを見て、女の人は気まずくなったのか、給食当番なんだね、邪魔してごめんなさいね、そう言って立ち去ろうとした。

思い切って顔を上げようとしたとき、横の方から走ってくる足音がして、同じ給食当番の三人の女子が女の人に声をかけた。さっきはありがとうございました。いいお話が聴けてとてもよかったです。今まで聴いた戦争の話で一番感動しました。三人が次々と話しかけ、女の人が戸惑っているのが感じられた。さっさと行けよ、という＊＊の声が心に聞こえてきて、頭を下げて教室に向かった。女の人の視線を背中に感じたけど、それは三人のはしゃいだ声に切り刻まれて、陽に焼かれた校庭の土の上で乾いて消えていくようだった。本当に大変な体験をされたんですね。私たちが平和を守っていかなければと思いました。今も戦争で受けた心の傷で苦しんでいる人がいるんですね。三人の声は明るかった。心にもないことを言って、と思ったけど、そういう自分が嫌になって、何も考えないでおこうと思った。

階段を上って二階の教室に入ると、六名一グループで向かい合わせに机が並べられていて、みんな席に座っておしゃべりしたり、教室の後ろや廊下で騒いだりしていた。担任は教卓のそばで副ホームルーム長の＊＊や放送委員の＊＊と話をしていたけど、私を見て、一人でやってるの、と訊いた。いえ、あの、＊＊さんたちも取りに行ってます。そう答えて入口の横の棚に置かれたエプロンを取って着け、牛乳パックを配って回った。時々いやみを言ってくる男子の前に置くとき、お前の配った奴は飲みたくないよ、そう言われそうで怖かったけど、担任がいるからか睨みつけられただけで何も言われなかった。女子バレー部の部員が集まっているグループに配るとき、エースアタッカーの＊＊が置かれた牛乳パックを人差し指の先で遠ざけるようにして押しやった。席に着いていたほかの二人の部員も同じように牛乳パックが置かれるとすぐに押しやり、笑いながらこちらを見る。その視線を避けて隣のグループに行き、牛乳パックを配る。机に突っ伏して寝ていたり、おしゃべりをしていて誰も関心を向けないのが嬉しかった。

牛乳パックを配り終えた頃に＊＊達三人と二人の男子がおかずの入った容器や食器を持って教室に入ってきた。担任が廊下で遊んでいる生徒に教室に入るように言い、全員早く席に着くように指示して、なかなか言うことをきかない何人かを注意して回る。その間に給食の準備は進められて、＊＊がおかずのクリームシチューを容器によそったのを配って回った。牛乳パックよりもシチューを配る方が何か言われそうで怖かったが、女子バレー部のグループが同じように人差し指の先で押しのけたくらいで、ほかの生徒はみんな無視していたのでほっとした。ただ、その分あとで余計に何かされるのではないかと考えると、胸がワサワサして不安になった。それを気づかれないように努めて、準備が終わったので自分の席に座った。

食事の間、同じグループの他の五人は男女に別れて話をしていて、誰も話しかけてこなかった。それは一学期の最初から続いていることで、もうつらいとも感じなくなっていた。むしろ、急に話しかけられたらどうしよう、という不安の方が大きかった。準備の途中でやってきた副担任は担任に遅れたことを詫び、前の方の二つのグループにそれぞれイスを運んで座った。担任が副担任に四時間目の講演の様子を話すと、副担任は別用があって参加できなかったことを残念がっていた。隣の席の＊＊が担任に、給食センターに行くときに講演をしてくれた＊＊さんを見かけたので話をしたことを大きな声で知らせた。どんな話をしたの、感想は言った？　＊＊の話に向かいの席の＊＊や斜め向かいの＊＊も加わり、三人が交代で会話を再現した。他の話し声がやんで三人の声だけになり、担任はそれを嬉しそうに聞いていたが、＊＊さんは一緒じゃなかったの？　と訊かれないか気が気でなくて、ふだんは好きなクリームシチューの味も分からなかった。

＊＊達が話を終えて教室に雑談の声が戻り、少し気持ちが落ち着いて、女の人のことを考えることができた。ちゃんと返事ができなかったのが悔やまれた。女の人の話は面白いというものではなく、

聴いていて苦しくなることばかりだったけど、強く心に残った。島を襲う米軍の艦砲射撃や空襲から逃れて洞窟の中に隠れていたこと。爆弾が落ちるたびに洞窟の中に音が響き、地面が揺れて、いつ体が吹き飛ばされるか、岩が崩れ落ちて生き埋めになるか、と恐くてたまらなかったこと。別の壕に艦砲射撃が直撃し、二家族十二人が生き埋めになり、六歳の男の子一人しか助からなかったこと。壕の上に生えていた松の木が倒れて隙間ができ、男の子はそこに這い出て、地面の割れ目から空気が入ってきたおかげで呼吸ができたこと。部落の人が総出で埋もれた壕を掘り返し、土の中から遺体が出るたびに女達が声をあげて泣いていたこと。遺体の一つは同級生の少女で、濡れた手ぬぐいで顔の土が拭き取られると、眠っているようにしか見えなかったこと。そのことを話したとき女の人は、その時私は十歳でした、みなさんより四歳下だったんですね、と言ってみんなの顔を見渡した。目があった瞬間、顔を伏せてしまった。それでも何か懐かしそうな女の人の表情は分かって、亡くなった女の子と似た顔をみんなの中に探しているのかもしれないと思った。

埋もれた壕の話は生々しかったので、みんな静かに聴いていたけど、それ以外の話の時には、けっこう私語が聞こえていた。後ろを確かめることはできなかったが、二クラスの担任が席の間を回り、声を潜めて注意しているのは分かった。女の人の話は確かに余りうまくなかった。一生懸命話しているのは分かったが、言葉が聞きづらかったし、何度か詰まって沈黙が続くこともあった。子どもの頃の思い出として、海に貝を採りに行ったことや、初めて見た米兵が恐くてたまらなかったことなども話していた。そういう話を聴いても実感が湧かなかった。みんなの反応がよくないのを女の人も感じていたらしく、しだいに微笑みが消えて、戸惑っているような、困っているような表情になり、声もだんだん小さくなった。その姿を見ているのがつらくて目を伏せたかったが、＊＊達に熱心に聞いているふりをしろ、と言われていたのでそれはできなかった。

三十分ぐらいして女の人は話を止めてみんなを見渡した。ごめんなさいね、私の話が下手だから、みなさんを退屈させたみたいだね……、そういって本当にすまなさそうな表情を浮かべた。自分でも分かってるさ、後ろの方で男子の声があがり、隣のクラスの担任が叱責するのが聞こえた。数名の男子と女子の笑い声が聞こえ、ちゃんと聴けー、と注意した男子の声にさらに笑い声が上がる。女の人は黙ってその様子を眺めていた。その沈黙が一分近くも続いて、表情も険しくなっていたので、みんなさすがに静かになった。この話はしようかどうか迷っていたんだけどね……、私はもうみなさんの前で二度と話すこともないから、やっぱり話しておこうと思うから、お願いだからあと少しだけ聴いてね……、そう言って女の人は笑みを浮かべたが、頬や口元が強ばり、無理に表情を作っているのが分かった。

おい、お前いつまで食べてるばー？　早く片づけやれ、同じグループの男子の声に顔を上げると、給食時間は終わっていて、スプーンを持ってぼんやりしているのを見て、クラスの半分くらいの生徒が笑い声をあげた。ごめんなさい。そう言って慌てて片づけようとして、クリームシチューが半分くらい残っていた容器を机にひっくり返してしまった。げー気持ち悪い。相変わらずとろいね。早く拭け。きもい。次々と飛んでくる声が心に刺さる。逃げるように廊下に出て、窓際に干してある雑巾を取ってくると机を拭いた。水道で雑巾を洗っていると、＊＊達がおかずの容器や牛乳パックのケースを持って片付けに行くのが見えた。急いで雑巾を絞って干し、汚れた食器の入った籠を持って給食センターに向かった。

途中で教室に戻る＊＊達三人とすれ違った。うつむいて通り過ぎようとしたとき、＊＊が足を出して引っかけようとした。爪先が引っかかったけど、転びはしなかった。おしい。もうちょい。他の二人が声をあげ、足を引っ込めながら＊＊が、何で転ばん？　と睨みつける。ごめんなさい、と頭を下げていると、一年生のときに体育を教わった＊＊先生が通りかかり、こちらを見た。三人は、がんばってね、じゃあね、と言って教室に向かって歩いていく。＊＊先生に何か言われないうちに足早に給食センターに向かい、食器の籠を置くと走って教室に戻った。

学校では昼休み時間に清掃をやることになっていた。遅れてごめんなさい、そう言って教室に入ると、後ろの壁に掛けられた箒を取って床を掃き、男子がモップをかけるのを待って、後ろに寄せてあった机を元に戻した。教室と廊下は二グループで担当していた。おしゃべりをしながらではあったが、みんなけっこう真面目に清掃をしていた。早く終えた方がその分遊ぶ時間が増える、と考えているみたいだった。できれば掃除時間が長く続いた方がよかったが、そうはいかなかった。机を元の位置に寄せ終えると、クラスでは一番親切な＊＊が、私が捨てに行くから机を拭いて、と言ってゴミ袋を手にした。ありがとう、とうなずいて雑巾を取りに行き、机を拭いた。一人で半分くらいの机を拭き終えたときだった。突然、教室の中にいたバレー部のエースの＊＊が大声をあげた。何でその雑巾で拭くの？　それ、さっきシチューを拭いたものでしょう？　気持ち悪い、わざとやってるわけ？　咄嗟にどう返事をしていいか分からなかった。まわりに数名の女子が集まってきて、何？　何があったの？　と＊＊に訊く。こいつわざとシチューを拭いた雑巾でみんなの机を拭いてるんだよ、と＊＊が答えると、大げさな驚きの声があがる。どういうつもりなわけ。嫌がらせのつもりね。シチューの臭いが移るだろう。机拭くより自分の顔を拭けよ。次々と言葉を浴びせられて、うなだれたまま動けないでいると、横から雑巾をひったくられて顔に押しつけられる。やめなよ、雑巾が汚れるよ。＊＊の言葉に笑い声が上がる。背中に投げつけられた雑巾が足下に落ちる。後ろから頭を小突かれて、みんなに謝れよ、と言われる。ごめんなさい、私の不注意でした。すぐに、声が小さい。聞こえないよ、と叱責されて、大きな声を出そうとしたけど、喉が詰まって息がしにくくなり、何も言えなかった。そうやってすぐに黙るんだから。悪いことしても謝らないから嫌われるんだよ。みんなあなたのことを思って注意してるのに。そんなことこいつに分からないよ。そうだよ、親切にしても話をねじ曲げて先生に告げ口するんだから。まわりに集まっている女子は十名ぐらいになっていて、教室のあちこちで男子達がにやにやしながらこちらを見ているはずだった。しだいに呼吸が速くなろうとするのをなんとか押さえ、早く昼休みの終わりを告げるチャイムが鳴ってくれることを願って立っていると、もう許してやろうよ、と副ホームルーム長の＊＊が言い、何名かがそうだね、と言う。こいつもそんなに悪気があったんじゃないよね。えー、さっきはわざとやったと言ってたくせに。＊＊と＊＊の会話に笑いが起こる。さっきは言い過ぎたから、お詫びにこのジュースをあげるよ、と最初に言いがかりをつけた＊＊が、うなだれている顔の前にオレンジの缶ジュースを差し出した。みんなの友情を入れるからね、ちゃんと顔を上げて見てよ。＊＊の合図で後ろから髪を引っ張られ、顔を上げさせられる。正面に立った＊＊がジュースの缶を口元に近づけ、中に唾を垂らした。まわりでゲーという声と笑い声が上がる。＊＊が缶を隣の＊＊に渡す。私の友情も入れるからね。＊＊も同じように唾を垂らし隣に渡す。ジュースの缶が手渡されていくのを見ていた男子が、すげー、そこまでやる、と声をあげ、廊下にいた生徒達も教室に入って見物を始める。まわりにいた女子がみんな唾を入れ終えると、正面の＊＊が缶を受け取って軽く振り、はい、と言って差し出した。手を出せないでいると、何してる、早く取れ、と後ろから右手の肘のあたりをつかまれて前に手を出させられた。横にいた＊＊が手首をつかんで缶を握らせ、落としたりしないよね、みんなの友情が入ってるからね、と言い缶を押しつける。遠慮しないで飲んで。美味しいはずよ。オレンジジュース好きなんでしょう。みんなの友情を裏切ったりしないよね、早く飲んで。なんで飲まない。飲めよさっさと。まわりから声を浴びせられ、手にした缶を顔の近くに持ってきたけど、どうしても口を付けることはできなかった。なんで遠慮しないでいいよ。私が飲ませてあげようか。世話が焼ける子だねー。そう言って＊＊が手首をつかみ、後ろから＊＊が髪をつかんで顔をそむけられないようにし、左右から＊＊や＊＊が手や体を押さえて逃げられないようにする。＊＊が缶を口に押しつける。オレンジジュースが溢れて顎から首を伝わって流れ落ち、閉じた口を開けさせようと横から伸びた手が鼻をつまみ、別の手が顎を押さえる。開いた口の中にどろっとしたジュースが流れ込む。喉が波打って拒否し、胃から込み上げるものが流れ込むものを押し返す。悲鳴があがり、床に缶の落ちる音が響く。気持ち悪い。えー、制服にかかったよ。私も。口を押さえて体を折ると、オレンジ色と白が混ざった吐瀉物の中に、食べたばかりの野菜のかけらが見える。胃がねじれ、喉が再び波打ち、口を押さえた手のひらから溢れるものが、床に滴り落ちる。涙ですべてが滲んで見え、しゃがみこむと、泣くな、泣くな、泣いたら余計に何をされるか分からない、と胸の中で自分に言い聞かせ、体を丸めて小さくなろうとする。こいつよ、本当にキモイ。せっかく掃除したのに。午後も授業あるんだよ。吐くんだったら外で吐けよ、バカ、臭いだろ。みんなの友情を裏切ったんだよね。みんなあんたのこと心配してるんだよ。こいつ、マジやばい。ごめんなさい、懸命に声を出して謝ると、かわいそうに、だいじょうぶね？　そう言って誰かがそばにしゃがんだ。背中に手のひらが当てられた瞬間、突き刺す痛みに思わず背中を反らせた。金色の押しピンが床を転がっていく。あーあ、せっかく人が親切にしてあげたのに。放送委員の＊＊が立ち上がって残念そうに言い、まわりで笑い声があがる。昼休みの終わりを告げるチャイムが鳴る。＊＊先生が来るよ、廊下の方から誰かの声が聞こえ、みんな自分の席に向かった。

教室に入った社会の先生は、すぐに雰囲気がおかしいのに気づいたらしかった。ホームルーム長が号令をかけたのを止め、教壇の上から教室を眺め渡し、後ろでうずくまっている姿に気づいて近づいてきた。どうした？　肩に手を置くと、かがんで顔を近づけて訊く。何でもありません、と答えると、何でもないことはないだろう、と少しむっとした口調で言う。黙っていると、何があった、ちゃんと言ってみろ、と肩を揺すられた。ジュースを飲んでいて、むせて戻したんですよ、先生。一番後ろの席の＊＊が言い、社会の先生がそちらを見たのが分かった。本当か？　本当だよ先生、みんなで冗談言い合ってたら、笑いすぎて飲んでたオレンジジュースでむせたんだよ。別の女子が言い、前にもあったよな、窓の方から男子の声が聞こえ、前もゲロ吐いたっけ、と別の男子が混ぜっ返して笑いが起こる。肩に置かれていた手が離れ、みんなの言ってる通りなのか？　と訊かれたので、はい、すみません、と答えた。先生、私が保健室に連れて行きましょうか。バレー部のエースの＊＊の声が聞こえた。思わず体が強ばった。ああ、そうしてくれるか。社会の先生が立ち上がると、すぐに＊＊が近づいてきて、顔を洗おう、とやさしげに言う。左手で背中を支え、右手で腕をつかんで、立って、と促す。廊下の方に導かれていくと、先生、私が片付けます、私もやります、と何名かの声が聞こえたのは、みんなバレー部の女子だと思った。大柄な＊＊に肩を抱きかかえられて水道の所に行き、言われるままに顔や手を洗い、口をすすいだ。自分の教室だけでなく、隣の教室からも視線を感じて、石鹸を使いたかったけど水で流すだけにして水道を閉めた。**がハンカチを差し出した。どうしたの、遠慮しないで使ってよ。うつむいて取れないでいると、拭いてあげる、と言って顔だけでなく首筋まで拭ってくれた。されるがままになっていると、**は肩に手を回して、行こうか、と促す。教室の視線が半身に刺さるように感じながら保健室に向かった。一階に降りる階段の途中で、何があったか言ったら赦さないからね、分かってるよね、と**が耳元でささやき、肩を強くつかんだ。何も言いません、答える声が震えた。

保健室に入ると**が教室でみんなが社会の先生に話したのと同じ説明を保健の先生にした。そうなの？ と訊かれたのでうなずいて、どうもありがとう、と**にお礼を言った。じゃあ、ゆっくり休んでね。いたわるように言う**に目を伏せたままうなずいた。**が教室に戻ると、上だけでも着替えた方がいいわね、そう言って保健の先生が備えつけらしい体育着を持ってきた。お礼を言って着替えると、熱を計ろうか、と言われ、ベッドに腰を下ろして体温計を脇にはさんだ。気分はどう、もう吐き気はない？ あ、だいじょうぶです。今までもこういうことはあったの？ 何かアレルギーはある？ いえ、あの、何もありません。今日の給食はクリームシチューだったでしょう、食べていて何か変な感じはした？ いえ、何も感じませんでした。朝ご飯は食べたの？ いえ、あの、食べていません。いつも食べないの？ はい、ほとんど食べないです。そう……、体温計が小さく鳴ったので差し出すと、保健の先生は表示を見て、熱はないみたいね、と言い、正面からじっと見つめる。何かクラスであったの？　いいえ、何もありません、ほんとに？　はい……。心配しなくてもいいのよ、言っても秘密は守るし、必ずあなたを守ってあげるから。ほんとに何もないです。そう、ならいいけど、もし悩みがあったら、先生に教えてね。はい、ありがとうございます。うん、じゃあベッドで休みましょうか。保健の先生の表情は優しそうだったけど信用はできなかった。話したらクラス担任に言うに決まってると思った。担任はクラスで何があったかを訊くに決まってるし、そしたらチクったと言われ、余計にいじめがひどくなるのは分かりきっていた。

カーテンを閉めてベッドに入り、薄い毛布を頭までかぶって横になった。クーラーが利いていて暑くはなかったけど、教室に戻ることを考えると気持ちの悪い汗が流れる。吐いたものを片づけたバレー部の＊＊や＊＊は、あとで必ず何か言って嫌がらせをしてくるはずだった。教室には吐いたものの臭いが残っているはずで、みんなそれに我慢しながら授業を受けているだろう。その苛立ちがどういう形で向けられてくるかを考えると不安が募ってくる。どうして我慢できなかったんだろう、吐くにしても廊下に出て水道の所で吐けばよかったのに。そう考えて自分を責めかけたとき、口に入ったオレンジジュースの味とどろりとした感触がよみがえり、＊＊や＊＊や＊＊が缶の中に唾を垂らしていく様子が目に浮かんだ。胃がうねって再び嘔吐感が込み上げるのを押さえる。他のことを考えようと思い、視聴覚室で話していた女の人のことを思い浮かべた。

残り時間も少なくなってから、みんながちゃんと聴いていないことに困ったらしく、女の人はしばらく黙ったまま、次の言葉を探しあぐねているようだった。島の海でね、貝を採っているときだった。西日で海が光っていて眩しくてね……、再び話し始めた女の人は、ほんとに眩しそうに目を細めた。私と同級生の女の子が三人、それと少し歳の離れたお姉さんの五人で貝を採っていたんだけどね、そのときに島の向かいにあった港から、アメリカ兵が四人泳いできてね……。女の人は強ばった表情で視線をさまよわせた。顔を伏せてその視線を避けようとしたが、＊＊達に言われたことを思い出して顔を上げていると、女の人と目があった。見つめる女の人の眼差しの深さと強さに目をそらすことができなかった。その米兵達に……、こういうことをみなさんに話すのはショックを与えるかもしれないけどね、でも戦争のことを知ってほしいから話すけどね、その歳の離れたお姉さんは米兵達に乱暴されてしまってね、それが原因で体と心の調子を狂わせてしまって……。それが酷くなったのはね、アメリカ兵の子どもを妊娠していると思ったお父さんにさんざん叩かれてね、一番苦しんでいるのはお姉さんだったのに、アメリカーの子どもを産むくらいなら死ね、とまで言われたらしくてね。実際に、そのお姉さんは何度も死のうとしたらしいさ。でも、死ねなかった……。そうして男の子を産んだんだけどね、その子とは一カ月くらいしか一緒にいることができなかった。そのお姉さんの父親がね、その赤ん坊を里子に出したらしくて、里子というのはよその人の子どもとして育ててもらうことだけどね、そうやって自分が産んだ子どもを取り上げられて、一生別れ別れになったことも影響してると思うんだけど、お姉さんはそれから余計におかしくなってしまってね、家族も周りの目に耐えられなくなってね、とうとう島を出ることになった。それからお姉さんは南部のある町で家族と一緒にひっそりと暮らし続けてね、中部とか北部に比べたら南部は米軍基地が少ないから、アメリカ兵の姿を目にすることも少ないはずだったけど、でも沖縄が日本に復帰する前は、今よりもっとアメリカ兵がいたからね、いつも家に閉じ籠って、十年以上も屋敷から外には出なかったというさ。父親には毎日怒鳴られてばかりいたと言うけどね、それでもしだいに体の具合もよくなって、精神的にも落ち着いてね。その頃、隣の家が洋裁品店をやっていて、そこの主人がとても親切な人でね、お姉さんにミシンの使い方を教えてくれたというさ。お姉さんは元もと手先が器用だったし、何時間でも集中して仕事をする人だったから、短期間で上達してね、仕立ての仕事をして収入も手にすることができたから、それまでいつも怒ってばかりいたお姉さんの父親も、少しは態度が柔らかくなったというさ。そうやって毎日ミシンに向かって三十代、四十代と過ごして、自分の家から隣の家に通うだけで、どこにも行こうとしないのは一緒だったけど、その時期がお姉さんにとっては一番幸せな時期だったと思うさ。ただ、日本に復帰して十年くらい経つと、あちこちに大きな店ができてね、洋裁の仕事もすっかり少なくなって、それでも近所の中学校や高校の制服の仕立て直しで細々と店は続いていたけど、主人も歳をとって、きついからということで閉店することになってしまった。お姉さんはまた家に籠るようになってね。もう父親も亡くなっていて、他の兄弟も自立していたから、お姉さんは歳をとった母親と二人暮らしで、母親の年金と兄弟からの助けで質素な生活をしてたんだけどね、ある日急にお姉さんはまたおかしくなってしまった。大声で泣き喚いたり、押入とかトイレに隠れて何時間も出てこなかったり、いきなり外に飛び出して走り回ったりしてね。それまで隣の家までしか行ったことがなかったのに、夜中に家を抜け出して、十キロ以上離れた公園で泥だらけになって座っているのを見つけられたこともあったというさ。お姉さんの母親はもう八十歳に近くなっていて、元気ではあったけど、とても面倒を見きれる状態ではなくなっていてね、私が生きている間は面倒を見ると言い張っていたんだけど、兄弟で相談してお姉さんを病院に入れることになった。そうやって病院に入って、もう十年以上になるんだけどね。お姉さんの母親も亡くなってしまったんだけど、それも分からないみたいだね。もうお姉さんも歳をとってしまって、毎日薬も飲んでるから、以前みたいに暴れることもないけど、誰とも話をしないし、兄弟のこともね、分かっているかどうか……。いつも一人で絵を描いているか、晴れたときには外に出てね、海を眺めているというさ。私はね、思うんだよ。もし沖縄で戦争がなかったら、そのお姉さんが米兵に乱暴されて苦しむこともなかったし、まったく違った人生を生きることができたのにって。戦争でね、たくさんの人が死んだだけじゃなくて、生き残った人の中にもね、ずっと苦しんでいる人がいるんだよ。そのお姉さんにとってはね、その人の家族にとってもね、戦争はまだ終わってないかもしれないさ……。話が下手でごめんなさいね。今日は最後まで話を聴いてくれてありがとうね。ほんとに二度と戦争をしてはいけないし、みなさんが戦争で苦しむことがあってはいけないと思うからね。あなた達にはずっと幸せであってほしいと願うさ。

私のこの気持ちだけは分かってね。話し終えた女の人が頭を下げると拍手が起こった。女の人は戸惑ったような笑みを浮かべて演壇から降りた。

ベッドの中で自分の体を抱いて女の人の話を思い出していると、暗い押入の中でうずくまっている十七、八歳のお姉さんという人の姿が目に浮かんだ。それは話をしてくれた女の人が若くなった姿で、両手で耳を押さえ、いつ戸が開けられて米兵達に引きずり出されるかと怯えて、小さな生き物に変わろうとでもするように背中を丸めて縮こまっている。ああ、自分みたいだと思った。いつもいつも怯えていて、気が休まるときがなくて……。ふいに自分もそのお姉さんみたいに気がおかしくなって、外に出ることもできなくなって、ずっと家に引き籠って生きていくしかないような気がして、涙が溢れてきた。そんな考え甘いよ。あんた大人になれると思ってるわけ？　まだ中学生活は長いんだよ。将来の心配より今の心配したら。＊＊や＊＊の声が聞こえ、体も心も冷えて涙だけが熱を持ってシーツに落ちる。このままどんどん冷たくなって眠るように死んでしまえたらと思う。手首についた傷を指先でなぞる。カッターナイフを押しつけて薄く血がにじむ程度に切ることはできても、強く刃を押しつけて一気に切り裂く勇気はなかった。南部の病院で海を見ているお姉さんという人は、生きていて楽しかったの？　子どもを取り上げられて、ずっと家に引き籠っていて、毎日ミシンに向かって洋裁をして、それで楽しかったの？　本当は毎日苦しくてたまらなかったんじゃないの？　死にたかったけど死ねなかっただけじゃないの？　話をしてくれた女の人に訊ねたかった。そんなにまでして生きないといけないの？　女の人の困った顔が目に浮かぶ。みんなの笑い声が聞こえてくる。生きていたくなかったら、死んだら。誰も悲しまないよ。泣く人って一人もいないはずよ。でもお墓に花束は置いてあげるよ。白い菊の花でいい？　友情の入った缶ジュースも一緒に置いてあげる。みんなの笑い声が響く。耳を押さえてじっと耐える、耐える、耐える、耐える、耐え続ける。

五時間目の終わりを告げるチャイムが鳴る。しばらくして、クラス担任が様子を見に来た。カーテンを開けてベッドのそばに立った担任は、名前を呼んで肩のあたりを軽く叩く。毛布をのけて笑みを作った。教室で戻したみたいだけど、だいじょうぶ？　うなずいて明るい声で言う。だいじょうぶだよ、心配しないで、先生。観察する先生達の目をごまかすのは慣れている。たいていの先生は面倒なことが嫌いでごまかされたがっているのだから、そんなに難しいことではない。六時間目の授業は出られそう？　あの、もう少し休ませてもらえますか。担任ではなくその後ろに立っている保健の先生に言うと、ええ、とうなずいて担任に、そうした方がいいと私も思います、と言う。私から六時間目の＊＊先生に話しておくから、じゃあ私も授業があるから、またあとでね。担任はそう言うと保健室を出ていこうとした。あの……、呼び止めると担任は一瞬迷惑そうな顔を見せたが、すぐに取り繕って、何？　と訊いた。あの、＊＊さんにお礼を言ってたと伝えてくれませんか、保健室まで連れてきてくれてありがとうって。ええ、分かった、担任は笑ってうなずき、カーテンを閉めて保健室を出ていった。他にも何名か生徒が来ていて、保健の先生はその対応に追われていた。

それからもう一時間ベッドの中で過ごした。六時間目が終わって帰りのショートホームルームが終わった時間になっても担任は来なかった。ベッドを降りてカーテンを開けると、机に向かって書き物をしていた保健の先生が振り向いて、気分はどう、と訊いた。あ、もう何ともないです。そう答えると、ここに座って、と傍らのイスに座らせ、額に手を当ててうなずいてから、誰にも言わないから正直に答えてね、ほんとはクラスでいじめられてるんじゃないの？　と左手を包むように握って訊いた。そんなの無いよ、先生、クラスの人はみんな親切だよ。手をふりほどいて笑いながらイスを立つ。帰っていいですか、塾があるんです。保健の先生は目を見つめて、あなたの言葉を信じるけど、何かあったら必ず言ってね、と言ってから机の上の紙袋を渡した。中を見ると畳んだ制服が入っていた。それとね、これ。渡された紙片を見るとメールアドレスが書いてあった。もし困ったことがあったら連絡してね。ありがとうございます。頭を下げて保健室を出ると、足早に教室に向かった。

二階まできてからゆっくりと廊下を進み、聞き耳を立てて誰もいないことを確認してから教室に入った。自分の机に行く前に、チリ籠の所にいって手のひらの紙片を細かく破って捨てた。机の中の教科書やノートをカバンに入れようとしたとき、ノートを破いた紙が一枚、床に落ちた。拾って見ると、＊＊が死んだら悲しい人、嬉しい人と並べて書いてあって、悲しい人の下には何もなく、嬉しい人の下には正がいくつも並んでいる。くしゃくしゃにしてチリ籠に捨てようとしたが、あとで見つけられたらまずいと思い、カバンに入れて急いで教室を出た。

グラウンドや体育館のそばを通らないように遠回りして裏門から出た。もしかしたら門の外に誰か待っているかもしれない、と恐かったが、誰もいなかったのでほっとして、早足で家に向かう。少し距離が長くなるけど、なるべく人目の多い道を歩こうと思い、商店街を通って県道沿いに歩いた。家までは一キロちょっとだった。同級生の誰とも会わずに半分まできて、この幸運があと半分も続くように願った。家まで二百メートルほどの所で、道路沿いに建つアパートの前に来た。クリーム色に塗装された八階建てのアパートは、十年前近くに建てられたものだった。このあたりでは一番高い建物で、同級生の家族も住んでいた。立ち止まって見上げていると、外階段の八階の踊り場でこちらを見ている若い女の人がいた。車の少ないアパートの駐車場に入り、女の人の視線を感じながら外階段の上り口に立った。管理人らしい人が長い時間タワシでこすっていたのに、アスファルトの地面に染みはまだ残っていた。三カ月前、二十代半ばの女性が八階の踊り場からそこに落下していた。手すりの上に両手で体を持ち上げて、そのまま体を前に倒して落ちるのを、歩道を通りかかった人が目撃していた。その証言はテレビでも見たし、新聞でも読んだ。テレビも新聞も警察の言う通りに自殺と断定していた。事件を知っている人でなければ、ただの汚れにしか見えないほどに血の痕は薄くなっていた。その染みを見つめていると、名前を呼ぶ声が聞こえた。真上を見ると、手すりから身を乗り出して若い女の人が見つめている。止めなければ、という思いが込み上げてきて、走って外階段を上った。駆け上がることができたのは五階までだった。息が苦しくなり、足も動かなくなって、やっと八階の踊り場まで来た。誰もいなかった。手すりの近くまで来ると、街並みの向こうに海が見えた。薄曇りで海は青というより灰色に近い色をしている。歩道を歩いているときや階段を上るときは風が無くて汗をかいたのに、この高さに来ると少し風を感じられて気持ちよかった。危ない、近寄るな！　赤いペンキでそう書かれた看板が手すりに掛かっている。枯れかけた白い菊の花束が汚れたビニールに包まれて隅の方に落ちていた。片付けられたというより、そこに吹き寄せられたようだった。手すりにそっと手を置いて下をのぞく。手すりの高さは胸のあたりで、思い切りジャンプをすればその上に体を乗せられそうだった。そう考えると足がじんじんして鳥肌が立ち、脇の下や背中に汗をかいて風に敏感になる。真下のアスファルトに、仰向けになって体が奇妙な形でよじれている若い女の人の姿が見える。その姿が黒い影になってアスファルトに染みこみ消えていく。

何してるの、そんな所で。驚いて振り返ると、四十歳前後の小柄な男が、作り笑いを浮かべて立っている。危ないからね、こっちにおいで。そう言って手招きする男の目は笑っていなかった。手すりが背中にぶつかり、逃げることができない。男は慌てたような表情を見せ、すぐに笑みを作り直すと、右手を差し出して近づいて来る。だいじょうぶだよ、ほら、心配しなくていいからね。体が強ばって動くことができない。いや、近寄らないで、と声を出すこともできなかった。ゆっくり近づいてきて一メートルくらいまで迫ったとき、男はいきなり両手を広げて抱きついてきた。思わず体をよけて男を突き飛ばした。男は二、三歩よろめいて尻餅をついた。そのそばをすり抜けて階段を駆け降りる。

何するんだ馬鹿野郎、人が心配して助けてやろうとしたのに。怒鳴り声が追ってきて背中にぶつかる。男の足音が今にも背後に迫りそうで、一気に一階まで駆け降りた。踊り場の下に来て後ろを確かめ、追ってくる気配がないのにほっとして息を整えていると、コンクリートの塊が一メートルもない手前に落ち、アスファルトに跡を残して砕け散った。見上げると八階の踊り場から男が身を乗り出し、手にしたコンクリートの塊を振り上げている。何か意味の分からないことを喚いて、男は塊を投げつけてくる。よけた体のすぐそばに落ち、砕けた破片が足首に当たる。駐車場の出口に向かって走ってている間、いくつも塊を投げつけられたが、当たりはしなかった。ただ、アスファルトに塊がぶつかる音が、心に穴を開けていくようだった。

歩道に出ても走り続け、百メートルほど走って息が切れた。男が追ってこないのを確かめ、街路樹の脇にしゃがみ込んだ。アパートの方を見ると八階の踊り場に男の姿はない。駐車場の出口を注意しながら呼吸を整える。人も車も出てこなかったが、アパートのどこかの窓から見られているかもしれないと思い、死角になっている路地に入って、何度も後ろを確かめながら母親と二人で住んでいるアパートに帰った。カバンから鍵を取り出している間にも男がやってきそうで、焦ってドアを開けるのに時間がかかった。

部屋に入ると内鍵を閉めて玄関に座り込んだ。薄暗い中で自分の体を抱きしめて震えを押さえていると、心の底に小さなサンゴの枝のようなものがあって、それが踏みしだかれて折れていく音が聞こえた。もういいよね。……。そうつぶやいた。柔らかな手が肩に置かれたような気がし、視聴覚室で話をしている女の人の姿が心に浮かんだ。

あなた達にはずっと幸せであってほしいと願うさ。

少しかすれた女の人の声がよみがえり、涙が溢れて止まらなかった。

手に持った牛乳パックのケースが重いのだろう。少女は痩せた小柄な体を反らすようにして歩いていた。後ろから声をかけると、少女は肩をびくっとさせて首をすくめ、小刻みに歩いていた足を止めた。ゆっくりと振り向いて、少し目を細めて向ける眼差しに怯えた気配があり、それほど大きな声でもなかったはずなのに、と戸惑った。

ごめんなさいね、急に声をかけて、驚かせたみたいね。

あ、はい……。

小さく首を横に振りながら消え入りそうな声で言い、少女はうつむいて顔を赤らめる。ああ、とても内気な子なのだ、と思った。

さっきは熱心に話を聴いてくれてありがとうね。おばさんは人前で戦争の話をするのが初めてだったから、とても緊張してしまって。自分でも下手な話だったと分かってるから、みなさんを退屈させてしまって、申し訳ないと思ってるさ。でも、あなたが一番前で熱心に聴いてくれたから、ほんとに嬉しかったし、話を続ける勇気が出て、助かったさ。

少女はうなずくと足下を見つめたまま、さらに顔を赤らめた。口にした言葉は正直な気持ちだった。講演を始めて十分ほどはよかったが、時間が経つにつれて生徒達の表情が退屈そうになり、しだいに私語が増えていくのが、演壇に立っているとよく分かった。視聴覚室の後ろや横に立っている教師達が注意するのでどうにか収まっていたが、それがなければみんな外に出て行ってしまったのではないか、と思う。

前の職場でとても世話になった同僚の頼みだからと、末の娘に説得されて引き受けたのだが、話している途中から、やはり引き受けるべきではなかった、と後悔した。その思いを隠して最後まで話を続けたのだが、終わったあと、もう二度とすまいと思った。ただ、四十分ほどの講演の間、救われる思いだったのは、一番前の席で真剣な眼差しを向けて聴いてくれた、一人の少女がいたことだった。

視聴覚室を出て、二クラスの担任の教師と校長室に行き、校長先生にあいさつをした。校長先生は穏やかな物腰の女性で、お茶をいただいてひととき雑談をしている中で、伯父は防衛隊に出て戦死し、遺骨も戻ってきませんでした、と話した。亡くなった祖母がよく伯父のことを話していました、と語ったあと、今日は子ども達にとっていい体験になったと思います、とていねいに頭を下げられた。自分の話のつたなさを思い出して恐縮してしまった。三人に玄関まで見送ってもらい、校門に向かって歩いていると、少し離れた渡り廊下をいく女子生徒の姿が目に入った。

すぐに一番前の席で聴いてくれた少女だと気づいた。小走りにあとを追い、手を伸ばせば届く距離まで来て声をかけた。思わずそういう行動に出てしまうほど、少女が集中して話を聴いてくれたことが嬉しかった。ただ、こちらがかけた言葉に戸惑った様子で、うつむいたまま立っている少女を見ていて、声をかけたのは迷惑だったかもしれないという思いが湧いてきた。

給食の準備があるのよね。ごめんなさいね、急に呼び止めたりして。一言お礼を言いたかったものだから。今日はありがとうね。

そう言って立ち去ろうとしたとき、少女は顔を上げてこちらを見た。耳たぶまで赤くして、少女は小さく息をつくと、唇を開きかけた。その時、横から別の女子生徒達の声が飛んできた。

さっきはありがとうございました。

いいお話が聴けてとてもよかったです。

今まで聴いた沖縄戦の話の中で一番よかったです。

弾けるような声の三名の女子生徒は、視聴覚室で後ろの方の席に並んで座っていた。途中からしきりにメモを交換し、小声で話をしていたのを覚えていたので、そういうふうに言ってくれたのが意外だった。

土の中から助け出された女の子の話が、とても可哀想だったです。

戦争は、もう絶対にやってはいけないですよね。

防空壕の中で、トイレはどうしてたんですか？

最後に質問をした少女の腕を他の二人が叩いて、すみませんと頭を下げる。質問をした少女も頭を下げ、その様子がおかしくて思わず笑ってしまった。三人もほっとした表情を見せて笑い出す。うつむいていた少女が頭を下げて歩き出す。何を言おうとしてやめたのか気になったが、改めて声をかけることはできなかった。

里子に出された赤ちゃんは、そのあとどうなったんですか？

いきなり出された問いに、冷たい指先で胸の内側を突かれたような感覚を覚えた。何か部活動をやっているのだろう、日焼けした少女の顔に浮かんだ笑みは屈託がなかった。けれども、その問いは重く、すぐには答えられなかった。歩み去っていく小柄な少女の後ろ姿を見つめ、言葉を探した。動揺している気配を感じたのか、三人の少女は笑うのをやめた。

ごめんなさいね。小母さんもね、その赤ちゃんがどうなったか、くわしいことは分からないさ。

その言葉に女子生徒達は、何も言わずにうなずいた。それから気まずい雰囲気を振り払うように、今日はほんとにありがとうございました、また学校に来てくださいね、元気でね……、三人は笑いながらそう言って、競い合うように走っていった。その言葉の響きや動作の一つ一つが、澄んだ光を放っているようで、気持ちよく、懐かしく、羨ましく、そして少し切なかった。

講演会のあとにもらった花束に目をやり、それから女子生徒達が去っていった校舎の方を見てから、校門に向かって歩きだした。校庭や廊下に響くにぎやかな声を聞きながら歩いていて、顔を赤らめてうつむいていた少女の姿が思い浮かんだ。ちゃんと話ができなかったことが残念だった。自分の話のつたなさを省みず講演を引き受けたことへの後悔が、彼女が聴いてくれたことで少しは慰められた。彼女の心に、いや彼女だけでなく他の生徒達の心にも、自分の言葉がいくらかでも届いてくれていたら……、と思った。

校門のすぐ近くにあるバス停に立ち、十分ほどしてやってきたバスに乗り込んでターミナルまで行った。二階の食堂に入ると、バスの運転手や観光客で席は半分ほど埋まっていた。沖縄そばを頼み、セルフサービスの水を飲んで一息つく。急に疲れが襲ってきて力が抜けた。冷房が利きすぎて肌寒く、風邪を引かないか心配になった。運ばれてきた沖縄そばは体を温める役に立った。ふだんは三分の一は残して箸を止めるのだが、講演をしたおかげか最後まで食べてしまった。

食堂の外に出ると、排気ガスの臭いが混じった生温い風が階段から吹いてきて、あわててハンカチで鼻と口を押さえた。末娘の家族と一緒に住んでいるマンションは、バス停からタクシーで五分ほどの所にある。帰ってもこれといってすることはなかった。階段を降りると南部方面行きのバスが止まっているのが見えた。自然と足が向かい、バスに乗り込むとすぐにエンジンがかかる。二、三分待ってバスは発進した。

姉が入っている施設は、沖縄島の南端に近い海が見下ろせる丘にあった。渋滞しない時間帯ならバスターミナルから四十分ほどで行けるその施設に、最近は週に一度は行っていた。半年ほど前から姉は、昼間訪ねてもベッドに横になっていることが多くなった。それまでは娯楽室でテレビを見たり、テーブルに座って絵を描いたり、晴れた日には外に出て海を眺めたりしていた。それが三度に一度はベッドに横になっているようになり、やがてそれが三度に二度になり、この二カ月ほどはいつもベッドで寝ているようになった。肩を揺するとすぐに起き、誘えばテレビも見るし、散歩にも出るのだが、動作の一つ一つに弱りを感じた。糖尿病や高血圧の薬を飲んでいるが、介護士の話では、それらの症状が悪化したというわけではなかった。体全体が止めようのない変化として弱っていることを認めるしかなかった。

それは姉だけではなかった。いつの間にか自分も七十歳を越していた。末の娘の家族と一緒に住むようになって三年になる。六十五歳になるまでは中部に一人で住み、小さな総菜屋で働いていたが、膝の痛みが酷くなり、長時間の立ち仕事ができなくなった。軍作業をしていた夫が作業中の事故で四十二歳の若さで死んでから、三人の子どもを育てるために昼も夜も働き通しだった。それだけに仕事を辞めると気持ちの張りがなくなってしまった。仕事に追われた生活で近所付き合いも少なかったし、地域の老人会の集まりにも行く気になれず、アパートの部屋に籠っていることが多かった。見かねた末の娘が声をかけ、アパートを引き払って那覇市内のマンションに同居することにした。

末の娘には小学校四年生と二年生の男の子がいて、一転して賑やかな生活に入り気持ちが明るくなった。ただ心の隅に、迷惑をかけているのではないか、という意識が常にあった。娘婿は大らかな性格で、それでいて細かい気遣いもしてくれた。孫達も、上の孫は以前のようには話さなくなったが、下の孫はおばあちゃん子と言われるほどになついていた。何の不足もない老後を迎えていて、文句を言うのは我が儘でしかないというのは分かっている。それでも、住み慣れた中部の街に戻り、一人で暮らした方がいいのではないか、という思いを消し去ることができなかった。

三人の子は娘ばかりで、長女は嫁ぎ先が長男で、夫の両親と同居していた。次女は高校を卒業して東京に出て、今は結婚して茨城で暮らしている。自分が働けなくなったら三女が同居するということは、三人で話し合っていたらしかった。その気持ちが嬉しかったのと、仕事を辞めたあとの物足りなさや寂しさもあって、思い切ってアパートを引き払ったのだが、その選択は正しかったのかどうか。

正しかったさ……、それでよかった。世の中には身寄りがない人もいれば、子どもと同居したくてもできない人もいるのに、自分は幸せさ……。

窓の外を眺めながら自分に言い聞かせた。

贅沢言ったら大変さ。娘が三人いるだけで、姉さんに比べたら、私の人生はどれだけ幸せか……。

里子に出された赤ん坊のことを訊いた女子生徒の顔が思い浮かぶ。悪気はなかったはずだった。ただ、屈託のない表情の裏にある無神経さに、腹立たしい思いが今になって起こってくる。まだ子どもでそれだけの判断しかできなかったのだ、と考えたが、胸の中に嫌な感触は残った。

外は六月の日差しが物や人の影をくっきりと描き出している。横断歩道の前に立っている人達は、暑さにうんざりした表情を浮かべ、信号が変わるのを待ちながらハンカチや手のひらで顔を扇いでいる。バスの冷房は最初は気持ちよかったが、だんだんきつくなってきて、まだ暑い方がいいと思え、のろのろとしか進まないバスに苛立ちを覚えた。

忘れようとしても少女の質問が頭から去らなかった。赤ん坊はあれからどうなったのか。それは心の底にずっと封じ込めてきた問いだった。自分ではけっして開けなかった扉をいとも簡単に開けられ、無理矢理に問いを引きずり出されたような気がする。

薄暗い家の中で待っていた家族の顔が目に浮かぶ。赤ん坊の泣き声が聞こえたとき、みなの顔に笑顔は浮かばなかった。母の顔は泣きそうに見え、父の顔は眉間や口元に皺が寄って恐かった。裏座の引き戸を開けて、産婆が赤ん坊を抱いて出てくる。か細い泣き声をあげている赤ん坊は灰色に見え、全身がぬるぬるするもので覆われていた。

アメリカーやあらんさや……。

父のその言葉に母の表情が一瞬やわらいだように見え、それを目にした私もほっとした気持ちになった。ただ、次に放たれた父の言葉に、母の表情も私の気持ちも押し潰された。

島《しまぬ》の犬畜生達《いんぐわーたー》の子《ぬくわー》であるもの《るやるむん》な。

そう吐き捨てるように言うと、父は縁側から庭に降り、不似合いに大きな米軍の靴をはいて門の外に出ていった。その言葉は鉄の鏃《やじり》のように胸の奥に突き刺さったままで、触れると今も血が流れ出す。

産婆から赤ん坊を受け取った母は自分と寝ている姉を励ますように、可愛いぐわーえっさー、うり、今洗《なまあみ》すんどー、と大きな声で言って、赤ん坊の体をお湯で洗った。涙をこらえた母の顔と震える手に抱かれた赤ん坊の顔が目に浮かぶ。ふいに裏座で音がし、みなの目が引き戸にかかった白い手に向けられる。

我《わん》が赤子《あかんぐわ》ぞ《ど》……、我《わん》が産子《なしんぐわ》ぞ《ど》……。

戸口まで這ってきた姉が、汗まみれの顔に笑みを浮かべて、やせ細った手を伸ばす。

動《えー》くなけー、寝《に》んとーけー。

産婆が怒鳴りつけたが、姉は聞こえないようだった。赤ん坊の泣き声が急に高くなった。母は赤ん坊を姉に手渡そうとして、ハッと気づいたように自分の胸に抱いた。

心苦《ちむぐり》さよや、こんな《かんし》までぃ哀《あわり》れなくとぅや……。

母が赤ん坊を抱いたまま泣き崩れると、産婆は裏座に入って後ろから姉を羽交い締めにし、奥に引きずっていく。姉には抵抗する力は残っていなくて、我《わん》が赤子《あかんぐわ》、我が赤子、と弱々しい声が暗い裏座から聞こえた。

目頭が熱くなり、ハンカチで拭いても外の景色は滲んだままだ。バスが道を曲がると日差しが窓から入る。頰や肩に少し温かみが戻る。眩しかったが、カーテンを閉めずに日差しを浴びた。我《わん》が赤子《あかんぐわ》、とくり返す姉の声を思い出すと今も息が苦しくなる。閉じた瞼にも光は赤く感じられる。その光から逃れるように姉は裏座に閉じ籠っていた。

いや、逃れていたのは光ではない。島の人達の眼差しであり、声であり、ぬめぬめと伸びてくる手や足や舌だった。

食事を持っていくと、姉はたいてい裏座の隅の方で薄い掛け物をかぶり横になっていた。体を丸めて向こう向きになっている姉に、姉《ねー》ねーご飯ど、と声をかけると、首《こうべ》をめぐらせて、ありがとうね、と答えるが、起きあがって食事をとろうとはしない。戸を開けたまま台所に戻り、父が何か言わないかと怯えながら、母の手伝いをする。まだ小学校に上がる前の二人の弟も、声を潜めて話をしていて、つい声が大きくなると、すぐに父の様子をうかがう。父の怒りがいつ爆発するか、それに怯えながら暮らしていた島での生活。いや、それは島を出てからも続いた。島の人達のぬめぬめとした眼差しや囁き声は、姉だけでなく家族全員につきまとい、父の怒りが治まることはなかった。

今なら父の怒りもいくらかは理解できる。米兵に娘を凌辱されても何の抵抗も抗議もできず、泣き寝入りしてしまった自分自身への怒りとやりきれなさ。ただ、それを理解できたからといって、怒りを家族に向けて憂さ晴らしをしていたことを赦せはしない。父が死んで二十年以上経っても、声を発することに、足音一つ立てることにも気を遣い、いつ怒鳴り声が飛んでくるかとびくびくしながら暮らしていた日々を思うと、父への怒りが沸々と湧き上がってくる。そして、父が姉にした仕打ちを思い出すと、体の奥で何かが鋭く裂けて、その裂け目から怒りや悲しみがほとばしり、自分を押さえられなくなりそうで恐くなる。

泣き声を上げる赤ん坊を抱いて、門の外に向かう父の後ろ姿。裏座で泣き喚き、暴れている姉を抑え込み、諭したり、怒鳴りつけたりしている母や叔父、叔母達の声。二人の弟を抱いて台所に座っている自分。父が出ていったあと、門の所から家をのぞいている隣近所の人々に覚えた憎しみ。その憎しみは姉を叱りつけている母にも向かう。そして、赤ん坊を姉から取り上げて、前に立った私の顔を手の甲で叩いて突き倒し、出ていった父に覚えた殺したいほどの憎しみ。

あの日、父は海か森の奥に赤ん坊を捨てにいったのだと思った。里子という仕組みを知ったのは、それから何年も経ってからで、中学になって母から、赤ん坊が中部のある施設に預けられ、そのあと里子に出されたことを聞かされた。赤ん坊は生きている……。そのことを知ったとき、心に打ち込まれていた固い鏃の切先の一つが取れたように感じた。だが、自分はそう感じても、姉はどうだったか。母から同じ説明を受けて、同じように認識し、感じることができたか。

そんなことはあり得なかった。

赤ん坊のことを家の中で口にすることはタブーだった。もしそれを口にすれば、姉を狂乱に陥れ、父の暴力を誘発する。まだ小学校に上がっていなかった弟達もそのことを理解し、その暗黙の了解は父が死んで二十年以上経った今でも続いている。盆や正月、清明祭《しーみー》の時に、位牌と墓を見ている上の弟の家を訪ねる。姉の様子は細かく話し合っても、赤ん坊のことを話題にすることはなかった。

母と姉が二人で暮らしている間に、どういう会話があったのか。時には里子に出した子どものことを話すこともあったのか。赤ん坊も生きていれば今では六十歳になっているはずだった。そのことを想像することさえ難しかった。どこかで幸せに生活していてほしい……、そう願うしかなかった。

バスは窓の外にサトウキビ畑が続く道を走っている。まだ人の背丈にも満たないサトウキビの葉が揺れている。冬に通ると、そこは銀色の穂が揺れて童話の世界にでも入り込んだようになる。今は真夏の炎熱と乾燥を前に、少しでも成長しておこうというサトウキビの勢いが畑に溢れているような気がした。

一人の女子生徒が制服姿で歩道を歩いていた。学校が終わるのにはまだ早いように思え、早引きしたのだろうか、と気になった。赤ん坊のことを訊いた女子生徒のことをまた思い出す。忘れてはならないことに目を閉ざし、封じ込めている自分。そういう自分の姿を浮き彫りにされたから、女子生徒の率直さに反発を覚えたのかもしれない。そう考えることで、冷静になろうと努める。しかし、気持ちはなかなか切り替えられなかった。

父が死んだあと、母と姉は二人きりでひっそりと暮らしていた。六十歳を過ぎたばかりの姉の姿が思い浮かぶ。部屋に籠って日に当たらないせいか、色白で染みや皺も少なく、気持ちが落ち着いているときは年齢よりずっと若く見えた。日々の生活に追われている自分の方が老けて見えることが嫌だった。それでも私の方が幸福だ。そう自分に言い聞かせると、後ろめたさが募った。

高校を卒業すると、自分も二人の弟達も逃げるように家を出て、盆と正月以外にはほとんど帰らなかった。父の怒鳴り声は前より少なくなったとはいえ、いつも苛立っている様子は変わらず、酒を飲んで荒れる姿は、目にするのも嫌だった。それ以上に嫌だったのは、姉を見るときの父の目だった。怒りや嫌悪、蔑み、憎しみ、あらゆる負の感情が込められたような冷たい眼差し。その眼差しを思い出すと、心が穏やかでいられなくなる。

隣の洋裁店でミシンの技術を学び、姉が家にお金を入れるようになって、父の態度も変わったと母から電話で聞いたことがあった。嬉しくてならなかったが、正月に帰ったとき、父の眼差しは何も変わっていなくて、余計に憎しみが募った。

父が死んだとき、顔を覆った白い布を取り、閉ざされた瞼を見ながら、もう二度とあの眼差しを見ないでいいのだ、と思った。そのことを密かに喜んでいる自分を、否定しようとしたがしきれなかった。

しかし、父よりも卑怯なのは私の方だ。父は逃げることができなかった。その言動は赦されるものではなかったが、それでも父は家の中で毎日姉と向き合い、無力な自分と向き合っていた。だからこそ苦しみ、荒れてもいたのだ。私はただ逃げているだけだった。父や母や姉が苦しんでいるのを見て見ぬふりして、記憶を胸の奥に封じ込め、父や母が死んだあとも、日々の生活に追われていることを口実にし、姉から逃げ続けてきた……。

父が死んで、もう恐れることはないはずなのに、母と姉が住んでいる家を訪れることはしなかった。盆と正月でさえ、泊まりたがる子ども達を叱りつけ、中部のアパートに帰った。母から電話がかかってくるときも、姉と代わろうかと言う母に、いいよ、と答えて話しさえしなかった。下の弟から、母がだいぶ弱っているうえに姉がまた精神不安定になっていて、もう世話をするのは無理だ、姉を施設に入れたい、と電話を受けたときも、ずっと前から気づいていたのに言い出さなかった自分を、心の中で言い訳ばかりして恥じなかった。

姉を施設にあずけることに母は反対し続けた。自分が世話をすると言い張り、下の弟が苦労して入所手続きをとった精神治療施設に断りの電話を入れるよう言い張って、弟達や私を怒らせた。自分の体も見きれないのに何を言ってるか。そう母を叱りつけている弟達の目は潤んでいた。姉さんが行く所は景色もよくて、みんなが親切に世話をしてくれるさ。病気になっても安心だし、会いたいときは私達が連れて行くから、何の心配もしないでいいよ。そう言って母をなだめたが、母は弟達や私に食ってかかり、姉をどこに連れて行くのか、となじり続けた。

そういう母を見て怒りを抑えきれなかった。なんで姉さんのことばかり、いつも姉さんのことばかり、私達のことは考えないの、これ以上私達に何をやれと言うの、歩くのもやっとのくせに、自分の面倒も見きれないくせに、難儀するのは最後は私達なんだよ、お母さんが死んだあと、誰が姉さんの面倒を見ると思ってるの、そういう私達に感謝する気持ちはないの、私達のことを真剣に考えたことはあるの、私達もあんたの子どもなんだよ……、そう叫んで泣き伏した。

緩やかな起伏の丘を上りきると、サトウキビ畑の向こうに濃い緑の森と数軒の家、そして海が見えた。六十年前、その海が米軍の軍艦で埋まり黒く見えた、という話が思い浮かぶ。今はサトウキビ畑や住宅地になっているこの一帯が、六十年前は死体が散らばる激戦地だった。そう考えると、陽光を受けた緑の葉が波打つその下に、何層にも重なった死体があり、腐敗した体から流れ出す臭気と呻き声が、サトウキビの幹と葉の間から漏れ出てくるような気がしてくる。それは暗い裏座の奥で向こう向きになってうずくまり、低くつぶやいていた姉の体臭と声のようでもあった。

あのとき姉は、赤ん坊に話しかけていたのだ。自分の腕に抱いた赤ん坊に。

ふと、そう思いついたのは、最初の子が産まれてひと月ほどが経った夜、泣きやまない子をなだめようと乳首を含ませているときだった。

もし、この子を今取り上げられたら。

そう考えたとき、姉が味わった苦しみの大きさを、やっと自分のものとして感じることができた。閉じた目から涙が流れているのが分かった。バッグからハンカチを取り出して頬を拭いていると、斜め前に座っている幼稚園生くらいの女の子が不思議そうに見ている。微笑みかけると、女の子は隣に座っている母親に何か言った。シート越しにこちらを見た母親が頭を下げ、女の子に注意している。自分もいつか娘に同じように注意をした気がして、懐かしい気持ちになる。窓の外の風景は幹線沿いの商業地に変わっていて、量販店の看板が並んでいる。女の子と母親が降りたあと、二つバス停を通り越し、小高い丘を背後に控えたバス停で降りた。

姉の入所している介護施設は丘の上にあった。坂道を三百メートルほど歩かなければならず、年寄りにはきつい距離だった。しかし、タクシーを使うには中途半端で、いつも歩いて上っていた。姉にとっては三つ目の施設だった。最初に入っていた精神科の治療施設には十年以上いた。そのあと老人介護を主とした施設に移った。そこは設備や職員の対応がよくなかったので、二年前にこの施設に移ってきた。入所希望者が多く、施設の経営者と下の弟が知り合いでなければ、あと何年待たされたか分からなかった。施設は二十四時間介護が行き届いていて、近くにある総合病院と提携もしていたので、安心して姉を任せることができた。

姉のことを考えて、母は思いがけないほどの貯金を遺していた。ただ、それは母が亡くなって数年で底をついた。上の弟は長年働いてきた建設会社が倒産し、現在はガードマンをしていて生活が厳しかった。レストランを経営している下の弟が、姉のために主に金を出していた。下の弟は高校を卒業後、レストランの下働きから始めて、今では那覇市内に三軒の店を出すまでになっていた。とはいっても、入所費の負担は大きかったはずだが、不満を漏らすことは一度もなかった。はっきりと口にはしなくても、弟達が上の姉に対して、深い痛みを感じ続けていることは分かっていた。

膝の痛みをこらえ、途中二度休んで、坂道を十五分ほどかけて上った。施設の門を入り、タイワンレンギョがきれいに刈り込まれた中庭を通り、赤やオレンジ、紫の花が溢れるように咲いたプランターが並ぶ玄関前に来て、一息ついた。自動ドアを抜けて玄関ホールに入ると、冷房が気持ちよかった。同時に施設特有のにおいが気になった。悪臭というのではない。むしろ清潔さを強調するようなにおいなのだが、何度来ても慣れることはできなかった。

受付で面会記録簿に名前を書き、姉の部屋がある二階に向かう。四名一部屋の奥の窓際に姉のベッドはあった。珍しくベッドは空いていて、姉の姿はなかった。向かいのベッドの老女は眠っていて、他の二人の老女も部屋にいない。静かな室内でしばらく姉のベッドのそばに立ち、枕元の壁に貼られた三枚の絵を眺めた。この施設に入って、介護士のすすめで姉は絵を描き始めていた。クレヨンで描いた絵はどれも重く暗い色調で、濃い緑や青、紫が何度も塗り重ねられ、深い森の奥のようだった。三枚の絵は同じように見えるが、わずかに変化がある。

右上の絵は若草色や黄色が所々に使われ、三枚の中では一番明るい感じがした。ただ、真ん中から右寄りに真っ黒に塗りつぶされた穴のようなものがあった。黒のクレヨンを執拗に塗ったそれを見ていると、実際にそこに深い穴が空いていて、近づくものを飲み込もうとしているように見え、薄気味悪くなってくる。それだけでなく、姉の心にも同じような穴が空いていて、いや、姉だけでなく自分の心にも同じ穴が空いていて、その穴があるために自分達は不安に怯えつづけている、そういう思いにかられ、いい気持ちがしなかった。

その左隣の絵は一番暗い色調で、濃い緑や紫、群青、焦げ茶や黒の線で画用紙が覆い尽くされている。右の絵の黒い円と対応するように、真ん中から左上に赤い円があった。濃い赤のクレヨンを何十回もぐるぐると塗り回したようなそれは、何かの木の実かと思えたが、木々の間から見える夕日にも見え、また、こちらの様子をうかがう生き物の目や血溜りのようにも見えて、同じように薄気味悪かった。

その二枚の下に貼られた絵は、先週来たときにはなかったので、最近描いて貼ったものらしかった。緑や紫を塗り重ねた暗い森の上に、二センチ幅くらいの青い線が水平に塗られている。その青色が他の二枚とは違った印象を与えていた。画面の右下に茶色のクレヨンで描かれた二つの奇妙な形があり、最初外国の文字のように見えたそれは、よく見ると人の形のようだった。二人の人が寄り添うようにしてうずくまっている、そういうふうに見える。二人で草むらに隠れているのか、何かを探しているのか、それとも体を温め合っているのか。小さな丸と歪んだ線で描かれたその形は、森の中に迷い込んでしまい、途方に暮れているようにも見える。もし一人が姉なら、もう一人は誰なのか。大きくなった赤ん坊なのだろうか……、そう思いながら青い帯に目をやり、ふと気づいて窓の外を見た。

丘の上にある施設からは海がよく見えた。雲が太陽をおおい、海の色は灰色がかって見える。サトウキビ畑の向こうに、海岸線に沿って木麻黄《もくまおう》の防潮林が伸び、その上に海が広がっている。その風景を見て、それまで森の上の空だと思っていた絵の青い帯が、海を表しているのかもしれないと思った。窓辺によって外の景色を眺めていて、芝生が敷かれた広い庭の端の手すりに両手をのせ、海の方を見ている姉の後ろ姿に気づいた。ベッドに花束を置くと、急いで部屋を出て姉の所に向かった。

近づいて声をかけると、姉は小さく首をすくめて、ゆっくりと振り向いた。その仕草が中学校の校庭で声をかけた少女に似ていて、驚かせてしまったか、と自分の不注意に腹が立った。

びっくりさせたね、姉さん、ごめんね。

姿よりも声で分かったというふうに、姉はうなずいて笑みを浮かべた。茶色くなった歯がまばらに残る口から涎が垂れ、それをハンカチで拭いてやると、姉は小さな声で、ありがとう、と言い、また海の方を見る。日が陰っても暑さは変わらず、帽子もかぶらず日傘も差さず、どれだけの時間ここに立っていたのだろうと考えると、体調のことが気になった。その一方で、いつも横になってばかりいる姉が、今日は外に出て元気そうなのが嬉しかった。

姉さん、何を見てるの？

姉は前を向いたまま反応を示さない。そばに立ってコンクリート製の擬木の手すりに凭《もた》れ、姉が見ている方に目をやった。吹く風にサトウキビ畑がゆったりとうねり、木麻黄の細い枝と葉も揺れている。沖のリーフに沿って白い波が立ち、その遠鳴りが単一の調子で聞こえてくる。みな寝静まったように施設は静かで、庭に出ているのは二人だけだった。サトウキビ畑を渡り丘を上ってきた風が、姉の短く刈った白い髪を乱す。姉は気持ちよさそうに目を細め、笑みを浮かべる。その横顔を見つめ、こんなに穏やかな表情を見たのはいつ以来だろうと思った。ふと、姉の唇が動き、何か言ったようだった。

え、何？

姉は海を見つめたまま、何も答えなかった。ただ、姉がつぶやいた言葉は耳に残っていた。かすかな風の音と共に。

聞こえるよ《ちかりんどー》、セイジ。

親愛なるミスター・＊＊＊＊。お手紙を拝読し、お心尽くしを有り難く思います。沖縄で行なわれるイベントに際して、沖縄戦に通訳兵として従軍した二世の私達を、沖縄県が顕彰しようとしていることは、私も聞いています。かつての仲間から一カ月ほど前に連絡がありました。私と同じく両親が沖縄生まれで、沖縄戦でともに従軍した彼は大変喜んで、ぜひ一緒に表彰式に行こう、今から体調を整えておけよ、と話していました。私達が戦争中に行なったことが評価されるのは嬉しいことです。ただ、その時私は彼にきちんと返事をすることができませんでした。

今回あらためて貴方から、顕彰の対象者として私を県の担当者に紹介したいというお申し出をいただき、有り難く思うと同時に、正直言って戸惑っています。回りくどい言い方はやめて、結論から言います。私には貴方のお申し出を受けることはできません。このように記すことで、貴方の好意を踏みにじることになるのを恐れます。しかし、私にはどうしても、顕彰の対象になることができないのです。謙遜からなのではありません。私には自分がそのような対象になることが許せないのです。

その理由を書かなければならないと思っています。理由も書かずに断るのは、失礼なことだと思いますし、私が辞退することで他の仲間に影響を与えることへの懸念もあり、本来ならその理由を貴方と他の仲間に対して説明すべきだという思いがあります。ただ、これから書くことは、貴方の胸の内だけに留めておいてほしいのです。他の仲間にはいっさい伝えないでほしいのです。そのことをぜひ納得してこれから先の文章を読んでほしいのです。強制して申し訳ありませんが、それが私の切なる願いであることをご理解ください。

両親が沖縄出身である私は、日本語と沖縄の言葉の両方をある程度つかいこなすことができました。それを生かして通訳兵となり、沖縄に派遣されたことは、ご存知の通りです。捕虜の尋問や押収した日本軍の文書、兵隊の手帳などから重要なものを選別し翻訳する作業、そして壕に隠れている日本兵や住民に投降するように呼びかけること。私達が行なった任務はこれまで貴方に話してきました。それらのこと以外に、もう一つ私が沖縄で体験した重要な出来事があります。何度も貴方に話そうかと思いましたが、結局話すことができないままとなっていました。今回のことがなければ、話さないままだったかもしれません。けっして忘れられない出来事でありながら、思い出すと辛くなり、居たたまれなくなるために、人に話すこともなく心の中に封じ込めてきた。そういう記憶であることを最初にお断りし、長くなると思いますが、最後まで読んでいただきたいと思います。

沖縄に派遣された私は、すぐに沖縄島南部の戦闘に参加したのではありませんでした。当初は北部に上陸した部隊にいて、一カ月ほど北部地域で任務にあたっていたのです。ご存じのように北部地域での本格的な戦闘は短期間で終了しました。半島の山岳地帯を拠点にしていた日本軍の武器は貧弱なものであり、我が軍の攻撃に対抗し得るものではありませんでした。ただ、北部地域は山々が連なり、密林が広がっていて、その中に散開してゲリラ戦を展開する日本軍を掃討するのは容易ではありませんでした。とは言っても、すでに敗残兵と呼んだ方がふさわしい日本軍は、武器の貧弱さに加えて食糧も乏しく、組織的に抵抗する力はありませんでした。

北部地域での戦闘が終わっても、中・南部地域では激しい戦闘が続いていました。掃討戦と捕虜にした兵士や住民の対策を迅速に進め、部隊を中南部の前線に移動させることが急務となっていました。そのために捕虜の取り調べの補助や各集落をまわり住民対策を行なうといった私の任務も多忙を極めていました。

そういう中で、ある地域で一つの事件が発生しました。漁師の若者が銛《もり》で我が軍の兵士を刺し、重傷を負わせたのです。私はすぐにその地域に行き、調査にあたっている憲兵隊のウイリアム少尉の指揮下で通訳として任務にあたりました。漁師の若者は行方をくらましていて、私達は若者が住む集落の主だった者達から事情を聴取すると同時に、現地部隊を動員して若者を捕捉するために山狩りを行ないました。

集落の住民は予想以上に協力的でした。占領直後から住民に医療措置を施し、食糧を提供してきた宣撫工作の成果が現れていました。区長が率先して山狩りに住民を組織し、おかげで若者が隠れていた洞窟の特定も容易にできました。区長は、若者の行動が一人で勝手にやったことであり、日本軍とは何の関係もなければ、集落の住民とも関係ないこと。若者の名前は盛治と言って、幼少期から乱暴で知能も足りないので変人扱いされていたこと。切り込み隊の真似をして、英雄気取りで兵士に向かっていったに違いないと語り、怪我をさせてしまい申し訳ない、と謝っていました。その過剰なまでに協力的な言動は、逆に胡散臭さを感じさせるほどでしたが、他の住民の話と照らし合わせて、若者が日本軍と関係なく単独で行動したのは事実のようでした。

森の奥にある洞窟を部隊で取り囲み、その外側では百人近い住民が見ている中、私はハンドマイクを手にして、若者に武器を捨てて出てくるように促しました。区長も沖縄の言葉で呼びかけたのですが、若者は出てきませんでした。ウイリアム少尉の指示で洞窟に催涙弾が投げ込まれました。三十分ほどが経ったでしょうか、銛で体を支えた若者がよろめきながら出てくると、大声を上げて右手を振りかざしました。その手に手榴弾が握られているのを見て、私達は慌てて地面に伏せました。次の瞬間、数発の銃声がして若者は仰向けに倒れました。手榴弾は不発で、私達は難を逃れました。

私達は若者を駐屯地に連行し、応急処置を施しました。肩や脚に被弾していましたが、命に別状はありませんでした。むしろ催涙ガスにやられた目の方が重傷でした。少尉は若者が手榴弾を持っていたことで、あらためて日本軍の関与を疑い、すぐに取り調べを始めました。

ベッドに横たわった若者、ここから先は盛治という名前で書きます。彼の行動が単独のものなのか、日本軍の命令によるものなのか、そのことをはっきりとさせようと、私達は厳しく尋問しました。盛治は意味不明の言葉を呟くだけで、まともに答えようとはしませんでした。その言葉が沖縄の言葉であることは分かりましたが、私の両親のつかっていた言葉とは違っているうえ、発音もはっきりしないので、私には意味を聞き取ることができませんでした。

少尉は盛治が尋問に抵抗しているものと判断しました。そのために取り調べは過酷なものとなりました。何ぶんにも戦時下のことです、私を含めて、時には手荒いこともしました。怪我を負っている盛治には、拷問と感じられたかもしれません。それでも、盛治は私達の尋問に屈しませんでした。顔は腫れ上がり両目はふさがっていて、唇の端に血の混じった泡をこびりつかせ意味不明の言葉を譫言《うわごと》のようにくり返す盛治を見ていて、私はその強情さに呆れると同時に薄気味悪さを感じました。

業を煮やしたウイリアム少尉は、盛治への尋問と並行して再度区長から事情聴取することにし、集落に出向きました。少尉と私の他に、四名の兵士が護衛としてつき、私達は二台のジープに分乗して集落に向かいました。集落の中心にある広場にジープを止めると、私達はすぐに区長の家を訪れました。定期巡回する兵士を通して前日のうちに連絡してあったので、区長は家の庭に立って私達を待っていました。島の中でその集落は砲撃や空襲を受けることが少なく、ほとんどの家が破壊されずに残っていました。木製の古い椅子が二脚低い茅葺き屋根の下に置かれていて、少尉と私は座るようにすすめられました。少尉はすぐに座りましたが、私は立ったまま通訳をするからと言い、区長に少尉と向かい合って座るように言いました。区長は渋ってしきりに私に椅子をすすめましたが、この男は何をしているのか、という少尉の言葉を伝えると、苛立ちを察したらしく腰を下ろしました。

盛治という若者の行動が日本軍の命令によるものではないか、という問いに対し区長は、この一帯の日本兵はすでに全員捕虜になっていて命令を出せるはずがない、あれは盛治が一人でやったことだ、と前と同じように答えました。緊張のせいか額には汗が浮かび、声や視線も不安定だったので、少尉は不信そうに区長を見つめていました。その視線の鋭さが区長の緊張をますます高めたのでしょう。区長はしきりに手のひらで額や首筋の汗を拭い、まわりに集まっている住民の方を見て、強ばった笑みを浮かべていました。

私達が広場にジープを止め、区長の家に向かうのを見て住民が集まり、尋問を始めたときは三十人ほどの人が、屋敷の庭や石垣の塀の向こうから様子を眺めていました。護衛の兵達は庭や門のあたりで警戒態勢を取っていましたが、特に規制はしていませんでした。薄曇りの日で蒸し暑かったとはいえ、区長の汗のかきかたは不信を抱かせずにおきませんでした。

男が単独で行なったというのなら、その理由は何か？　思い当たることはないか？

少尉の言葉を伝えると、区長は額の汗を手のひらで拭い、何か言いかけてやめ、私の方を見て顔を歪めました。卑屈さの露わになった不愉快な笑いでした。私にとって故郷である沖縄の人が、私に浮かべるその表情は、見ていて辛いものがありました。恐怖と反撥、その二つを隠そうとして浮かんでくる卑屈な笑い。それに動揺している自分が苛立たしく、区長への怒りが募りました。

正直に言え。

私に怒鳴りつけられて、区長は目を伏せました。自分の父親くらいの年齢の区長を怒鳴ったことに自己嫌悪が生じ、私は苦々しい思いで立っていました。座っている区長の膝は小刻みに震えていました。それを見ると少尉は鼻で笑い、黙っていると部隊に連行すると言ってやれ、と言いました。その通りに通訳すると区長は、本当にあの男が勝手にやったことなんです、と言って二度、三度と頭を下げます。少尉が唾を吐き捨てて立ち上がったとき、庭の方から若い女の声が上がりました。

区長さん、本当のことを言って。

目をやると、ヒンプンという沖縄独特の塀のそばに、二十歳前後とおぼしき女性が立っていて、挑むような目で私達の方を見ていました。区長の顔が見る間に赤くなっていきました。少尉は、何と言ったのだ、と訊き、私が女性の言葉を伝えると、手招きして呼びました。色の黒い小柄な女性は、今にも泣き出しそうに唇をきつく結んで、それでもしっかりとした足取りで私の横に来ました。

ぅわーばいぐとぅ言らんきよ。

区長がつかった島の言葉は私にも理解できました。

余計なことって何ですか？

私が訊くと区長は驚いて私を見、すぐに目をそらしました。

あなたの名前を教えてください。

松田カナです。

女性の声はかすれて震えていました。しかし、まっすぐに私を見つめる深く黒い瞳には、意志の強さが表れていました。

あなたは何を知ってますか。本当のことって何ですか。すべて話してください。

女性は深く息を吸ってから、アメリカーの兵隊が四名で、小夜子を襲って、それで盛治が怒って、一人で敵を討とうとして、悪いのはあのアメリカーの兵隊達さ……、と勢いよく話し始めました。私は慌てて女性の話を止め、もっとゆっくり話してください、と頼んで、少尉に通訳していきました。

それは女性の口から聞くには、余りにもむごい話でした。女性は時折声を詰まらせながら、海で貝を拾っていた小夜子という少女が、我が軍の四名の兵士に襲われて強姦されたこと。その兵士達はたびたび集落にやってきて他の女性も襲われたこと。それに怒って盛治が銛で犯人の米兵達に反撃したこと。盛治は小夜子の幼友達であること。悪いのはアメリカーの兵士達であることなどを話すと、どうか盛治を殺さないでください、助けてください、と手を合わせて涙を流しました。

最後の言葉を通訳し終えたとき、私も少尉もすぐにはどう対応していいか分かりませんでした。話している様子から見て、その女性が嘘を言っているとは思えませんでした。

彼女が言ったことは本当なのか。

少尉は区長を問いただしました。区長はうつむいて何か考えている様子でしたが、女性の方に視線を走らせてから、本当です、と答えました。少尉は区長をにらみつけ、女性に礼を言って、それからまわりにいる住民達を見回しました。様子を見守っていた人々は、子ども以外は少尉と目を合わせないようにしていました。ただ一人、話をした女性だけが少尉を見つめていました。

その被害を受けた少女は今どうしているのか？

少尉の言葉を伝えると区長は、家に籠っています、と小さな声で答えました。

その両親は今どこにいるのか？

たぶん家にいると思います。

区長の返答を伝えると、少尉は今からその家に行き、両親と本人から事情を聴取するので、区長に案内するように言いました。区長は立ち上がると、ああ、すぐ近くです、はい、と言って頭を下げ、証言をした女性に何か言いましたが、女性は動じませんでした。少尉は護衛の兵士達に、他の住民を広場のガジマルの木の下に移動させておくよう指示し、私と区長を率いて少女の家に向かいました。

少女の家は歩いて一分もかかりませんでした。福木という屋敷森に囲まれた茅葺き屋根の家で、その隣は捕捉直後に調べに来た盛治の家でした。その時にも案内した区長が、隣家に被害者の少女がいることを告げなかったことに、少尉は怒りをやっと抑えているという様子で、そのことを区長に問いただしました。区長はすみません、すみません、と頭を下げるだけでした。

区長が先に立って屋敷に入り声をかけると、出てきたのは四十歳前後の女性でした。被害にあった少女の母親です、と区長は女性を私達の前に立たせました。女性は怯えた表情で私と少尉に目をやりながら、区長から説明を受けていました。少女から事情を聴取したいという私達の要求に、女性は目を伏せて何も言いませんでした。筵《むしろ》が敷かれた板の間に区長が上がり、私と少尉は土足のまま上がりました。長身の少尉はまえかがみにならないと梁に頭がつき、窮屈な姿勢が苛立たしそうに舌打ちをしました。その音が区長を脅かしたようで、へつらうように笑いながら区長は奥の部屋の戸を開けました。

部屋は暗くて中の様子はうかがえませんでした。しかし、部屋の中からは私達の姿が見えたのでしょう。数瞬の間をおいて、暗がりの奥から悲鳴が上がりました。そのように激しく痛ましい悲鳴を私は聞いたことがありませんでした。今に至るまで聞いたことはありません。その声は私の体の芯を貫いてその場に釘付けにしました。区長も少尉も身動きすることができませんでした。

暗い部屋の奥で床板を踏みならす音がし、空気の揺れが伝わってきました。一瞬、身を伏せていた獣が跳ね起き、鋭い牙や爪を剝いて飛びかかってくる、という恐怖が私を襲いました。少尉が腰のホルダーに手をやるのが見えました。何かがぶつかる大きな音がして、外れた雨戸と一緒に着物姿の体が庭に転がり落ちました。立ち上がったのは、獣とは似ても似つかぬ少女でした。胸のあたりまである黒髪が乱れて、表情は不規則な圧力が加わったように歪んでいましたが、それでもくっきりとした目や眉、鼻や唇の形が、少女の美しさを一目で分からせました。しかし、少女の喉の奥から発せられた悲鳴を再び耳にしたとき、私のそういう印象は吹き飛びました。私と少尉を見て少女は何度も悲鳴を上げ、首筋や肩、胸などを掻きむしりました。着物がはだけ、胸が露わになると、その胸に爪を立て、斜めに走る赤い線から血が広がっていきました。帯がほどけて着物が下に落ち、少女は陰毛を掻きむしるようにして両手で性器を傷つけ、私達を見たまま悲鳴を上げ続けました。そして、体を反転させると、門の外に走っていったのです。

それまで私達の後ろにいた母親が、大声を上げて私達を押しのけ、庭に飛び出すと着物を拾い上げて少女のあとを追いました。私と少尉はその場に立ったまま、少女と母親の声が遠ざかっていくのを聞いていることしかできませんでした。狭い庭は福木の濃い緑が日陰を作り、ひんやりとした空気が流れ、外れた雨戸がなければ、先ほどまで少女が暴れていたのが嘘のようでした。ただ、少女の悲鳴は私の耳の奥に、いえ、体の奥に響き続けていました。

無言のまま少尉は庭に降り、まわりを見回して門の方に向かいました。私もすぐにその後に従いましたが、ふと背後に人の気配を感じて振り返りました。どこに隠れていたのか、少女の妹や弟らしい子ども達が奥の部屋から顔をのぞかせていました。その澄んだ目に自分がどう映っているか、という思いがよぎり、私は逃げるように少尉の所へ走りました。

広場のガジマルの木の下では、集まった住民達が騒いでいました。目の前を走っていった裸の少女と母親を見て、私達が乱暴を働いたと誤解したのだと思います。足早に歩いてくるウイリアム少尉を見て、住民達の動きや声が止まり、固く張りつめた空気が広場を圧しました。護衛の兵士が銃で威嚇していなければ、私達に襲いかかってきたかもしれません。いや、実際にはそういうことはなかったかもしれませんが、その時の私は自分に向けられる住民達の暗い眼差しに恐怖を覚えずにいられませんでした。内心の動揺を気づかれないように昂然とした態度を装い、少尉の少し後ろを付いていくと、少尉は歩きながらわずかに体をひねり、さっき見たことはいっさい他言するな、と強い口調で言いました。イエス・サー、反射的に姿勢を正して答えると、少尉は歩調をさらに早めてガジマルの木の方に向かいました。あとに続く私の背後から区長があわてて走ってきました。

少尉は住民達に向かって、すぐに解散すること、詳しい指示は追って区長から連絡させるので、それまでは外出せず家にいることを命じました。私がそのことを通訳すると、住民達は無言のまま散っていきました。それを見届けてから、少尉に続いて全員がジープに乗り込み、区長も同乗させました。

部隊に戻って少尉と私は、すぐに区長から事情を聴取しました。区長の証言は一変しました。部落で若い女性が話したように、四人の兵士によって少女が強姦されたこと。他にも何名かの女性が同じ目にあっているること。部落の女達はみんな怯えているが、兵士らは銃を持っているのでどうしようもないこと。盛治という男が銛で米兵に怪我を負わせたのは、強姦された少女の報復であると考えられること。そういうことを区長は饒舌にさえなって次々と明かしました。話を聴いていた少尉は、どうして今までそのことを黙っていたのか、と殴りつけそうな剣幕で区長に詰め寄りました。区長は怯えきって、ただ謝るだけでした。

一通り事情を聴き取ると、少尉は椅子に凭《もた》れて腕組みをし、顎や唇の上を指でなでながら壁をにらみつけていました。不愉快な思考をめぐらさざるを得ない苛立ちが表情に露わになっていて、区長だけでなく私も少尉の怒りが今にも爆発するのではないかと緊張していました。テーブルを手のひらで叩き、少尉が区長を見ると、区長は膝をそろえて椅子に座り直りました。

集落の生活はこれまで通りでかまわない。憲兵の巡回を増やして、同じような事件が起こらないようにする。隊員に怪我を負わせた男は回復しだい釈放する。この件に関してこれ以上話が広まらないように区長は集落の秩序維持に努めてほしい。通訳する私の言葉を聞き終えると、区長は立ち上がって、分かりました、必ず実行します、と答え深々と頭を下げました。少尉は鼻白んだ顔で立ち上がり、そいつを村に送り届けながら様子を見てこい、と私に命じ部屋を出ていきました。

再びジープに乗って集落に戻る間、区長は私に話しかけたさそうにしていましたが、私はずっと無視していました。盛治という若者を捕らえるために山狩りをする事態にまでなっていながら、私達を欺いていた区長に、怒りを抑えかねていました。少尉の指示が穏便すぎるのが意外で、この男に重い罰を与えるべきだと考えていました。

その一方で、少尉の考えを忖度《そんたく》する必要も感じていました。本来なら村の女性達を襲った四名の兵士を軍法会議にかけて処罰すべきなのでしょうが、そういうことはせず内密に処理しようとしている。私はそう推察して、少尉の意に添う形で慎重に行動しなければいけない、と考えました。

村の広場に着いたときは夕暮れが迫っていました。薄曇りの空は紫がかった光が広がり、広場はひっそりとして、いつもはガジマルの木の下で遊んでいる子ども達の歓声もありませんでした。住民達は少尉の指示通りに家に籠っているようでした。区長に少尉の指示を復唱させると、必死で覚えたことを披露するというように淀みなく答え、それがこの男の要領のよさを示しているようで、余計に不快感が募りました。

区長を帰したあと、私は少し迷いましたが、少女の家に向かいました。門の前まで来て様子をうかがうと、雨戸が閉めきられていました。暗がりの中で少女を中心に抱き合っている両親と弟や妹達。そういう姿が思い浮かび、私はその先に進むことができませんでした。私に向けられた少女の眼差しと、体というより魂の奥底から発せられたような悲鳴。それらが甦って、私は追われるようにジープに戻りました。

ジープに揺られて部隊に帰る間、いえ、帰隊して消灯時間になっても、少女の眼差しと悲鳴が脳裏から消えず、自分に非があるわけでもないのに、後ろめたさとも罪悪感ともつかない感情が込み上げてきて、眠りにつけませんでした。

自分に何かできることはないか。そう考えても勝手な行動ができるはずはありません。私にできたのは、区長を通して少女の家族にいくらかの食糧を融通するくらいでした。

私の予想通りに、少尉は内密に調査を進めたようでした。四名の兵士の取り調べには、私は立ち会えませんでした。その後の事件の取り扱いについても、詳しいことは伝えられませんでした。部隊の中で四名のやったことが話題になることもありませんでした。仮に知られたとしても、そんなことは占領地では珍しいことではありません。実際、そののち私は幾度もその手の話を耳にしました。住民に危害を加えた者は厳罰に処す、と上官から注意があっても、兵士の多くは聞き流していました。

怪我を負った兵士は間もなく本国に送還となり、他の三名は南部の前線に送られた、ある日ウイリアム少尉からそれだけを伝えられました。四名にとられた措置に処罰的意味はありません。部隊の大半が南部の前線に漸次移動になったのですから。私もその中の一人でした。その後の南部の戦闘を知る者からすれば、盛治に銛で刺されて早々と本国に送還となった兵士は、むしろ幸運だったとさえ言えるでしょう。

移動する前にやっておかなければならない仕事が私には与えられていました。盛治を村に帰すことでした。事件の真相を知ってから、取り調べの際に手荒く扱ったことが、後悔されてなりませんでした。同じ部隊の兵士に怪我を負わせた住民に対し、医療班は最低限の治療しかしませんでした。事情を説明して丁寧に扱うように頼みたくても、黙って見ていることしかできませんでした。肩や脚の銃創は手術と抗生物質の力で悪化することなく回復していましたが、問題は目でした。催涙ガスの中に長時間いたことと、その後の処置が悪かったせいでしょう。他にも原因はあったかもしれませんが、腫れが引いたあとも視力は回復していませんでした。様子を見に行くと、いつも盛治はベッドに仰向けに寝ていて、低い声で譫言《うわごと》のように何か言っていました。その言葉の意味を理解することは、ついにできませんでした。

南部に移動する前日、私は盛治を家に送りました。松葉杖をついて歩けるようになっていましたが、目が見えないのでジープの乗り降りは手助けが必要でした。ジープで集落に向かう間、盛治はいつものように意味不明の言葉を呟き続けていました。集落に入って広場を横切り、盛治の家の前にジープを止めると、福木の屋敷森に囲まれた庭から母親と父親が駆け寄ってきて、何度も私に頭を下げて礼を言いました。区長を通して両親には、盛治が戻る日時を連絡してあったのです。

盛治をジープから降ろすと、村人が集まらないうちにすぐ立ち去る予定でした。しかし、どうしても隣の家が気になり、私は歩いていって門の所から様子をうかがいました。雨戸は開いていて、筵の敷かれた座敷が見えましたが、人の姿はありませんでした。奥の部屋に少女がいるかもしれない、と思いましたが、私が来ていることが知られると、また恐怖に陥《おとしい》れかねません。帽子を取って軽く頭を下げ、私はジープに引き返そうとしました。

母親に手を引かれて盛治がすぐそばに来ていました。私が後ずさると、盛治は門の前に立って何かを呟きました。それまでの譫言のような言葉とは違い、落ち着いた声で発せられた言葉は、私にも初めて聞き取れました。

帰《けー》てぃ来《ち》ゃんど、小夜子。

何かの香りをかぐように深く息を吸い、ゆっくりと吐く盛治の横顔には、それまで見たことのない凛々しさがありました。区長や他の住民から聴いていた盛治への評価が、いえ、私自身が下していた評価が、まったく誤っていたことに私は気づきました。まっすぐに立っている盛治の閉ざされた目から涙が落ちました。

私は帽子をかぶり直すと敬礼をしてジープに乗り込みました。それが盛治の姿を見た最後であり、私が集落を訪れることは二度とありませんでした。

南部の戦線で私がどういう日々を過ごしたかは、何度もあなたに話しましたので繰り返しません。確かに私は壕の中に隠れている住民を何百人も救い出しました。そのことを私は今も誇りに思っています。だが同時に、私は盛治という若者と彼が守ろうとした小夜子という少女のことを忘れることができません。そして、私と少尉を見て庭に逃げた少女の眼差しと悲鳴を思い出すとき、私の誇りは消えていくのです。少女にとって、私も恐ろしいアメリカ兵の一人にすぎなかったのです。

　あなたは考えすぎだと言うかもしれません。私自身、何度も自己弁護の言葉を探し、私には何の非もない、と自分に言い聞かせてきました。けれども、少女のあの眼差しと悲鳴は、どんな言葉を並べてもそれを突き崩し、私の中に後ろめたさとやりきれない思いを掻き立てるのです。そういう思いがある限り、とても貴方のお申し出を受ける気持ちにはなれないのです。

　長い手紙になってしまいました。この手紙を書くのに一週間以上かかってしまいました。この話は家族にもしたことがありません。これまで私達老兵の話に真摯に耳を傾け、記録し続けてくれた貴方だからこそ、私は打ち明ける気になったのです。ですから、繰り返しになりますが、この話は公表しないでください。公表したからといって何か問題が生じることはないかもしれません。もう全ては六十年以上前のことです。それでも、この話は貴方の記憶の中にのみ留めておいてほしいと思います。

　盛治という若者と小夜子という少女は、生きていたらもう七十代の後半になっているでしょう。二人がその後どうなったか、私はまったく知りません。ただ、私は二人が結ばれて幸福に生きたものと信じることにしています。それが自分を慰めるための方便にすぎないと分かっていても、そう願わずにはいられないのです。

　この手紙を読んで貴方がご理解くださることを、そして私達の戦いを記録し続ける貴方の仕事が、今後もうまく続けられ、報われることを願っています。若い世代が貴方の記録した私達の証言を読み、二度とあのような戦争を起こさないように努力してほしい。その願いは容易にはかなえられそうにありません。しかし、たとえそうであっても、それが消えてゆく老兵の切なる希望なのです。

＊この作品はフィクションであり、実在の島、個人との関わりはありません。

（季刊「前夜」二〇〇四年秋号〜二〇〇七年夏号
に一二回連載したものに加筆・訂正）

目取真 俊（めどるま しゅん）

1960年沖縄県今帰仁《なきじん》村生まれ。琉球大学法文学部卒。

1983年「魚群記」で第11回琉球新報短編小説賞受賞。1986年「平和通りと名付けられた街を歩いて」で第12回新沖縄文学賞受賞。1997年「水滴」で第117回芥川賞受賞。2000年「魂込め《まぶいぐみ》」で第4回木山捷平文学賞、第26回川端康成文学賞受賞。2022年第7回イ・ホチョル統一路文学賞（韓国）受賞。

著書：［小説］；『魂魄《こんぱく》の道』、『目取真俊短篇小説選集』全３巻〔第１巻『魚群記』、第２巻『赤い椰子の葉』、第３巻『面影と連れて《うむかじとぅちりてぃ》』〕、『眼の奥の森』、『虹の鳥』、『平和通りと名付けられた街を歩いて』（以上、影書房）、『風音』（リトルモア）、『群蝶の木』、『魂込め《まぶいぐみ》』（以上、朝日新聞社）、『水滴』（文藝春秋）ほか。

［評論］；『ヤンバルの深き森と海より《増補新版》』（影書房）、『沖縄「戦後」ゼロ年』（日本放送出版協会）、『沖縄／地を読む 時を見る』、『沖縄／草の声・根の意志』（以上、世織書房）ほか。

［共著］；『沖縄と国家』（角川新書、辺見庸との共著）ほか。

作品は韓国、米国、フランス、イタリア、エジプト、チェコなどで翻訳・出版されている。

ブログ「海鳴りの島から」：http://blog.goo.ne.jp/awamori777

眼《め》の奥《おく》の森《もり》

二〇一七年 五 月二九日 新装版 第一刷
二〇二四年一二月二〇日 新装版 第三刷
（二〇〇九年五月八日 初版 第一刷）

著者 目取真《めどるま》 俊《しゅん》

発行所 株式会社 影書房
〒170-0003 東京都豊島区駒込一―三―一五
電話 〇三（六九〇二）二六四五
FAX 〇三（六九〇二）二六四六
Eメール kageshobo@ac.auone-net.jp
URL http://www.kageshobo.com
〒振替 〇〇一七〇―四―八五〇七八

印刷／製本 モリモト印刷

定価 一、八〇〇円＋税

ISBN978-4-87714-472-2